트라우마는
어떻게
치유되는가

트라우마는 어떻게 치유되는가

© 생명의말씀사 2022

2022년 3월 31일 1판 1쇄 발행
2024년 5월 2일 3쇄 발행

펴낸이 | 김창영
펴낸곳 | 생명의말씀사

등록 | 1962. 1. 10. No.300-1962-1
주소 | 서울시 종로구 경희궁1길 6 (03176)
전화 | 02)738-6555(본사)·02)3159-7979(영업)
팩스 | 02)739-3824(본사)·080-022-8585(영업)

지은이 | 김규보

기획편집 | 서정희, 장주연
디자인 | 윤보람
인쇄 | 영진문원
제본 | 보경문화사

ISBN 978-89-04-16791-3 (03230)

저작권자의 허락없이 이 책의 일부 또는 전체를
무단 복제, 전재, 발췌하면 저작권법에 의해 처벌을 받습니다.

서문

지금, 하나님이 우리의 트라우마를 치유하기 원하신다

　이 책의 목적은 트라우마 상황 속에서도 그리스도 닮음을 실천하도록 돕기 위함입니다. 그리스도 닮음은 트라우마 가운데서도 성도로 살아가는 방편이며, 그리스도 안에서 참된 치유와 회복을 얻는 길인 동시에, 궁극적으로 인생에 대한 하나님의 주권을 인정함으로써 하나님의 영광이 되는 삶입니다.

　유학 시절 미국 보스턴에서 공부하던 기간이 있었습니다. 처음 보스턴에 오면 첫해에 세계 3대 마라톤인 보스턴 마라톤을 꼭 보러 가야 한다고 먼저 공부하러 오셨던 선배님이 말씀하셨습니다. 그래서 저는 아내와 함께 마라톤 라인을 따라 천천히 지역 구경을 하면서 결승선 지점까지 갔습니다. 세계 3대 마라톤을 보고 있다는 설렘이 있었습니다. 또 42.195km라는 긴 거리를 끝까지 포기하지 않고 달려온 선수들을 보면서 감동과 도전을 받고 있었습니다.

그런 마음을 품고 결승선 지점을 막 지난 지 약 2-3분도 채 되지 않은 순간이었습니다. 갑자기 "펑!" 하는 소리가 들리며 한쪽에서 연기가 피어올랐습니다. 잠시 뒤에 한 번 더 "펑!" 소리와 함께 또다시 연기가 피어올랐습니다. 사람들의 비명이 들렸고, 주변에 있던 경찰 오토바이와 구급차, 소방차들이 사이렌을 울리며 달려갔습니다. 2013년, 수많은 사상자를 냈던 보스턴 마라톤 테러 현장이었습니다. 만약 조금만 더 천천히 그곳을 지나갔다면, 어쩌면 지금 저는 이 글을 쓰고 있지 못했을지도 모릅니다.

폭탄 테러가 있은 후 우리는 두려운 마음에 계획보다 일찍 집으로 돌아왔습니다. 집에 돌아와서도 우리는 한참 동안 아무 말도 할 수 없었습니다. 아무 생각도, 어떤 단어도 떠오르지 않았습니다. 아내는 놀란 마음에 참았던 눈물을 흘리며 온몸을 떨기 시작했습니다. 아내가 제게 물었습니다.

"여보, 왜 이런 일이 일어나? 하나님이 왜 이런 일을 내버려 두시는 거지?"

그 질문에 저는 아무 말도 하지 못했습니다. 그저 울고 있는 아내의 어깨를 가만히 끌어안아 줄 뿐이었습니다. 속으로 생각했습니다.

'하나님, 왜요? 하나님이 다스리시는 세상인데 도대체 왜 이런 일들이 일어나나요?'

길지 않은 인생을 살아오면서 종합병원과 학교에서의 상담 실습, 센터 실무, 다양한 삶의 현장 가운데 크고 작은 트라우마 사례를 직접 경험하기도 하고, 목격하기도 했습니다.

  어린 시절 아버지의 사업 부도로 인한 가정의 어려움과 불화, 사랑하는 가족과 수년 동안 떨어져 지내야 했던 시간, 희귀 질환의 발병과 통증, 잔인한 폭력의 목격, 다시는 떠올리고 싶지 않은 가족의 교통사고, 산악 사고로 친한 친구를 잃어버린 슬픔, 죽음을 눈앞에 두고 있는 총상 환자와 그의 죽음을 가족에게 전해야 했던 일, 사산한 태아를 옆에 두고 망연자실하고 있는 젊은 엄마에 대한 위로, 혼자 임종을 기다리고 있는 이 곁에서 말없이 함께 있어 주어야 했던 순간, 학창 시절 같은 반 학생 4명에게 성폭행을 당했던 여대생의 절규, 사형을 앞둔 1급 살인자의 두려움과 불안, 알코올중독으로 집에만 오면 폭행하고 욕설을 퍼붓는 아버지로부터 도망친 청소년의 분노, 결혼을 앞두고 약물 과다 복용으로 약혼자를 잃은 예비 신부의 절망감 등 있지 않았어야 할 사건들에 대하여 함께 애통하며 위로했던 순간들이 있었습니다.

  다양한 트라우마 현장을 목격하고, 트라우마 내담자들과 함께 마음을 나누고, 스스로의 트라우마에 직면하면서 때로는 부정적인 생각과 정서에 사로잡혀 보기도 했습니다. 숨 쉬기조차 어려운 고통을 경험하기도 했습니다. 서로 상처를 주고받은 적도 있습니다. 그 과정 속에서 나 자신이 얼마나 부족하고 연약한 존재인지, 얼마나 하나님으로부터 멀리 떠나간 죄인인지, 이 세상에 얼마나 많은 고통과 죄악이 존재하는지 보게 되었습니다.

스스로의 문제와 상담 현장에서 만나는 많은 사람의 고통을 하나님 앞에 내려놓고 씨름할 때, 하나님은 그리스도의 십자가를 보여 주셨습니다. 그리고 그리스도를 닮아 가는 삶이 트라우마로부터 참 자유를 경험하고 새 생명을 얻는 하나님의 방법임을 깨닫게 해주셨습니다. 또한 오늘 우리가 누리는 지극히 평범한 일상이 하나님의 은혜 없이는 결코 누릴 수 없는 크신 하나님의 선물이라는 사실도 깨닫게 되었습니다.

이 책을 손에 들었다면 아마도 여러분은 트라우마를 직접 경험했거나 목격한 적이 있을 것입니다. 혹은 가족이나 소중한 지인에게 그런 경험이 있을지도 모릅니다. 그래서 이런 주제의 책을 통해 트라우마의 고통으로부터 회복과 변화를 얻고 싶은 마음이 있을 것입니다. 그러나 동시에 트라우마를 다시 기억하고 싶지 않은 마음, 그저 다 지나간 일처럼 묻어 두고 싶은 마음도 있을 것입니다. 묻어 두고 싶지만 여전히 마음 한구석에 남아 있는 상처로 무엇을 어떻게 해야 할지 모르는 경우도 있을 것입니다.

그런 현실을 고려해 보면, 지금 이 책을 들고 트라우마의 주제를 고민하기 시작했다는 것은 매우 용기 있는 회복의 한 걸음입니다. 어쩌면 지금 이 순간이 우리의 트라우마를 치유하기 원하시는 하나님의 특별한 섭리의 때일 수도 있습니다. 어쩌면 우리에게 용서와 변화의 실천을 원하시는 하나님의 계획일 수도 있습니다. 더 나아가 우리 자신의 트라우마를 넘어 하나님의 마음이 향하는 곳에 그리스도의 사랑과 은혜를 흘려보내는 삶으로 우리를 부르고 계신 것일 수도 있습니다. 구체적인 내용은 개인마다 다를 수 있지만, 분명한 것은 하나님이 우리의 회복과 변화, 성장을 원하신다는 것입니다.

"보라 내가 새 일을 행하리니 이제 나타낼 것이라 너희가 그것을 알지 못하겠느냐 반드시 내가 광야에 길을 사막에 강을 내리니"(사 43:19).

우리의 삶에는 다양한 아픔과 상처가 있습니다. 광야 같아 길이 보이지 않고, 사막 같아 목마름에 쓰러져 갈 때가 있습니다. 그러나 하나님은 광야에 길을 내시고, 사막에 강을 내시는 분입니다. 그분은 우리를 끝까지 포기하지 않으시는 분이며, 어둠을 밝히시고 세상을 만드신 전능한 하나님이십니다. 홍해를 가르시고, 요단강을 건너게 하시며, 죽은 자를 살리신 하나님이 바로 우리의 아버지 하나님이십니다. 그리스도 안에서 우리를 향한 아버지 하나님의 사랑은 세상의 어떤 것으로도 끊을 수 없습니다.

"누가 우리를 그리스도의 사랑에서 끊으리요 환난이나 곤고나 박해나 기근이나 적신이나 위험이나 칼이랴 기록된 바 우리가 종일 주를 위하여 죽임을 당하게 되며 도살당할 양같이 여김을 받았나이다 함과 같으니라 그러나 이 모든 일에 우리를 사랑하시는 이로 말미암아 우리가 넉넉히 이기느니라 내가 확신하노니 사망이나 생명이나 천사들이나 권세자들이나 현재 일이나 장래 일이나 능력이나 높음이나 깊음이나 다른 어떤 피조물이라도 우리를 우리 주 그리스도 예수 안에 있는 하나님의 사랑에서 끊을 수 없으리라"(롬 8:35-39).

우리가 겸손히 아버지 하나님의 은혜를 구하며 함께 그리스도께 나아갈 때 하나님은 그리스도를 통한 끝없는 사랑과 은혜로 우리의 상처와 아픔을 치유하시고 참 자유를 허락해 주실 것입니다. 이런 소망을 품고 이 책을 작성했습니다.

이 책은 총 3부로 구성되어 있습니다. 1부에서는 트라우마에 대한 이해를 돕기 위해 트라우마에 대한 건강하지 못한 반응들, 트라우마의 유형 및 증상, 고난의 범주 아래서 트라우마를 이해하는 기독교 전통에 대해 살펴봅니다. 2부에서는 트라우마로부터 자유를 경험하게 하는 그리스도 닮음의 실천에 대해서 다룹니다. 침묵과 애통, 연약함, 죄 사함과 죄 죽임, 용서, 긍휼, 그리스도의 몸 된 교회라는 주제를 통해 트라우마 상황 속에서 성경이 가르쳐 주는 치유와 회복의 방법을 살펴봅니다. 각 장은 트라우마 가운데서도 성도가 살아가는 방법은 결국 그리스도 닮음임을 강조합니다. 3부에서는 선하고 전능하신 하나님이 운행하고 계신 이 세상 가운데 왜 트라우마가 존재하는지, 실존적이고 실천적인 질문에 대해 고민해 봅니다. 부록에서는 기독교 관점에서 트라우마를 이해하는 심화된 논의를 위해 기독교 병리학적 접근을 소개합니다.

이 책은 정보 전달이나 이론 정립이 아니라, 트라우마 치유라는 실천적인 목적으로 기록되었습니다. 따라서 각 장마다 세미나 혹은 소그룹 활동에서 적용해 볼 수 있는 '성찰 및 나눔 질문'을 수록해 놓았습니다. 질문들은 스스로 고민해 보거나 신뢰하는 공동체와 함께 나누어 볼 수 있습니다. 질문들을 믿음의 공동체와 나누고, 그리스도 안에서 서로의 상처와 아픔을 공감하고 위로하며 함께 그리스도 닮음을 실천하는 가운데 하나님의 임재와 사랑, 치유의 역사가 나타나기를 소망합니다.

만약 책의 내용을 소화하는 과정 중에 자신도 모르게 과거의 상처가 계속 생각나고 어려운 마음이 드는 분이 있다면, 하나님 앞에 나아가기를 권합니다. 예배와 말씀 묵상, 기도는 물론, 필요할 때 하나님 앞에 편지나 신앙 일기를 쓰면서 아픔을 쏟아 내고 정리하는 시간을 가져 보기를 권합니다. 믿을 만한 사람에게 마음을 나누어 보아도 좋습니다. 성경적 상담 전문가에게 도움을 요청하는 것도 좋은 방법입니다.

트라우마를 기억하고 그 아픔을 다시 직면하는 것은 쉬운 일이 아닙니다. 두렵고 불편한 일입니다. 그러나 이 여정을 포기하지 않기를 소망합니다. 그리스도와 함께, 또 하나님의 사람들과 함께 그리스도를 닮아 가는 과정 가운데 지금까지 우리를 얽매이게 했던 트라우마로부터 자유함을 얻게 될 것입니다.

그 모든 과정 속에서 하나님이 일하고 계십니다. 우리를 향한 하나님의 역사는 때로 우리 눈에 보이지 않습니다. 그래서 하나님의 일하심을 알 수 없을 때가 있고, 하나님보다 세상과 사람이 더 크게 보여서 두려움에 떨 때가 있습니다. 그러나 우리를 향한 하나님의 사랑은 단 한순간도 우리를 떠난 적이 없고, 우리를 향한 그분의 일하심은 결코 멈춘 적이 없습니다. 지금 이 순간에도 하나님은 우리의 구원과 회복, 하나님 나라의 완성을 위해 일하고 계십니다.

이제 부족하고 연약한 죄인이 치유와 회복에 대한 하나님의 마음을 담아 조심스럽게 여러분을 초청합니다. 하나님의 주권을 신뢰함으로 그리스도와 함께 이 여정을 시작해 보기를 소망합니다. 하나님의 치유와 회복의 역사가 반드시 나타날 줄 믿습니다.

"너는 내게 부르짖으라 내가 네게 응답하겠고 네가 알지 못하는 크고 은밀한 일을 네게 보이리라"(렘 33:3).

목차

서문 지금, 하나님이 우리의 트라우마를 치유하기 원하신다 4

1부   트라우마란 무엇인가?   19

1장 트라우마 치유로의 부르심 ——— 20

창조 세계의 질서가 깨지다
트라우마 너머에 계신 하나님
위로의 순간에도 상처를 줄 수 있다
상처받은 이들을 위한 기다림
시간이 꼭 약은 아니다
'상처받은 치유자'에 대한 오해
트라우마를 가진 영혼들에게 다가갈 자 누구인가?

2장 트라우마 이해하기 — 46

빅 트라우마와 스몰 트라우마
트라우마의 속성에 관하여
트라우마의 유형에 관하여
트라우마의 주요 증상에 관하여
트라우마는 선하게 창조된 하나님의 형상을 왜곡시킨다

3장 트라우마에 대한 성경적 관점 — 64
고난, 구원 역사, 하나님 나라

고난, 아담과 하와의 원죄로 시작되다
타락한 인간의 죄성과 죄 된 사회 시스템의 역동
하나님의 특별한 섭리 가운데 있는 의인의 고난
어떤 고난은 하나님의 주권과 영광을 위한다
고난을 통해서도 선을 이루시는 하나님
마지막 날, 고난은 사라진다

2부 트라우마는 어떻게 치유되는가? 81

4장 '그리스도 닮음'이란? —————— 82
트라우마를 치유하는 하나님의 방법

하나님이 이끌어 가시는 구원 드라마
구원 드라마의 생활 양식은 그리스도 닮음
점점 그리스도를 닮는 삶
윤리적이며 구속적이고 치유적인 그리스도 닮음

5장 침묵과 애통 —————————— 94
슬픔을 하나님 앞에 들고 나아가기

말을 잃게 하는 트라우마의 고통
예수의 십자가와 트라우마 현실의 접촉점
예수는 우리의 고통을 아신다
예수는 우리의 고통을 함께 지신다
침묵 가운데 그리스도를 닮아
그리스도를 닮은 침묵의 위로
애통, 하나님께 부르짖다
애통은 믿음 충만의 외침
애통은 간절한 소망의 기도

6장 연약함 인정하기 ——————————— 128
상처를 받아들이고 십자가의 흔적을 묵상하다

인간의 연약함을 입으신 그리스도

연약함은 인간의 보편성이다

연약함을 끌어안을 때: 십자가의 흔적

삶의 주도권을 트라우마에서 예수 그리스도께로

성도의 트라우마와 그리스도의 못 자국

각자의 연약함을 인정하고 서로의 연약함을 돌볼 때

7장 죄 사함과 죄 죽임 ——————————— 150
더 이상 아픔과 상처가 다른 죄를 낳지 않도록

상처 때문에 죄를 합리화하지 말라

죄 사함의 은혜

죄 죽임의 실천

마지막 날까지 그리스도를 닮는 여정을

8장 용서 ─ 170
자신의 의지가 아닌 성령의 도우심으로만 가능하다

용서의 강요는 잔인한 실천이 될 수 있다
용서의 기초: 그리스도 안에서 너희를 용서하심같이
자신의 의지가 아닌 성령의 도우심으로만 가능하다
용서의 3가지 구분: 법정적, 심리적, 관계적 용서
진정한 용서의 실천은 그리스도의 은혜 안에서만 가능하다

9장 긍휼 ─ 196
돌봄이 필요한 자에서 돌보는 자로

긍휼, 그리스도를 따라가는 성도들의 마땅한 삶의 원리
긍휼의 두 가지 방향
돌봄을 받는 자에서 돌봄을 주는 자로의 전환
영광스러운 부르심, 그리고 회복과 성장

10장 교회 ─ 216
교회를 통해서 하나님은 일하신다

성도의 공동체는 그리스도의 몸이다
언약 공동체: 언약 관계와 언약적 돌봄
언약 공동체 안에서 함께 누리는 회복과 성장
개인의 트라우마는 공동체, 사회, 문화와 맞닿아 있다
교회를 통해서 하나님은 일하신다

3부 트라우마를 하나님께 묻다 235

11장 트라우마와 하나님 ——— 236
하나님의 선하심과 전능하심을 드러내는 확실한 증거

신정론적 질문: 하나님은 선하시고 전능하신데 왜 악이 존재하는가?

신정론 문제의 본질은 지식적이 아니라 실천적이다

실천적 신정론의 4가지 전제

하나님의 선하심과 전능하심을 드러내는 확실한 증거

그리스도 닮음, 성도의 삶의 방식이자 존재 양식

부록 트라우마와 기독교 병리학 256

주 300

1부

◆

트라우마란 무엇인가?

1장

트라우마
치유로의 부르심

"하나님이여 내 기도에 귀를 기울이시고 내가 간구할 때에 숨지 마소서 내게 굽히사 응답하소서…내 마음이 내 속에서 심히 아파하며 사망의 위험이 내게 이르렀도다 두려움과 떨림이 내게 이르고 공포가 나를 덮었도다"(시 55:1–5).

창조 세계의 질서가 깨지다

태초에 하나님이 천지를 창조하셨습니다. 온 창조 세계는 하나님의 영광과 아름다움과 섭리를 담고 있습니다. 그 가운데 하나님의 형상으로 창조된 우리는 하나님의 영광을 비추는 최고의 창조물입니다. 하나님은 당신의 창조 세계와 당신의 형상들을 보시며 심히 기뻐하셨습니다.

"하나님이 자기 형상 곧 하나님의 형상대로 사람을 창조하시되 남자와 여자를 창조하시고…지으신 그 모든 것을 보시니 보시기에 심히 좋았더라"(창 1:27-31).

그러나 안타깝게도 타락 이후 세상은 죄와 고통과 슬픔이 가득하게 되었습니다. 하나님이 기뻐하며 창조하신 질서가 죄 가운데 깨어졌습니다. 성경의 기록을 보면, 아담과 하와가 범죄한 이후 인류의 역사는 트라우마 사건의 연속입니다. 아담과 하와는 자기 죄를 남의 탓으로 돌리며 서로에게 상처를 주었고, 아들 가인은 형제 아벨을 돌로 쳐 죽이는 비극을 만들었습니다. 라멕은 자기 상처에 대한 분노로 소년을 죽였고, 노아는 홍수로 인한 인류 전체의 죽음을 직면했습니다. 이삭은 아버지로부터 칼로 죽임당하기 직전까지 도달했으며, 다말은 이복형제로부터 성폭행을 당했고, 욥은 하루아침에 가족과 재산과 건강을 모두 잃으면서 자기의 태어난 날을 저주하기까지 이르렀습니다.

오늘날 우리의 현실도 크게 다르지 않습니다. 너무나 많은 사람이 갈등과 분쟁, 비방과 비난, 가난과 질병, 장애, 유기와 방임, 가정 폭력, 성폭력, 살인, 갑작스러운 사별 및 상실, 사고, 테러, 전쟁 등 다양한 삶의 고통으로 괴로워하고 있습니다. 이렇게 타락한 현실 속에서 우리는 종종 우리가 하나님의 형상이라는 사실조차 잊어버리곤 합니다. 고통과 상처 가운데 하나님의 영광과 아름다움을 잃어버리고, 하나님의 형상으로서의 정체성과 사명, 하나님의 형상 됨으로 인한 기쁨과 감사, 자신감을 상실하곤 합니다.

이런 오늘의 현실을 보시면서 하나님은 여전히 심히 좋아하실 수 있을까요? 너무나 아름답게 창조되었던 하나님의 질서가 깨어진 현실의 모습은 하나님이 보시기에 좋은 모습처럼 보이지 않습니다.

트라우마 너머에 계신 하나님

성경은 트라우마 사건과 같은 죄악과 고통의 실제를 숨기지 않습니다. 오히려 성경은 죄와 비극의 사건들을 구원 드라마의 실존으로 구체적으로 묘사합니다.

일반적으로 사람들은 불편한 사건이나 아픔은 숨기려 합니다. 고통의 기억은 묻어 두고 생각하고 싶어 하지 않습니다. 그런데 성경은 좋지 않은 사건, 비극적인 죄의 이야기들을 그대로 묘사합니다. 왜 그럴까요?

이는 우리 삶의 어떤 문제도 하나님의 섭리 밖에 있지 않기 때문입니다. 다시 말하면, 트라우마로 인해 깨어진 우리의 삶에도 하나님의 섭리가 있고, 트라우마를 넘어서는 하나님의 돌보심이 있다는 것입니다. 마태복음을 보면, 하늘을 나는 참새 하나도 하나님이 허락하지 않으시면 떨어질 수 없습니다. 새가 떨어지는 것은 새의 입장에서 비극입니다. 우리 인생의 넘어짐과 아픔은 우리에게 비극입니다. 그러나 성경은 그 모든 일이 하나님의 섭리 아래 있음을 가르쳐 줍니다. 인생의 어떤 일도 하나님의 섭리 밖에 존재하지 않습니다.

타락한 현실 너머에 하나님 나라와 하나님의 의, 우리의 구원을 향한 하나님의 섭리가 있습니다. 타락한 현실 속에서 많은 사람이 죄와 오염의 결과로 고통받고 있지만, 그 고통 너머에 하나님이 계시고, 하나님의 섭리가 있으며, 하나님의 돌보심과 구원의 역사가 있습니다.

"내가 네 곁으로 지나갈 때에 네가 피투성이가 되어 발짓하는 것을 보고 네게 이르기를 너는 피투성이라도 살아 있으라 다시 이르기를 너는 피투성이라도 살아 있으라 하고"(겔 16:6).

"너희에게는 머리털까지 다 세신 바 되었나니 두려워하지 말라 너희는 많은 참새보다 귀하니라"(마 10:30-31).

"하나님은 우리의 피난처시요 힘이시니 환난 중에 만날 큰 도움이시라 그러므로 땅이 변하든지 산이 흔들려 바다 가운데에 빠지든지 바닷물이 솟아나고 뛰놀든지 그것이 넘침으로 산이 흔들릴지라도 우리는 두려워하지 아니하리로다 (셀라)…만군의 여호와께서 우리와 함께하시니 야곱의 하나님은 우리의 피난처시로다 (셀라)"(시 46:1-3, 7).

땅이 변하고, 산이 흔들려 바다 가운데 빠져 어쩔 줄 모를 때에도, 바닷물이 넘쳐 우리를 덮치고 흑암 중에 앞이 보이지 않을 때에도 만군의 여호와 하나님은 우리와 함께하십니다. 하나님이 우리의 피난처십니다. 따라서 우리는 트라우마로 쓰러지지 않을 수 있고, 넘어져도 주와 함께 다시 일어설 수 있습니다. 그러므로 삶에 어려움이 있을 때, 감당할 수 없는 일이 생길 때 우리는 하나님께로 피해야 합니다. 하나님이 우리의 피난처이자 힘이시며 환난 중에 만날 큰 도움이시기 때문입니다.

위로의 순간에도 상처를 줄 수 있다

오늘날 많은 성도가 트라우마의 문제로 어려움을 경험하고 있습니다. 그러나 안타깝게도 교회의 대응은 여전히 부족해 보입니다. 트라우마에 대한 기독교적 이해와 성경적 치유 방안에 관한 연구는 여전히 부족하고, 교회의 돌봄 실천도 충분히 제공되지 못하고 있습니다. 심지어 위로한다고 하면서 더 큰 상처를 주는 경우도 많습니다.

"세상이 원래 악해."
"사람이 다 죄인이잖아."
"더 심하지 않은 걸 다행으로 생각해. 난 더 심한 일이 있었어."
"고난이 유익이라잖아. 감사해."
"하나님이 뭔가 너에게 말씀하시고 싶은 것이 있는 것 같아."
"회개할 것이 있는지 돌아보고 기도해 봐."

위로의 현장에서 종종 들리는 말들입니다. 그러나 트라우마 상황 속에서는 잘 위로가 되지 않는 말들입니다. 우리는 너무나 쉽게 한두 마디 말로 상처받은 사람을 위로하려 합니다. 그러나 언어가 끌어안을 수 없는 트라우마 상황에서는 위로의 언어가 힘을 잃습니다.

예레미야 선지자는 "그들이 내 백성의 상처를 가볍게 여기면서 말하기를 평강하다 평강하다 하나 평강이 없도다"(렘 6:14)라고 선포했습니다. 너무나 괴로워 신음하고 있는 사람에게 너무나 쉽게 "좋게 생각해. 다 잘될 거야"라고 말하는 것은 공허한 메아리처럼 들릴 수 있습니다. 너무나 고통스러워 견디기조차 어려운 상황에서 "하나님의 뜻이 있으니 감사해"라고 너무나 쉽게 조언하는 것은 감사를 강요하는 폭력으로 들리기도 합니다.

사실 이런 경우, 우리는 말보다 마음을 나누어야 합니다. 때로는 아무 말 없이 고통의 시간에 함께 머물러 주고, 함께 눈물 흘리고, 뜨겁게 안아 주는 것이 위로의 말보다 더 큰 위로가 될 수 있습니다. 트라우마의 고통으로 아무것도 할 수 없는 그들에게 삶의 기본적인 요소들을 말없이 챙겨 주며 그 순간들을 살아갈 수 있도록 함께 견뎌 주는 것이 더 큰 위로가 될 수 있습니다.

물론 앞서 언급한 말들이 결코 틀린 말들은 아닙니다. 타락한 세상에서는 악한 일들이 일어납니다. 더 심한 일이 일어나지 않는 것은 정말로 다행입니다. 고난은 유익이 될 수 있습니다. 트라우마 사건 중에도 하나님은 말씀하시고, 트라우마를 통해서 죄를 돌이켜 볼 수 있고, 이전보다 더 좋은 태도로 세상을 살아갈 수도 있습니다. 그러나 트라우마의 현장에서 이런 말들은 위로가 되기보다 상처가 되는 경우가 참 많습니다.

최근 트라우마 분야에서는 '외상 후 성장'(post-traumatic growth)에 대한 연구가 활발하게 진행되고 있습니다. '외상 후 성장'이란 트라우마를 경험한 후의 삶이 과거의 삶보다 더 긍정적으로 성장하는 경우를 의미합니다. 실제로 트라우마를 경험한 이들 중에 상당수는 트라우마

이전보다 더 긍정적인 가치관을 갖고 성숙한 삶을 살게 되었다고 고백합니다.[1]

그러나 그런 회복과 성장이 고난의 순간에 앞서 언급한 말 한두 마디를 진심으로 던진다고 해서 이루어지는 것은 아닙니다. 외상 후 성장은 누군가가 정답을 내려 주고 나아갈 길을 조언해 줄 때가 아니라, 오히려 진실한 공감 가운데 고난의 실제를 충분히 경험하고, 그 후 내담자 스스로가 고난 가운데 의미와 새로운 삶의 방향을 발견할 수 있을 때 가능합니다.

따라서 우리는 위로의 순간에 상처를 줄 수 있다는 사실을 깨닫고 조심해야 합니다. 트라우마의 현실 속에서 이 같은 말들은 좋은 의도와는 달리 결과적으로 피해자들에게 상처를 줄 수 있습니다. 외상 후 성장의 개념과 사례가 결코 트라우마로 인한 고통과 아픔의 크기를 감소시킬 수 없기 때문입니다.

한 여성은 밤늦게 집으로 돌아오는 길에 괴한에게 성폭행을 당했습니다. 그 일로 그녀의 일상은 갈기갈기 찢어졌습니다. 불현듯 찾아오는 분노와 공포가 그녀의 삶을 지배했습니다. 감당할 수 없는 불안감으로 늦은 외출은 생각조차 하지 못했고, 관계에도 문제가 생겨 교제하던 남자 친구와도 헤어졌습니다. 우울증에 빠졌고, 세상으로부터 그녀는 완전히 숨어 버렸습니다.

그녀가 세상으로 다시 나오기 시작한 것은 약 3년이 지나서입니다. 가족들의 지지와 신뢰할 수 있었던 상담사의 도움, 교회 공동체의 기도와 섬김으로 그녀는 조금씩 세상 밖으로 나올 수 있었습니다. 말씀을 묵상하는 가운데 그녀는 새로운 삶에 대한 비전을 갖게 되었습니다. 그녀는 다시 대학을 다니기로 하고, 상담을 공부하기 시작했습니다. 그 과정 가운데 이전에는 몰랐던 배움과 섬김의 기쁨이 무엇인지를 경험하게 되었습니다.

이제 그녀는 한 센터에서 봉사하고 수련을 받으며 자신과 비슷한 일을 경험한 여성들을 돌보는 상담사가 되었습니다. 트라우마 사건을 경험한 지 십수 년이 지난 지금, 그 이전보다 더 행복하고 건강한 삶을 살고 있다는 그녀는 다음과 같이 고백합니다.

"나는 지금 행복합니다. 이전보다 분명 더 나은 삶을 살고 있어요. 하지만 만약 그 사건을 당했을 당시 누군가 위로한다고 와서 '그만하니 다행이다'라거나, '그런 일을 겪었으니 나중에 어려운 사람들을 도와줄 수 있을 거다', '이 일을 인생의 기회로 삼아라'라고 말했다면, 나는 그 사람의 뺨을 때리고 내쫓아 버렸을 거예요. 그리고 다시는 만나지 않았을 겁니다."

트라우마 사건 이후 성취한 긍정적인 삶의 변화가 그녀가 경험했던 고통을 상쇄시킬 수 없었다는 말입니다. 외상 후 성장이 있다고 해서 고통이 사라지는 것이 아닙니다. 여전히 트라우마 사건은 아프고 힘듭니다. 그 사건이 생각날 때마다, 사건의 흔적을 볼 때마다 가슴이

쓰립니다. 트라우마의 후유증은 평생 남아 있는 경우가 많습니다. 따라서 트라우마의 고통과 슬픔, 아픔의 실제가 트라우마 사건 이후 성장의 가능성 때문에 용납될 수 있다는 메시지는 결코 위로가 될 수 없습니다. 오히려 그런 말을 듣고 어떤 이들은 분노하고, 어떤 이들은 가장된 미소 뒤에 슬픔을 숨기게 됩니다.

한 성도는 수년 동안 가정 폭력의 피해를 버티며 살았습니다. '남편은 아직 예수님을 모르니 조금만 더 참아 보자. 남편이 하나님을 알게 되면 달라질 거야'라는 기대로 남편 몰래 새벽기도도 다니며 참고 또 참았습니다.

그러나 남편의 폭력은 더욱 심해졌습니다. 급기야 폭행의 정도가 극단적인 수준에 이르러 어느 날은 맞다가 정신을 잃었고, 눈을 떠 보니 중환자실이었습니다. 그녀의 팔과 다리는 부러져 있었고, 배 속의 태아도 잃게 되었습니다. 결국 이혼을 선택한 그녀는 다음과 같이 고백합니다.

"내 마음은 분노와 원한으로 가득 찼어요. 조금만 더 기도해 보라고, 고난이 축복이라고, 남편 구원을 위해 십자가를 져야 한다고 수없이 들었어요. 이혼을 한다는 것은 죄인이 되는 것이었어요. 더 기도하지 않고 포기한 거라고, 십자가를 지지 않았다는 거죠. 그런 말을 들을 때마다 마음 문은 점점 단단히 닫혔어요. 죄책감과 수치스러움은 깊어져만 갔죠. 사람들과 대화하는 것이 무섭고 싫어졌어요. 결국 이사를 했고 교회도 옮겼어요. 새 교회에서 저는 누구에게도 과거에 대해 말하지 않았어요. 또 상처받을 게 뻔하니까요."

고난이 유익이라는 말이나 트라우마 후에도 행복할 수 있다는 말은 결코 틀린 말이 아닙니다. 외상 후 성장은 가능합니다. 그러나 그 성장은 타인에 의해 강요될 수 없고, 그 가능성이 결코 트라우마를 정당화할 수 있는 이유가 되지 않습니다. 그런 메시지를 암묵적으로 전달하는 말은 그 의도와 말투가 얼마나 선한지와 상관없이 이미 트라우마로 갈기갈기 찢긴 마음을 또 한 번 도려내는 보이지 않는 칼날과도 같습니다.

이런 현실 가운데 많은 그리스도인은 자신의 문제를 숨기는 데 익숙해집니다. 여러 가지 이유로, 혹은 신앙적 행동으로 자신의 아픔과 고통, 괴로움을 덮어 버립니다. 고통 가운데 격한 감정을 드러내는 것을 스스로 신앙의 미성숙이라 치부하며 자책하기도 합니다.

그러나 성경은 어떻게 가르칩니까? 성경은 고난과 어려움 속에서 터져 나오는 격한 감정을 무시하거나 숨기지 않습니다. 시편을 보십시오. 시편은 인생의 괴로움을 영적 의미로 덮어 버리지 않습니다. 오히려 분노와 복수심에 사로잡히고, 두려움과 불안에 매몰되며, 외로움에 아파하고, 심지어 하나님에 대한 섭섭함과 분노의 마음까지 시편 기자는 있는 그대로 하나님 앞에 표현합니다.

우리는 하나님 앞에 고통을 숨기고 아픔을 억압할 필요가 없습니다. 하나님 앞에서 있는 그대로 울고 소리쳐도 좋습니다. 그것은 비성경적이거나 불경건한 모습이 아닙니다. 오히려 삶의 고통스러운 현장 속에서 하나님을 찾고 하나님을 의지하는 성도의 거룩한 모습 중 하나입니다. 시편의 기록처럼, 성도는 고통의 현실과 마음의 혼란 속에서 결국 하나님을 만나고, 하나님을 신뢰하고, 하나님을 경외하는 법을 배워야 합니다.

이 과정은 결코 쉽지 않습니다. 때때로 그 과정은 길고 아픈 경험이 됩니다. 이 길은 하나님 앞에 마음을 쏟아 내는 고통 없이 결코 걸을 수 없는 길입니다. 그럼에도 성도는 그리스도와 함께 그 길을 걸을 수 있습니다. 그리스도와 함께 그 길을 걸을 때 우리는 트라우마를 넘어 하늘이 주는 평안과 형통함을 경험할 수 있습니다.

상처받은 이들을 위한 기다림

상처받은 이들에게는 시간이 필요합니다. 상실과 아픔에 슬퍼하고 애통할 시간이 필요합니다. 트라우마 사건에 담긴 성장의 가능성, 신앙적 의미와 초월적인 섭리를 발견하기 이전에, 그들은 고통 자체에 애통할 시간이 필요합니다. 애통의 시간은 하루, 이틀로 충분하지 않습니다. 때로는 수개월, 때로는 수년, 수십 년이 걸릴 수 있습니다.

애통의 시간을 견디는 것은 고통스러운 과정입니다. 그러나 안타깝게도 많은 사람이 애통의 시간을 넉넉히 기다려 주지 않는 것 같습니다. 트라우마 사건 초기에는 많은 이가 안타까워하며 마음을 쓰고, 찾아가 위로도 하고, 기도도 합니다. 그러나 그 기간이 길어지면 점차 불편해하는 이들이 생깁니다. 애통의 시간이 길어지고 그들이 기대했던 성장이 보이지 않으면, 오히려 트라우마 피해자의 연약함을 지적하는 경우도 있습니다.

어떤 이들은 상처받은 이들의 애통의 시간을 자기 기준으로 정해 주려 하는 것 같습니다. "이 정도 시간이 지났으면 극복해야지. 신앙인인데 이제는 달라져야지"라는 말은 틀린 말은 아니지만, 트라우마 당사자에게는 큰 상처를 줄 수 있는 말입니다. 이는 영혼 돌봄의 관점에서 적절한 태도가 아닙니다. 애통의 시간은 다른 누가 정해 줄 수 있는 것이 아닙니다.

트라우마의 고통이 있는 사람이 하루아침에 그 고통에서 벗어나는 경우는 없습니다. 그래서 트라우마입니다. 짧은 시간에 극복할 수 있는 문제는 트라우마가 아닙니다. 그들에게는 충분히 애통할 시간이 필요합니다.

진정한 치유와 성장은 충분한 애통의 시간이 지난 후에 비로소 가능합니다. 어두움 한가운데서는 주변이 전혀 보이지 않습니다. 그 어두움을 지나고 난 후 돌이켜 볼 때 비로소 우리는 그 어두움 가운데서도 함께하셨던 하나님의 은혜와 섭리를 볼 수 있습니다. 애통의 끝자락에서 지난 모든 역경과 괴로움 가운데 하나님이 처음부터 우리와 함께하셨고, 때를 따라 돕는 은혜를 우리에게 베푸셨음을 볼 수 있게 됩니다. 그때까지 우리는 기다려야 합니다. 상처받은 이들에게는 애통의 시간을 기다려 주고, 그들의 고통에 함께 공감하며, 함께 울어 줄 수 있는 사람과 그들이 충분히 마음을 쏟아 낼 수 있는 안전한 관계가 필요합니다. 이런 의미에서 영혼 돌봄, 혹은 상담 실천은 기다림의 미학을 담고 있습니다.

성경은 "우리 주의 오래 참으심이 구원이 될 줄로 여기라"(벧후 3:15)라고 기록하고 있습니다. 하나님은 우리의 구원을 위해 오래 참으십니다. 하나님의 날이 임하기까지 인류가 죄에서 돌이키고 다시 온전한 하나님의 형상으로 회복되기를 하나님이 오래 기다리고 계신 것처럼, 그분의 마음을 품은 영혼 돌봄자는 상처받은 이들을 기다려 주어야 합니다. 그들이 충분히 애통하고, 그 가운데 자기를 돌아보며, 하나님을 만나기까지 우리는 기다려 줄 수 있어야 합니다. 그 기다림 가운데 하나님의 은혜의 아름다움이 드러납니다.

이 시점에서 우리는 스스로에게 질문을 던질 필요가 있습니다. 과연 오늘 우리는, 혹은 우리가 속한 공동체는 누군가의 아픔에 함께 울며 그 애통의 과정에 동행해 줄 수 있는 사람과 안전한 공간을 충분히 제공하고 있습니까? 우리는 그들의 아픔을 부인하거나 축소하지 않고, 이야기의 초점을 비슷한 자기 경험이나 더 부정적인 다른 사례로 옮기지 않고, 충분히 기다리며 진실한 공감으로 함께 그 아픔을 견뎌 주고 있습니까?

하나님이 오래 참으심으로 우리의 구원을 이루시는 것처럼, 그리스도의 몸 된 공동체는 상처받은 영혼들을 인내함으로 섬길 수 있어야 합니다. 애통을 충분히 쏟아 낼 수 있는 안전한 공동체 안에서 상처받은 영혼들의 아픔은 하나님의 은혜를 누리며 조금씩 치유되어 갈 수 있습니다.

시간이 꼭 약은 아니다

트라우마로부터 치유와 회복을 경험하기 위해서는 충분한 시간이 필요합니다. 시간이 약이라고 합니다. 시간이 지나면 고통의 크기가 점차 줄어들고 새로운 삶의 이야기들이 만들어지면서 현실에 적응할 수 있다는 말입니다.

그러나 단순히 시간이 지난다고 해서 모든 트라우마의 고통이 사라지는 것은 아닙니다. 적절한 개입과 변화의 시도가 없다면, 때때로 트라우마는 시간이 지날수록 더 깊은 쓴 뿌리를 남기곤 합니다. 한 트라우마 경험자의 고백입니다.

"나도 잊어버리고 싶어요. 그런데 그 사건 이후로 우리 가족의 삶은 완전히 망가졌어요. 다시 돌이킬 수 없잖아요. 우리 가족은 여전히 회복되지 않았고, 아직도 고통 속에 있습니다. 단순히 시간이 지난다고 문제가 회복되는 것은 아니라고요."

트라우마 사건은 분명 지나갔습니다. 그러나 트라우마가 남긴 흔적은 여전히 지금 여기에 남아 있습니다. 사고로 잃은 가족은 돌아오지 않습니다. 심한 부상으로 절게 된 다리나 손상된 몸의 기능은 다시 이전처럼 회복되지 않습니다. 상처받은 기억은 무시로 떠오르고, 상처가 된 말은 머릿속에서 사라지지 않습니다. 소중했던 관계는 이미 깨어져 버리고 없습니다. 트라우마 사건으로 잃어버린 시간은 되돌릴 수 없고, 그 시간 동안 놓쳐 버린 교육과 경험, 관계, 기회는 다시 돌이킬 수 없습니다. 트라우마의 후유증이 남긴 경제, 사회적 기능의 어려움은 지속해서 고통을 가중시킵니다.

트라우마 사건은 분명 끝났습니다. 그러나 트라우마가 남긴 흔적은 여전히 강렬한 고통으로 남아 있는 경우가 많습니다. 문제가 해결되지 않고 마음과 상황이 변화되지 않은 상태에서는 아무리 시간이 지나도 트라우마는 사라지지 않을 수 있습니다. 따라서 트라우마 문제는 단순히 덮어 두고 시간을 보내는 것이 능사가 아닙니다. 적절한 시간에 상처를 돌아보고, 적합한 치료적 변화와 개입, 다양한 공동체적, 사회 제도적 도움이 필요합니다.

'상처받은 치유자'에 대한 오해

많은 사람이 '상처받은 치유자'에 대해 오해하고 있는 것 같습니다. 상처받은 사람들은 모두 치유자가 될 수 있고, 치유자가 되어야 하는 것처럼 생각하는 경우가 있습니다. 그런 말을 듣다 보면 마치 상처가 치유자를 만드는 원인인 것처럼 들립니다.

그러나 상처받은 이들이 다 치유자가 되나요? 오히려 그 상처를 이유로 더 냉소적이고 폭력적인 삶의 태도를 보이는 사람도 많습니다. 실제로 상처로 인해 부정적인 모습을 보이는 사람이 상처로 인해 치유자가 되는 사람보다 더 많은 것이 현실입니다.

상처 자체는 성장의 원인이 되지 않습니다. 상처가 성장을 이루는 것이 아니라, 그 가운데서도 선을 이끌어 낸 경험이 성장을 야기합니다. 상처받은 치유자에게는 상처에 직면하고, 애통하고, 공감과 돌봄을 받으며, 새로운 삶의 의미를 발견하고, 변화를 시도하고, 때로는 실패하기도 하지만 포기하지 않고 다시 일어서는 인고의 과정이 있습니다. 다시 말하면, 상처 자체가 아니라 그 상처를 수용하고 치유하고 성장한 경험이 치유자가 되게 하는 동력이라는 것입니다. 성경적 관점으로는, 상처 가운데 하나님을 만나고 그분 안에서 회복되고 성장하는 경험이 있어야 비로소 상처받은 치료자가 될 수 있다는 의미입니다.

따라서 트라우마가 성장의 원인이라고 생각해서는 안 됩니다. 성숙한 사람은 마치 트라우마 사건을 좋은 일처럼 받아들일 수 있다고 가정해서도 안 됩니다. 또한 그런 식의 조언이 위로가 될 것이라 오해해서도 안 됩니다. 한 목회자는 트라우마 사건을 경험한 이에게 본인은 그런 큰 사건이 없어서 간증이 없다며, 트라우마의 고통 중에 있는 사람이 오히려 부럽다는 말까지 합니다. 이런 말이 나오는 이유는 트라우마 자체를 성장의 원인으로 오해하기 때문입니다.

트라우마를 잘 극복하는 것은 분명 간증이고 하나님의 은혜입니다. 그러나 트라우마 가운데 있는 이들에게 트라우마가 오히려 축복이고 은혜라고 말하는 것은 바른 영혼 돌봄의 태도가 아닙니다. 그런 모습은 트라우마의 파괴성에 대해 충분히 공감하지 못하는 태도이며, 트라우마를 지나치게 미화하는 왜곡된 해석입니다. 이런 왜곡된 위로에 많은 트라우마의 피해자는 위로의 순간 또다시 상처를 받습니다.

트라우마는 기회가 아닙니다. 트라우마는 상처이고 아픔입니다. 트라우마가 아니라 악을 선으로 이기시는 하나님의 은혜가 우리를 변화시킵니다. 트라우마에도 불구하고 선을 이루시는 하나님의 능력이 우리를 새롭게 하는 힘입니다. 트라우마가 기회가 아니라, 하나님이 우리의 기회입니다. 트라우마가 성숙의 발판이 아니라, 하나님이 성숙의 근원입니다.

많은 그리스도인이 위로를 전하면서 고난이 기회라는 식의 영적 의미를 가르치려 합니다. 물론 고난에는 하나님의 섭리 아래 영적인 의미가 있습니다. 그러나 고난의 영적 의미는 누군가의 가르침이나 강요가 아니라, 본인의 신앙 고백이 되어야 합니다. 고난의 영적 의미는 고난 가운데 있는 이들 스스로가 하나님과의 관계 안에서 발견해야 합니다.

바울이 고난 중에도 기뻐하라고 권면하고, 시편 기자가 고난이 내게 유익이라고 말할 수 있었던 것은 누군가가 조언해 주었기 때문이 아니라, 본인 스스로가 고난의 현실을 견디는 가운데 주의 율례를 더 깊이 알았고 그리스도와 더욱 친밀한 관계를 경험할 수 있었기 때문입니다. 고난에 대한 영적 의미는 성령의 역사하심으로 하나님과의 관계 경험 안에서 자기 스스로 발견하는 신앙 고백입니다.

고난을 겨우 견디고 있는 자들에게 너무나 쉽게 영적 의미를 던져 주는 것은 선한 의도와는 달리 오히려 그들에게 "왜 더 성숙하지 못하는가, 왜 이런 의미를 찾지 못하는가"라는 정죄로 들리는 경우가 많습니다. 그러면 위로하는 자들의 의도와 상관없이 받는 자들은 오히려 상처를 받아 발끈하며 방어적인 반응을 보일 수 있습니다. 이런 경우, 위로하고자 했던 이들은 오히려 상처받은 사람들이 자신의 의도를 오해한다, 혹은 이상해졌다는 등의 평가를 하며 당황해합니다.

그러나 트라우마같이 이해할 수 없는 비극적 상황 가운데 놓인 이들이 일반적이지 않은 반응을 보이는 것은 지극히 정상적인 사람들의 보편적인 반응입니다. 그들이 의도를 오해하거나 이상해진 것이 아니라, 위로하는 자가 좀 더 세밀하게 그들의 상황과 상처에 공감하지 못했고, 그들의 마음을 좀 더 배려하지 못한 탓입니다. 상처받은 자들은 지금 매우 취약한 상태이기 때문입니다.

따라서 트라우마 고난의 영적 의미는 억지로 가르치거나 강요되어서는 안 됩니다. 고난의 의미를 발견하는 것은 자기 자신이어야 합니다. 어두운 고난의 터널을 지날 때 보이지 않았던 하나님의 섭리가 혹암의 시간을 견디고 돌이켜 보니 하나님이 함께하셨고 그분의 도우심과 인도하심이 있었음을 고난의 당사자가 스스로 고백하는 것이 고난에 대한 영적 의미의 발견입니다.

많은 사람이 너무나 쉽게 타인의 고난에 대한 의미를 자기가 결정하려 합니다. 특히 가족이나 친구처럼 가까운 관계일수록 더 쉽게 고난의 의미를 해석하고 결정해 주려 하곤 합니다. 그러나 때때로 그런 실천은 고난 중에 있는 이들에게 오히려 상처가 될 수 있습니다. 사람의 조언이 변화를 야기하지 않습니다. 고난 중에 결코 우리를 홀로 두지 않으시고, 결코 택하신 자를 포기하지 않으시는 선하신 하나님이 우리를 정금같이 만들어 가십니다.

따라서 위로의 순간, 우리는 가르치려는 욕심과 조언을 내려놓고, 고난받는 이의 참담한 심정과 고통을 공감하는 데 더욱 힘써야 합니다. 고난이 유익이라는 성경의 메시지는 다른 사람의 강요나 권면에 의해서가 아니라, 상처받은 영혼이 애통 가운데 씨름하면서 하나님을 만난 후에 스스로의 목소리로 선포되어야 비로소 진정 살아 있는 진리가 됩니다.

트라우마를 가진 영혼들에게 다가갈 자 누구인가?

트라우마의 과거 자체는 바꿀 수 없습니다. 그러나 과거의 트라우마 사건을 다루는 오늘의 태도는 변화시킬 수 있습니다. 또 더 나은 내일을 위한 삶의 실천은 지금 이 순간부터 새롭게 만들어 갈 수 있습니다.

하나님은 소외되고 고통받는 자들을 절대 간과하지 않으십니다. 하나님은 우리에게 사랑과 돌봄을 제공하시고, 회복과 구원을 약속하십니다. 하나님의 가장 온전한 형상으로 성육신하신 예수님은 고아와 과부의 친구셨고, 창기는 물론 병든 자, 귀신 들린 자, 사회로부터 소외당하고 억압받고 상처 입은 자들에게 그분의 사랑을 보여 주셨습니다. 예수님은 그들을 사랑하시되 "끝까지 사랑"하셨습니다(요 13:1). 따라서 우리는 우리를 끝까지 사랑하시는 그리스도를 의지함으로 트라우마를 이겨 낼 수 있습니다.

더 나아가 우리를 끝까지 사랑하신 예수님은 우리에게 다음과 같이 말씀하십니다.

> "새 계명을 너희에게 주노니 서로 사랑하라 내가 너희를 사랑한 것같이 너희도 서로 사랑하라 너희가 서로 사랑하면 이로써 모든 사람이 너희가 내 제자인 줄 알리라"(요 13:34-35).

따라서 우리는 우리 자신의 트라우마 치유를 넘어 이웃의 고통과 아픔을 치유하기 위해서도 함께 힘써야 합니다.

예수님의 사랑의 권고는 사랑하기 쉬운 사람들만을 대상으로 하지 않습니다. 그분은 착하고, 매너 있고, 우리에게 유익이 되고, 경제적으로 풍족하거나, 사회적으로 위치가 있는 사람들만 사랑하라고 하지 않으십니다. 소외되고 버림받아 쓰러져 가는 그 사람, 상처로 우울과 성격 장애를 나타내는 그 사람, 때로는 감정을 조절하지 못하고 여러 사람들에게 공격적인 언행을 보이는 그 사람, 그 외 인간적으로 사랑할 것이 없어 보이는 사람들에게까지 하나님은 그분이 부어 주시는 사랑으로 그들을 품고 사랑하라고 말씀하십니다.

그 사랑의 실천은 결코 쉬운 일이 아닙니다. 그러나 하나님은 우리가 당신의 사랑을 닮아 가는 것을 기뻐하십니다. 트라우마의 아픔 가운데 있는 영혼들에게 하나님의 마음을 품고 다가갈 자는 과연 누구입니까? 오늘 우리가 가정과 교회, 직장과 지역 사회 가운데 그리스도의 사랑으로 품어야 할 사람은 누구입니까? 여러 모양의 상처로 괴로워하며 도움을 갈망하는 그 영혼은 누구입니까? 하나님은 우리를 통해서 그들에게 무엇을 하길 원하십니까?

트라우마의 현장은 오늘 우리에게 주어진 목회와 선교, 돌봄의 장입니다. 하나님은 트라우마로 인해 우리의 삶과 신앙이 망가지는 것을 원하지 않으십니다. 트라우마에 대한 성경적 이해와 돌봄을 제공하는 것은 하나님 말씀에 순종하는 것이며, 그리스도 닮음의 실천인 동시에, 돌봄이 필요한 이들에게 하나님의 마음과 은혜를 흘려보내는 하나님 나라의 사명입니다.

예수 그리스도, 욥, 바울을 비롯한 수많은 성경의 인물은 트라우마 사건의 파괴적인 영향에도 불구하고 전혀 다른 이야기가 신앙인에게 이루어질 수 있음을 보여 줍니다. 우리는 트라우마 가운데서도 그리스도와 함께 회복과 성장을 경험할 수 있습니다. 그리스도 안에서 우리는 어떤 상황 속에서도 희망을 잃지 않을 수 있습니다. 그리스도의 고난이 우리에게 넘친 것같이 우리가 받는 위로도 그리스도로 말미암아 넘칠 것이기 때문입니다. 또한 우리의 소망이 견고함은 우리가 고난에 참여하는 자가 된 것같이 위로에도 그럴 줄 앎이며, 그리스도는 큰 사망에서 우리를 이미 건지셨고 이후에도 또 건지실 것을 약속하셨기 때문입니다(고후 1:5-10).

트라우마가 기회가 아니라,
하나님이 우리의 기회입니다.
트라우마가 성숙의 발판이 아니라,
하나님이 성숙의 근원입니다.

성찰 및 나눔 질문

1. 오늘 내 삶의 현장은 하나님이 보시기에 심히 좋습니까? 하나님이 보시기에 심히 좋은 내 삶의 현장은 어떠합니까?

2. 하나님이 보시고 심히 좋아하시기 어려운 내 삶의 현장은 어떠합니까? 그 현장을 바라보시는 하나님의 마음은 어떠할까요?

3. 위로의 순간에 오히려 누군가에게 상처를 준 경험이 있습니까? 혹은 위로를 받아야 할 상황에 오히려 상처를 받은 경험이 있습니까? 그 경험이 남긴 감정은 어떤 것입니까? 그 순간 내가 진정 소통하기 원했던 마음은 무엇이었습니까?

4. 상처받았기 때문에 반드시 상처받은 치유자가 되어야 한다고 생각한 적이 있습니까? 어떤 마음인가요? 지금은 어떤 생각이 듭니까?

5. 고난의 의미를 강요당한 것 같은 경험이 있다면 나누어 봅시다. 어떤 마음이 들었습니까?

요약

1. 인류의 타락 이후 깨어진 창조 질서는 다양한 형태의 트라우마를 야기합니다.

2. 타락한 현실 너머에 하나님 나라와 하나님의 의, 우리의 구원을 향한 하나님의 섭리가 있습니다.

3. 트라우마 상황 속에서 피상적인 위로는 오히려 상처를 줄 수 있습니다.

4. 트라우마 가운데 있는 이들에게는 시간이 필요합니다. 상처받은 이들에게는 애통의 시간을 기다려 주고, 그들의 고통에 함께 공감하며, 함께 울어 줄 수 있는 사람과 그들이 충분히 마음을 쏟아 낼 수 있는 안전한 관계가 필요합니다.

5. 외상 후 성장의 개념과 사례가 트라우마로 인한 고통의 크기를 감소시킬 수 없습니다.

6. 트라우마는 기회가 아닙니다. 트라우마는 상처이고 아픔입니다. 악을 선으로 이기시는 하나님의 은혜가 우리를 변화시킵니다. 하나님이 우리의 기회입니다.

7. 트라우마의 과거 자체를 바꿀 수는 없습니다. 그러나 트라우마 사건을 다루는 오늘의 태도와 더 나은 내일을 위한 실천은 지금 이 순간부터 새롭게 변화시킬 수 있습니다.

2장

트라우마
이해하기

"여호와여 나를 버리지 마소서 나의 하나님이여 나를 멀리하지 마소서 속히 나를 도우소서 주 나의 구원이시여"(시 38:21-22).

빅 트라우마와 스몰 트라우마

트라우마는 '상처' 혹은 '흉'의 의미를 지닌 고대 헬라어 'τραῦμα'에서 유래된 용어입니다. 트라우마란 육체적, 심리적, 사회적, 혹은 영적 자아가 주관적으로 실존의 위협을 느낄 정도의 강렬한 충격을 입을 때 경험하는 정신적 외상으로, 과각성(hyperarousal), 인지 및 관계성의 손상, 해리, 플래시백(flashback), 악몽 등 통제하기 어려운 증상들을 수반하는 전인격 수준의 내적 상처로 정의할 수 있습니다.[1]

트라우마는 정상적인 대처 메커니즘을 압도하는 경험이며, 기존의 인지 체계로는 도무지 이해되지 않는 외상(外傷), 경험자의 신경계와 정서 패턴, 가족 시스템을 결코 이전의 상태로 돌이킬 수 없게 하는 상처입니다. 그래서 트라우마 전문가들은 트라우마를 정의할 때 '감당할 수 없는, 압도적인(overwhelmed)'이라는 표현을 자주 사용합니다.

최근 이 용어는 죽음이나 신체적 위협의 상처들뿐만 아니라 개인의 내적 자원에 영향을 주는 사건, 예를 들면, 어린 시절 친구로부터 놀림을 당하거나, 교실에서 소변을 본 실수, 공개 발표를 망친 사건 등 개인의 존재감에 부정적인 영향을 미친 일상의 다양한 경험을 포함하는 개념으로 확장해 사용됩니다.

실제로 최근 트라우마 연구들은 재난이나 전쟁, 성폭력 등 극심한 사건 외에도 부모의 별거, 이혼, 가족 구성원의 중독이나 만성 질환, 학교나 직장생활에서의 부적응, 관계 갈등, 경제적 어려움 등 『정신 질환 진단 및 통계 편람』(Diagnostic and Statistical Manual of Mental Disorders)의 진단 기준에 해당하지 않는 사건들도 외상 후 스트레스 장애(Post-traumatic Stress Disorder)의 증상들을 나타낸다는 결과를 보고합니다. 따라서 오늘날 많은 트라우마 연구자는 특정 병리적 증상을 동반하는 극단적 사건만이 아니라 부정적 정서를 야기하는 일상의 사건들도 트라우마 사건에 포함해야 함을 주장합니다.

이에 최근 트라우마 전문가들은 "빅 트라우마"(Big Trauma)와 "스몰 트라우마"(Small Trauma)를 구분합니다.[2] 빅 트라우마는 전쟁, 재난이나 사고, 성폭행 등 한 개인의 삶에 극단적인 영향을 주는 경험을 의미하는 반면, 스몰 트라우마는 자존감의 저하, 수치심이나 죄책감 등 일상에서 경험하는 부정적인 감정이나 사고를 야기하는 경험을 뜻합니다. 스몰 트라우마의 개념은 어떤 경험의 객관적인 충격의 정도와 상관없이 다양한 일상의 부정적 경험이 트라우마를 야기할 수도 있다는 사실을 보여 줍니다.

　즉, 객관적으로 큰 사건을 경험했다고 해서 모든 사람이 트라우마 증상을 보이는 것은 아니며, 누군가에게는 별일 아닌 것처럼 생각되는 경험이 다른 사람에게는 트라우마 사건이 될 수도 있다는 것입니다. 따라서 트라우마에 대한 정의는 외상 사건에 대한 개인의 신념, 평가, 반응에 대한 당사자의 주관적 경험이 중요한 요소로 고려됩니다. 결과적으로, 오늘날 트라우마는 개인이나 집단이 일상 가운데 스스로 감당하기 어려운 증상들을 야기하는 크고 작은 형태의 주관적인 심리, 영적 상처로 광범위하게 이해할 수 있습니다.

트라우마의 속성에 관하여

1) 트라우마의 일상성

　트라우마는 삶의 다양한 문맥에서 언제, 어디서나, 누구에게나 일어날 수 있습니다. 병원, 학교, 상담실, 교회 등에서 만나는 내담자들의 대부분은 나이, 성별, 문화, 종교, 직위 등에 상관없이 크고 작은 일상의 트라우마로 고통을 호소합니다.

　아버지의 끊이지 않는 폭언과 폭행을 참고 견디다 못해 자해를 반복하는 청소년, 8년이 넘도록 한마디 말조차 않는 남편에게 분노하면서도 버림받을 불안에 우울과 악몽에 시달리는 50대 여성, 어린 시절 경제적인 이유로 시설에 버려져야 했던 아이, 데이트 폭력에 시달리지만 두려움과 외로움에 관계를 끊지 못하는 청년, 학교를 마치고 집으로 돌아오는 중에 총상으로 아들을 잃어버린 부모, 약물 과다 복용으로 약혼자를 잃어버린 예비 신부, 어린이집 야외 활동 중 사고를 당한 유아와 그 가족 등 트라우마는 우리의 일상 속에 존재합니다.

그래서 많은 트라우마 내담자가 공통적으로 고백하는 소망 중 하나는 "평범해지고 싶다"는 것입니다. 트라우마로 깨어진 평범한 일상을 다시 회복하고 싶다는 간절한 마음의 표현입니다. 우리가 경험하는 지극히 평범한 일상은 하나님의 은혜 없이는 경험할 수 없는 하나님의 선물입니다. 트라우마는 지극히 평범한 우리의 일상 속에 존재하며 일상 가운데 허락하신 하나님의 선물을 빼앗아 갑니다.

2) 트라우마의 예측불가성

트라우마의 일상성은 자연스럽게 트라우마의 예측불가성을 낳습니다. 우리는 언제, 어디서 트라우마가 다가올지 알 수 없습니다. 또한 어떤 형태의 트라우마가 내 인생 가운데 나타날지도 알 수 없습니다. 우리의 일상 가운데 언제, 어디서나, 누구에게나 트라우마가 일어날 수 있다는 가능성은 트라우마 사건이 예측 가능하지 않다는 두려움과 불안을 야기합니다.

3) 트라우마의 주관성

트라우마 경험은 주관적입니다. 트라우마의 정의를 다루면서 언급했듯이, 모든 트라우마성 사건이 항상 모든 사람에게 트라우마 증상을 남기는 것은 아닙니다. 또한 객관적으로 큰 사건처럼 보이지 않는 일에 대해서도 어떤 사람은 큰 상처를 받고 평생을 고통 가운데 살아가기도 합니다. 따라서 우리는 함부로 다른 사람의 트라우마에 대해서 판단할 수 없습니다. 트라우마의 크기는 당사자가 경험하는 고통의 주관적 수준에 달려 있습니다.

4) 트라우마의 파괴성

트라우마의 영향력은 파괴적입니다. 어떤 사람들은 비현실화나 해리 등 왜곡된 인지 체계를 보이기도 하고, 기억 상실이나 파편화, 비이성적인 사고 패턴을 보이기도 합니다. 또 어떤 이들은 일상 자극에도 지나치게 민감하게 반응하기도 하고, 강박적이고 충동적인 행동을 보이기도 하며, 자기혐오, 수치심과 죄책, 우울, 무기력함, 해리, 실어증이나 마비 증상 등 신체화 증상을 나타내기도 합니다. 어떤 이들은 타인에게 충분히 공감하지 못하고, 공격적이거나 비상식적인 행동을 하기도 합니다. 그들은 자기도 감당할 수 없는 왜곡된 사고, 정서, 행동을 반복적으로 보이며, 자기 자신은 물론 주변인과의 관계에서도 어려움을 경험합니다. 결과적으로, 트라우마는 우리의 신체, 심리, 관계, 영적 질서에 파괴적인 영향을 미칩니다.

5) 트라우마의 은폐성

트라우마의 파괴성에도 불구하고 트라우마는 숨겨지는 경우가 많습니다. 수치심과 죄책감, 트라우마 사건에 직면하는 정서적 불편함, 그 상황과 연계된 힘의 체계에 대한 두려움, 사회적 낙인, 치료 과정의 어려움, 그에 필요한 시간과 비용 등의 이유로 많은 이가 트라우마의 문제를 덮어 두려고 합니다.

가정에서 부모로부터 학대를 당했지만 가족의 이미지와 생계 유지를 위해 숨기는 경우, 성폭행의 낙인을 피하고자 침묵하는 일, 전쟁 범죄나 위안부 사건의 왜곡 등은 현대 사회가 트라우마에 솔직하게 직면해 진지한 변화를 추구하는 것에 주저하고 있음을 보여 주는 예입니다.

물론 오늘날 트라우마의 피해자들이 자신들의 경험과 아픔을 드러내며 목소리를 내고 있고 다양한 접근의 트라우마 관련 연구와 전문 상담 센터들이 생겨나고 있습니다. 그러나 여전히 트라우마 사건은 은폐되는 경향이 큽니다.

트라우마의 유형에 관하여 [3)]

일반적으로 트라우마는 관계의 성격에 따라 인간 외적 트라우마(impersonal trauma), 관계 트라우마(interpersonal trauma), 애착 트라우마(attachement trauma)로 구분됩니다. 인간 외적 트라우마는 인간관계와 상관없는 원인에 의해 발생한 것으로, 지진이나 해일, 산사태, 홍수 등 자연 재해로 인한 경우가 많습니다. 관계 트라우마는 대인 관계에서 발생한 사건으로, 타인으로부터 상처와 피해를 당한 경우를 의미합니다. 애착 트라우마는 부모 혹은 양육자 등 성장 과정에 있어 매우 중요한 대상과의 관계에서 신체적, 정서적, 성적 학대, 방임 등의 사건으로부터 비롯됩니다. 특히 대인 관계, 애착 대상으로부터 경험하는 트라우마는 이후 신뢰할 수 있고 친밀한 인간관계, 건강한 관계 패턴을 형성하는 데 부정적인 영향을 줍니다.

한편, 트라우마는 빈도에 따라서 일회성 트라우마(single-blow trauma)와 반복성 트라우마(repeated trauma)로 구분하기도 합니다. 일회성 트라우마는 단 한 번의 충격적인 사건으로 발생한 정신적 외상입니다. 지진, 해일 등의 자연 재해(natural disaster), 열차 사고, 비행기 추락, 다리 및 건물 붕괴, 폭발 사고 등의 기술적 재해(technological disaster), 폭행, 살인, 유괴, 납치 등의 폭력 범죄(violent crime), 사랑하는 가족이나 애인의 갑작스런 죽음, 사고 등의 관계 상실(relational loss) 등입니다. 이런 사건들은 일회적 경험임에도 불구하고 큰 심리적 충격을 오랜 기간 남깁니다.

반복성 트라우마는 가정 폭력이나 아동 학대 등 부모나 친인척, 혹은 함께 시설에서 생활하는 양육자 및 지인으로부터 경험하는 반복적인 신체적, 정서적, 성적 학대, 혹은 부적절한 양육 태도로 경험하는 애착 트라우마의 경우를 의미합니다. 이런 상처는 성장 과정에서 반복적으로 나타나기 때문에 잘 드러나지 않고, 그 충격의 크기도 쉽게 가늠하지 못합니다. 그러나 이는 피해자의 정체성과 자아 개념을 부정적으로 만들고, 이후의 관계에 파괴적인 영향을 주는 심각한 트라우마입니다.

트라우마의 주요 증상에 관하여

트라우마 사건의 경험은 우리에게 다양한 증상을 야기합니다.[4)]

첫째, 트라우마의 주요 증상 중 하나는 과각성(hyperaraousal)입니다. 트라우마는 피해자의 각성 수준을 높여 일상적인 자극도 위협 자극으로 오해하고 불안과 초조함을 경험하게 합니다. 사실 이는 또 다른 잠재적 위협으로부터 자신을 보호하기 위한 방어적 태도입니다.

그러나 그 결과, 그들은 매 순간 긴장 상태에서 공격 혹은 도피 반응을 준비하게 되고, 주어진 상황에 과민 반응하거나 지나치게 경직되어 과소 반응을 보이곤 합니다. 때로는 갑작스러운 공황 발작이나 극단적 공격성을 보이기도 합니다. 작은 소리에도 크게 놀라고, 사소한 실패나 좌절에도 걷잡을 수 없이 분노하고, 가벼운 신체 접촉에도 온몸이 경직되는 모습, 불면증이나 수면 장애 등의 모습을 보이기도 합니다. 사회적 스트레스가 있는 상황이면, 충동적이 되거나 공격성을 보이기도 합니다. 이런 모습은 주변인들과 불편한 관계를 반복적으로 만드는 원인 중 하나가 됩니다.

둘째, 트라우마의 또 다른 주요 증상은 해리성 반응입니다. 트라우마와 관련하여 해리는 주로 4가지 방향으로 나타납니다. 트라우마 사건으로부터의 해리(dissociation from the event), 자신으로부터의 해리(dissociation from the self), 타인으로부터의 해리(dissociation from others), 현실로부터의 해리(dissociation from the reality)입니다.

트라우마 피해자들은 때때로 망각(amnesia)을 통해 트라우마 사건으로부터 자신을 분리해 냅니다. 트라우마 환자들 중에는 종종 사건의 전말이나 상황의 일부 혹은 대상 등을 기억하지 못하는 경우가 있습니다. 이는 고통스러운 트라우마 사건으로부터의 해리입니다.

또한 트라우마 피해자들은 파편화된 기억(fragmented memories)을 보이곤 합니다.[5] 트라우마 사건으로 인한 정서적 과각성은 내러티브 형식의 외현 기억으로 정보가 저장되는 것을 방해합니다. 그 대신 특정한 냄새나 소리, 이미지 등의 자극은 생생하고 강렬한 정서적 암묵 기억으로 남겨 놓습니다. 그래서 비슷한 자극이 주어질 때 트라우마 피해자들은 이유를 알지 못한 채 강렬한 감정의 소용돌이에 빠져 버립니다. 악몽이나 플래시백 같은 침투 현상이 일어나는 이유도 망각되거나 억압된 트라우마의 기억이 강렬한 트라우마의 암묵적 감각 기억과 부조화를 이루면서 형성되는 것과 무관하지 않습니다. 즉, 언제, 어떻게 그 사건이 일어났는지 잘 설명할 수 없고 기승전결이 잘 생각나지 않지만, 충격적인 찰나의 파편화된 감각 기억이 마치 강렬한 사진의 한 조각이나 영화의 한 장면처럼 남아 있는 것입니다.

자신으로부터의 해리는 이인화(depersonalization) 현상으로 나타나곤 합니다. 이인화는 감당할 수 없는 트라우마로 인해 자기 자신에 대한 감각이 분리되는 현상을 의미합니다. 이인증을 보이는 환자들은 자기의 존재가 매우 낯설게 느껴지거나 몸과 정신이 분리된 것같이 느낍니다. 매우 비극적인 트라우마 경험을 이야기하면서 아무 감정도 느끼지 못하거나 멍한 상태로 상황에 적절한 사고와 반응을 보이지 못하는 경우도 이인화의 한 형태입니다. 극단적인 경우, 자아가 분열되어 트라우마 사건을 경험하는 피해자를 마치 관찰자가 되어 바라보는 듯한 느낌을 호소하기도 합니다.

실제로 반복되는 성폭행으로 고통받던 한 소녀는 가해자가 자신의 몸을 만지기 시작하자 자기를 두 자아로 분리시켜 진짜 자아는 마치 다른 사람이 된 것처럼 몸에서 떨어져 나와 침대 위에서 성폭행을 당하고 있는 또 다른 자기를 불쌍하게 바라보고 있는 기괴한 감각을 보였습니다.[6]

타인으로부터의 해리는 비사회화(desocialization)의 모습으로 나타납니다. 비사회화는 관계적 회피, 혹은 철회 현상입니다. 이는 또 다른 상처와 아픔을 피하기 위해 타인과의 관계로부터 스스로를 소외시키는 것입니다. 상처를 받으면 우리는 아무도 만나고 싶지 않습니다. 누군가가 위로해 주기를 바라지만, 막상 위로를 받으면 화도 나고 오히려 더 상처를 받기도 합니다. 결국 아무도 만나고 싶어 하지 않고 누구와도 소통하고 싶지 않은 상태에 빠지곤 합니다.

비현실화(derealization)는 트라우마를 피할 다른 방법이 없을 때 나타나는 감각 기능, 혹은 인지 기능의 극단적인 붕괴입니다. 이는 극단적인 현실로부터 회피입니다. 비현실화는 몽롱한 상태, 익숙한 사람이나 장소에 대한 지각 불능, 감각 기능의 현저한 기능 상실 등 다양한 형태로 나타납니다.

어떤 내담자는 사물이 이상하게 비뚤어지거나 비정상적인 형태로 보인다고 호소하기도 하고, 어떤 이는 바로 옆에서 들리는 소리도 마치 먼 곳에서 들려오는 것처럼 지각하기도 합니다. 또 다른 내담자는 시간이 거의 멈추어 버린 것 같다가 때로는 너무 빨리 지나가는 것같이 느끼기도 합니다. 집중, 주의, 감각 등의 영역에 혼란을 보이거나, 심지어 두려움, 공포, 고통의 감각으로부터도 완전히 분리되어 아무 것도 스스로 느끼지 못하고 무슨 일이 일어나고 있는지조차 인지하지 못하는 경우도 있습니다. 이런 모습들은 트라우마의 극단적인 고통으로 스스로 외부 자극을 인지하는 기능을 마비시켜 버리는 비극적인 생존 전략입니다.

셋째, 침투 증상입니다. 침투 증상은 과거 트라우마의 기억이 원하지 않는 상황 속에서 갑자기 떠오르고 그 기억과 정서에 몰입되어 버리는 플래시백 현상이나 꿈에 유사한 내용이 반복적으로 등장하는 등 과거가 현재의 경험 속으로 지속적으로 침투하는 증상을 의미합니다. 이는 과거의 사건을 의도적으로 회상하는 것과 전혀 다른 것입니다. 마치 과거 트라우마를 다시 경험하고 있는 것처럼, 원하지 않는 기억과 정서가 의도하지 않은 순간 일상에 침투하여 통제할 수 없을 만한 큰 심리적 충격과 신경생리적 반응을 초래하는 것입니다.

넷째, 인지 및 신념 체계의 변화입니다. 트라우마는 인지 및 신념 체계에 큰 변화를 야기합니다. 트라우마 사건의 경험은 세상과 타인, 자신에 대한 부정적 인식과 신념을 만들어 냅니다. 세상은 더 이상 안전하지 않고, 선하거나 정의롭지 않아 보입니다. 타인들은 나에게 친절하거나 우호적이지 않고, 언제든지 돌변해서 나를 공격하고 억압하고 상처를 줄 것 같습니다. 그들은 믿을 수 없고, 나를 이해해 주거나 사랑하지 않습니다.

이런 세상과 타인에 대한 부정적인 신념은 결과적으로 자기 자신에 대한 신념에도 부정적인 영향을 줍니다. 세상으로부터 수용받지 못하고, 타인으로부터 사랑받고 이해받지 못하고 있다는 신념은 자기 존재에 대한 의구심을 낳습니다. 사랑받지 못하기 때문에 나는 사랑스럽지 않은 존재로 여겨집니다. 인정받지 못했고 공감받지 못했기 때문에 나는 가치 없는 존재로 보입니다. 결국 '나는 사랑받을 수 없어. 나는 사랑스럽지 않아. 나는 무가치해. 나는 무능력해'라는 자기에 대한 부정적인 신념을 형성하게 됩니다.

다섯째, 트라우마는 반복적인 정서적 고통을 수반합니다. 피해자들은 다양한 상황 속에서 수치심과 죄책감, 분노와 슬픔, 불안, 두려움, 우울 등 강한 부정적 정서를 보입니다. 특히 특정 촉발 자극이 있는 경우, 과거 트라우마의 극단적인 부정적 정서를 현재에 다시 경험하기도 합니다. 이런 부정적 정서로부터 일시적으로나마 벗어나기 위해 어떤 이들은 중독에 빠지거나 정서적 단절을 시도하기도 합니다. 부정적 감정의 억압이나 부인, 회피는 다양한 일상 속에서 부적절한 감정을 부적응적인 방식으로 표출하는 원인 중 하나가 됩니다.

트라우마는 선하게 창조된 하나님의 형상을 왜곡시킨다

이와 같은 트라우마의 현실 속에서 어떤 사람들은 하나님의 속성과 섭리에 대해 의문을 품기도 합니다. 트라우마는 "선하시고 전능하신 하나님이 어떻게 트라우마 같은 비극적 사건을 일어나게 두실 수 있는가?"라는 질문을 남깁니다. 이 질문에 대해 어떤 이들은 하나님의 선하심을 부정하기도 하고, 하나님의 전능하심에 대해 의심하기도 합니다. 어떤 이들은 참을 수 없고 이해 불가능한 고통을 무정하게 섭리하신 하나님을 비난하기도 합니다. 이 질문에 대한 성경적 해법은 이 책의 3부에서 다루고자 합니다. 지금은 트라우마가 하나님에 대한 심리적 경험, 곧 인간의 심리적 표상으로서 하나님 이미지에도 부정적 영향을 미칠 수 있다는 것에 주목해 보겠습니다.

어린 시절 부모로부터 학대나 방임 등의 트라우마를 경험한 이들은 사랑과 돌봄의 하나님 이미지보다 무정하고 엄한 하나님 이미지를 형성하는 경향을 보입니다. 여러 임상 연구들에 의하면, 이렇게 왜곡된 하나님 이미지가 성격 장애, 정서 장애, 중독 등의 병리와 상관관계가 있을 뿐만 아니라 자존감이나 대처 능력에도 부정적인 영향을 준다고 합니다.[7] 무관심하고 냉담한 하나님 이미지는 우울증과 깊은 연관이 있으며, 심판과 진노의 하나님 이미지는 불안과 자살 충동과 관련되어 있다는 연구 결과도 있습니다.[8] 이런 연구들은 트라우마로 인해 왜곡된 하나님 경험이 삶의 다양한 고통과 상관관계가 있음을 분명하게 보여 줍니다.

이렇게 트라우마로 왜곡된 관계를 경험하고 있는 이들에게 하나님이 사랑이시라는 메시지는 어떻게 들릴까요? 그들에게 사랑의 하나님이라는 메시지는 때때로 공허하게 들릴 수 있습니다. 가장 사랑받아야 할 부모로부터 사랑받지 못하고 오히려 상처를 받았기 때문에 그들은 근본적인 신뢰감을 상실합니다. 그래서 이런 경험을 한 이들 중에 일부는 성인이 되어서도 건강한 모습으로 사랑을 주고받지 못합니다. 하나님과의 관계에서도 마찬가지입니다. 지식적으로는 사랑의 하나님을 이해하지만, 실제로는 그 사랑을 경험하지 못하고 공허함을 느끼는 경우가 많다는 것입니다.

결과적으로, 트라우마는 선하게 창조된 하나님의 형상을 왜곡시키고, 그리스도의 장성한 분량이 충만한 데 이르기까지 그분을 닮아 갈 수 없게 합니다(엡 4:13). 결국 트라우마는 그리스도를 닮아 가는 삶 가운데 드러나야 할 하나님 영광의 광채를 가립니다.

따라서 트라우마의 고통은 들려져야 하고 공감되어야 합니다. 우리의 삶은 다시 회복되고 새롭게 변화되어야 합니다. 트라우마 너머에 계신 하나님의 섭리와 모든 것을 합력하여 선을 이루시는 그분의 일하심이 우리의 삶 가운데 나타나야 합니다.

트라우마 문제는 하나님 앞에서 믿음의 공동체와 함께 안전하고 건강하게 다루어질 수 있습니다. 그 문제와 아픔을 묻어 두지 마십시오. 홀로 괴로워하지 마십시오. 당신은 결코 혼자가 아닙니다. 한 형제와 자매의 아픔은 그리스도 안에서 한 몸 된 공동체 전체의 아픔입니다.

그리스도와 함께, 공동체와 함께 그 문제를 들여다보고 회복과 변화, 성장의 여정을 시작하기를 소망합니다. 트라우마로부터 자유를 경험하고 트라우마 너머 하나님의 섭리를 이루어 가는 믿음의 길을 담대함으로 걸어가길 권면합니다. 하나님의 위로와 은혜가 임할 것입니다.

성찰 및 나눔 질문

1. 지금 떠오르는 상처, 아픔이 있습니까? 그것은 어떤 유형의 트라우마입니까?

2. 내가 경험한 트라우마는 어떤 속성이 있습니까?

3. 그 일이 오늘날 나의 삶에 어떤 영향을 주고 있습니까?

4. 그 일이 다른 사람이나 하나님과의 관계에 어떤 영향을 주고 있습니까?

요약

1. 트라우마는 육체적, 심리적, 사회적, 혹은 영적 자아가 주관적으로 실존의 위협을 느낄 정도의 강렬한 충격을 입을 때 경험하는 정신적 외상입니다.

2. 트라우마의 일상성: 트라우마는 삶의 다양한 문맥에서 언제, 어디서나, 누구에게나 일어날 수 있습니다.

3. 트라우마의 예측불가성: 우리는 언제, 어디서, 어떤 형태의 트라우마가 다가올지 알 수 없습니다.

4. 트라우마의 주관성: 객관적으로 큰 사건을 경험했다고 해서 모든 사람이 트라우마 증상을 보이는 것은 아닙니다. 누군가에게는 큰일이 아닌 것처럼 생각되는 경험이 다른 이에게는 트라우마 사건이 될 수 있습니다.

5. 트라우마의 파괴성: 트라우마는 우리의 신체적, 심리적, 관계적, 문화적, 영적 질서 등 전반적인 영역에 부정적 영향을 미칩니다.

6. 트라우마의 은폐성: 트라우마 사건은 다양한 이유로 숨겨지는 경우가 많습니다.

7. 트라우마는 다양한 유형으로 구분되고, 증상 또한 다양합니다. 따라서 우리는 상처받은 이들을 자기 기준으로 판단하고 평가해서는 안 됩니다. 우리는 상처받은 이들에게 겸손함과 진실함으로 다가갈 수 있어야 합니다.

3장

트라우마에 대한
성경적 관점
고난, 구원 역사, 하나님 나라

"내 영혼아 네가 어찌하여 낙심하며 어찌하여 내 속에서 불안해하는가 너는 하나님께 소망을 두라 그가 나타나 도우심으로 말미암아 내가 여전히 찬송하리로다"(시 42:5).

기독교 전통은 현대적 의미의 트라우마라는 용어가 통용되기 전부터 하나님의 섭리 아래 고난(suffering)이라는 개념을 통해 트라우마를 이해해 왔습니다. 성경은 고난의 원인, 의미, 가치의 중심에는 언제나 하나님과의 관계가 있다는 사실을 전제합니다.

고난, 아담과 하와의 원죄로 시작되다

모든 고난은 아담과 하와의 범죄, 곧 원죄 사건으로부터 시작됩니다. 하나님이 태초에 창조하신 세상은 보시기에 심히 좋았습니다. 고통과 사망이 없는 하나님 나라였습니다. 그러나 아담과 하와가 하나님의 말씀을 거역하며 선악과를 먹는 순간부터 인류 고난의 역사는 시작되었습니다. 성경은 고난과 사망이 궁극적으로 인간의 죄와 죄를

멸하신 하나님의 공의로운 심판과 연결되어 있음을 분명하게 제시합니다.[1]

구약의 율법을 예로 들어 보겠습니다. 구약의 율법은 하나님의 명령에 순종하면 축복을 받고, 불순종의 죄를 범하면 저주를 받는 분명한 반정립 패러다임을 제공합니다.[2]

"네가 네 하나님 여호와의 말씀을 삼가 듣고 내가 오늘 네게 명령하는 그의 모든 명령을 지켜 행하면 네 하나님 여호와께서 너를 세계 모든 민족 위에 뛰어나게 하실 것이라 네가 네 하나님 여호와의 말씀을 청종하면 이 모든 복이 네게 임하며 네게 이르리니 성읍에서도 복을 받고 들에서도 복을 받을 것이며 네 몸의 자녀와 네 토지의 소산과 네 짐승의 새끼와 소와 양의 새끼가 복을 받을 것이며 네 광주리와 떡 반죽 그릇이 복을 받을 것이며 네가 들어와도 복을 받고 나가도 복을 받을 것이니라…내가 오늘 너희에게 명령하는 그 말씀을 떠나 좌로나 우로나 치우치지 아니하고 다른 신을 따라 섬기지 아니하면 이와 같으리라 네가 만일 네 하나님 여호와의 말씀을 순종하지 아니하여 내가 오늘 네게 명령하는 그의 모든 명령과 규례를 지켜 행하지 아니하면 이 모든 저주가 네게 임하며 네게 이를 것이니 네가 성읍에서도 저주를 받으며 들에서도 저주를 받을 것이요 또 네 광주리와 떡 반죽 그릇이 저주를 받을 것이요 네 몸의 소생과 네 토지의 소산과 네 소와 양의 새끼가 저주를 받을 것이며 네가 들어와도 저주를 받고 나가도 저주를 받으리라"(신 28:1-19).

  신명기 28장은 인간의 행복과 저주가 하나님의 말씀에 대한 순종과 연결되어 있음을 기록하고 있습니다. 말씀에 순종함으로 하나님의 축복을 받게 되면 행복한 삶이 펼쳐지고, 말씀을 청종하지 않음으로 저주를 받게 되면 고통이 임한다는 것입니다. 이는 고난의 원인이 하나님의 말씀을 거역하는 죄와 연관될 수 있다는 것을 보여 줍니다.

  이 시점에서 기억할 점은 하나님의 말씀에 순종하는 것은 인류를 향한 하나님의 보호하심과 사랑이라는 것입니다. 하나님의 말씀에 대한 순종과 축복의 연결성을 고려할 때, 많은 사람이 오해하는 것 중 하나는 하나님을 당신의 뜻대로 행할 때만 조건적으로 축복을 주시는, 마치 제왕 같은 분으로 이해한다는 것입니다.

  그러나 하나님이 우리에게 주시는 말씀과 율법은 우리의 복종을 강요하는 것이 아닙니다. 신명기 10장 13절은 "내가 오늘 네 행복을 위하여 네게 명하는 여호와의 명령과 규례를 지킬 것이 아니냐"라고 말합니다. 즉, 오늘 우리에게 주신 하나님의 말씀과 율법은 우리를 죄로부터 지키고 보호하는 울타리(가드레일)이며, 참된 자유와 행복을 위한 가이드라인입니다. 하나님의 말씀에 순종함은 억압과 통제가 아닙니다. 그것은 죄를 피하고, 하나님의 은혜 가운데 자유와 축복을 경험하는 길입니다.

타락한 인간의 죄성과 죄 된 사회 시스템의 역동

그러나 고난을 겪는 모든 사람이 각자가 특정한 죄(자범죄)를 지었기 때문이라고 생각하는 것은 옳지 않습니다. 각 개인이 범하는 죄가 고난의 직접적인 원인이 아닌 경우도 많이 있습니다. 성경은 인간의 고난이 개인의 직접적인 죄가 아니라, 타락한 인류의 죄성, 타인의 죄로 인한 결과, 곧 죄로 오염된 체제로부터도 비롯될 수 있음을 증거합니다.

아담과 하와를 향한 사탄의 유혹은 인류 전체를 죄 가운데 거하게 했습니다. 그 후 일어나는 인류의 역사에서는 죄로 타락한 체계가 악한 영적 세력과 뒤엉켜 수많은 영혼이 고난당하는 모습이 펼쳐집니다. 타락한 인간은 이기심, 욕심, 시기, 질투 등의 감정으로 서로 상처를 주고 죽이기도 합니다(창 4:8-23, 37:1-28; 삼하 13:29). 또 자기 민족의 번영을 위해 전쟁을 일으키고, 다른 민족을 억압하고 몰살시키기도 합니다(대하 15:3-6; 단 5:18-20). 성을 사고팔고 갈취하는 일도 만연합니다(창 34:2, 38:12-18; 삿 19:1-30; 삼하 13:10-15). 심지어 마땅히 공평과 정의가 있어야 할 곳에도 악이 창궐합니다.

> "또 내가 해 아래에서 보건대 재판하는 곳 거기에도 악이 있고 정의를 행하는 곳 거기에도 악이 있도다"(전 3:16).

이처럼 성경에는 가정 폭력, 인신매매와 노예 제도, 성매매와 성폭행, 전쟁과 정치경제적 착취 등 타인의 죄와 그 죄들이 만들어 낸 타락한 시스템 속에서 많은 이가 희생당하고 고통당하는 모습이 등장합니다. 그래서 전도자는 눈물로 외쳤습니다.

> "내가 다시 해 아래에서 행하는 모든 학대를 살펴보았도다 보라 학대 받는 자들의 눈물이로다 그들에게 위로자가 없도다 그들을 학대하는 자들의 손에는 권세가 있으나 그들에게는 위로자가 없도다"(전 4:1).

따라서 한 사람의 고난이 반드시 그 사람의 죄에서 비롯되었다고 간주하는 것은 잘못된 생각입니다. 그런 생각은 때때로 매우 잔인한 가정이 될 수도 있습니다. 오늘 우리가 경험하는 어떤 고난은 우리의 죄가 아닌 타인의 죄로 인한 것도 있고, 그 죄들이 만들어 낸 사회 문화 시스템으로 인한 것도 있습니다.

인류의 고난은 분명 죄로부터 시작되었습니다. 그러나 그 사실이 각 사람의 고난은 모두 각자의 자범죄 때문이라는 것을 의미하지는 않습니다. 특히 외부로부터 가해진 상처라는 의미의 '외상'(外傷)이라는 개념을 고려해 보면, 개인의 자범죄와 고난의 인과성을 모든 상황에 적용하는 사고방식은 지양되어야 합니다. 많은 트라우마의 경험은 개인의 죄로 인한 하나님의 경고 혹은 심판이 아니라, 타락한 인간의 죄성과 죄악 된 시스템의 복잡한 역동으로부터 비롯됩니다.

하나님의 특별한 섭리 가운데 있는 의인의 고난

성경은 하나님의 특별한 섭리로 인한 의인의 고난도 언급합니다. 하나님은 때때로 의인에게 고난을 허락하십니다. 욥이 대표적인 예입니다. 욥은 "온전하고 정직하여 하나님을 경외하며 악에서 떠난 자"(욥 1:1)였습니다. 그러나 욥은 "입을 열어 자기의 생일을 저주"할 만큼 극심한 고난을 경험했습니다(욥 3:1). 욥의 내러티브를 보면, 사탄은 고난을 통해 욥이 하나님을 저주하고 떠나게 하려는 악한 목적으로 트라우마 사건들을 계획했습니다. 그러나 하나님은 그런 사탄의 악한 계략 가운데서도 선을 이끌어 내시며 당신의 섭리를 욥의 인생 가운데 이루어 가셨습니다.

더 나아가 히브리서 11장 33-40절을 보면, 어떤 이들은 믿음으로 나라들을 이기고 의를 행하고 사자들의 입을 막기도 하지만, 어떤 이들은 믿음으로 조롱과 채찍질을 받을 뿐 아니라 결박과 옥에 갇히는 시련을 받으며, 돌로 치는 것과 톱으로 켜는 것과 시험과 칼로 죽임을 당하고, 유리하여 궁핍과 환난과 학대를 받기도 합니다. 이런 성경의 기록은 타락한 이 세상 가운데 성도의 고난은 때때로 하나님의 섭리 가운데 경험하는 믿음의 실천일 수 있다는 것을 의미합니다.

더 분명한 예는 예수 그리스도의 십자가 사건입니다. 하나님은 인류 구원을 위해 '죄 없으신' 그리스도에게 십자가의 고통을 허락하셨습니다(요 3:17). 그 섭리에 예수 그리스도는 기꺼이 자기를 낮추시고 죽기까지 복종하심으로 인류의 죄를 지고 나무에 달리셨습니다

(빌 2:7-8; 벧전 2:24). 그분은 인류의 허물로 인하여 상함과 찔림을 받으셨고, 징계와 채찍을 받으셨으며, 그로 말미암아 인류는 나음을 입었습니다(사 53:5). 그분은 고문당하시고 죽임당하셨으나 부활하시고 승천하셨습니다(마 27-28장; 요 19-20장). 성경은 예수 그리스도의 십자가 공로로 말미암아 누구든지 예수를 구주로 영접하는 자는 구원을 얻는다고 기록하고 있습니다(요 1:12).

예수 그리스도의 십자가 죽음은 인류의 죄 때문입니다. 이런 관점에서 십자가 고난은 인간의 죄와 분리될 수는 없습니다. 그러나 십자가 사건은 인류의 죄악이 극에 달한 시점을 보여 주는 동시에, 그 죄악의 역사 너머 하나님이 섭리하신 구원의 역사가 있음을 보여 줍니다. 죄 없으신 그리스도가 십자가 고난을 당하신 사건은 죄가 우리가 경험하는 모든 고난의 직접적인 원인이 될 수 없다는 강력한 반증이며, 고난 너머에 하나님의 특별한 섭리가 있다는 분명한 선포입니다.

십자가 고난 뒤에 숨겨진 하나님의 섭리는 인류 구원을 위한 하나님 사랑의 확증입니다. 성경은 어떤 환난도, 곤고도, 박해도, 위험도, 사망도, 천사들이나 권세자들도, 지금의 일이나 장래의 일도, 어떤 다른 존재도 그리스도 예수 안에 있는 우리를 향한 하나님의 사랑에서 우리를 끊을 수 없다고 선포합니다.

> "누가 우리를 그리스도의 사랑에서 끊으리요 환난이나 곤고나 박해나 기근이나 적신이나 위험이나 칼이랴 기록된 바 우리가 종일 주를 위하

여 죽임을 당하게 되며 도살당할 양같이 여김을 받았나이다 함과 같으니라 그러나 이 모든 일에 우리를 사랑하시는 이로 말미암아 우리가 넉넉히 이기느니라 내가 확신하노니 사망이나 생명이나 천사들이나 권세자들이나 현재 일이나 장래 일이나 능력이나 높음이나 깊음이나 다른 어떤 피조물이라도 우리를 우리 주 그리스도 예수 안에 있는 하나님의 사랑에서 끊을 수 없으리라"(롬 8:35-39).

우리를 향한 하나님의 결코 포기하지 않는 사랑은 고난 너머에 하나님의 존재와 섭리가 있음을 깨닫게 해주고, 오늘의 고난을 견뎌 낼 힘과 소망을 줍니다. 세상의 어떤 문제도 우리를 향한 하나님의 사랑을 끊을 수 없습니다. 어떤 트라우마 사건도 우리를 향한 하나님의 섭리에서 벗어날 수 없습니다. 트라우마 고통 너머 하나님이 계시고, 하나님 나라의 특별한 섭리가 있습니다. 그러므로 우리는 어떤 상황 속에서도 믿음의 여정을 결코 포기하지 않을 수 있습니다.

어떤 고난은 하나님의 주권과 영광을 위한다

요한복음 9장을 보면, 날 때부터 맹인 된 사람이 나옵니다. 이에 제자들이 예수님께 "이 사람이 맹인으로 난 것이 누구의 죄로 인함이니이까 자기니이까 그의 부모니이까"(요 9:2)라고 물었습니다. 그러자 예수님은 다음과 같이 말씀하셨습니다.

"이 사람이나 그 부모의 죄로 인한 것이 아니라 그에게서 하나님이 하시는 일을 나타내고자 하심이라"(요 9:3).

제자들은 맹인으로 태어난 것이 그의 죄, 혹은 그 부모의 죄로 인한 것이라고 생각했지만, 예수님은 하나님의 영광을 위한 것이라고 가르치셨습니다.

또 요한복음 11장에는 병든 나사로의 이야기가 나옵니다. 이에 그 누이들이 예수님께 사람을 보내자 예수님은 "이 병은 죽을병이 아니라 하나님의 영광을 위함이요 하나님의 아들이 이로 말미암아 영광을 받게 하려 함이라"(요 11:4)라고 말씀하셨습니다. 그러나 예수님이 나사로가 있는 곳으로 가시는 동안 나사로는 죽고 말았습니다. 예수님은 누이들 중 한 명인 마르다에게 "내 말이 네가 믿으면 하나님의 영광을 보리라 하지 아니하였느냐"라고 말씀하시며 죽은 나사로를 다시 살리셨습니다(요 11:40-44).

두 성경의 이야기는 공통적으로 어떤 종류의 고난은 하나님의 영광을 위한 것임을 증거합니다. 우리가 경험하는 고난 가운데는 그리스도의 이름으로 하나님의 일하심과 영광을 나타내기 위한 것이 있습니다. 그런 고난을 경험할 때 어쩌면 인간적인 마음으로 '하나님이 굳이 왜 그렇게 하셨을까?'라는 의문이 들기도 합니다. '꼭 나여야 하셨을까?'라는 질문이 생기기도 합니다. 그런 마음이 들 때 성경은 다음과 같은 말씀을 줍니다.

"너희가 그리스도의 이름으로 치욕을 당하면 복 있는 자로다 영광의 영 곧 하나님의 영이 너희 위에 계심이라 너희 중에 누구든지 살인이나 도둑질이나 악행이나 남의 일을 간섭하는 자로 고난을 받지 말려니와 만일 그리스도인으로 고난을 받으면 부끄러워하지 말고 도리어 그 이름으로 하나님께 영광을 돌리라…그러므로 하나님의 뜻대로 고난을 받는 자들은 또한 선을 행하는 가운데에 그 영혼을 미쁘신 창조주께 의탁할지어다"(벧전 4:14-16, 19).

"하나님께서는 여러분에게 그리스도를 믿는 특권뿐만 아니라 그리스도를 위해 고난받는 특권도 주셨습니다. 이 두 가지 모두 하나님께는 영광이 되는 것입니다"(빌 1:29, 쉬운성경).

우리가 그리스도의 이름으로 받는 고난은 하나님께 영광을 돌리는 고난입니다. 현재의 고난은 장차 우리에게 나타날 영광과 비교할 수 없습니다(롬 8:18). 따라서 고난 중에도 오직 온 세상의 창조주이자 주권자 되신 하나님을 의지함으로 선으로 악을 이기고 진리로 거짓과 비방을 이겨 낼 수 있어야 합니다. 하나님 나라와 의를 위해 박해를 받는 자는 복이 있고 천국이 그들의 것입니다(마 5:10).

고난을 통해서도 선을 이루시는 하나님

고난을 경험하는 것은 힘든 일입니다. 그러나 성경은 고난을 통해 여러 가지 유익을 얻을 수 있다고 언급합니다. 성도는 고난 가운데 위로와 돌봄을 받고(출 4:31; 고후 1:5-7), 그리스도 안에서 그분의 영광에 함께 참여하게 됩니다(롬 8:17-18). 하나님의 자녀들은 고난을 통해 말씀의 의미를 더욱 깊이 깨닫고, 말씀에 순종하는 방법을 알게 되며, 더 굳건한 믿음을 얻을 수 있습니다(시 119:67-71). 또한 성도는 고난을 통해 더욱 겸손해지고 정결해지며 성화되어 갑니다(욥 42:5-6; 히 5:8; 벧전 5:10; 고후 12:7).

더 나아가 성도는 고난이 지난 후 그리스도와 함께 부활의 기쁨을 경험하고(빌 3:10-11; 벧전 4:13), 하나님의 이름을 영화롭게 하기까지 합니다(요 12:27-28; 벧전 4:16). 성경은 고난을 통해 성도는 하나님과의 관계를 더욱 깊게 하고, 말씀을 더욱 실제적으로 경험하며, 더 성장할 수 있을 뿐 아니라, 더 큰 감사와 기쁨, 영광까지 누릴 수 있음을 증거합니다.

그러나 이런 성경의 메시지가 고난을 영화(spiritualizing)롭게 한다거나 고난의 실제를 간과하는 것처럼 이해되어서는 안 됩니다. 하나님은 고난을 통해서도 선을 이루시는 분이지, 고난을 기뻐하며 당신의 자녀들에게 고통을 주시는 분이 아니기 때문입니다. 하나님은 악을 미워하시고, 우리의 고통 가운데 함께 아파하시는 분입니다(요 11:35).

하나님이 태초에 천지를 만드실 때 고난은 하나님이 기뻐하며 창조하신 하나님의 질서가 아니었습니다. 따라서 우리는 고난 자체를 결코 거룩하거나 영화롭게 보아서는 안 됩니다. 고난이 유익이 되는 것은 고난 자체가 아니라 고난을 통해서도 일하시는 하나님이 선하시기 때문이고, 그분이 당신의 섭리 가운데 일하고 계시기 때문입니다.

마지막 날, 고난은 사라진다

고난은 하나님의 구원 역사가 완성되는 날, 궁극적으로 사라질 것입니다. 하나님은 새 하늘과 새 땅이 완성되는 날, 우리의 눈물을 다 씻기시고 다시는 사망이 없고 애통하는 것이나 곡하는 것이나 아픈 것이 다시 있지 않을 것을 약속하셨습니다. 그날에는 모든 눈물도, 죽음도, 슬픔도, 애통도, 고통도 다 지나가고 없을 것입니다.

> "내가 들으니 보좌에서 큰 음성이 나서 이르되 보라 하나님의 장막이 사람들과 함께 있으매 하나님이 그들과 함께 계시리니 그들은 하나님의 백성이 되고 하나님은 친히 그들과 함께 계셔서 모든 눈물을 그 눈에서 닦아 주시니 다시는 사망이 없고 애통하는 것이나 곡하는 것이나 아픈 것이 다시 있지 아니하리니 처음 것들이 다 지나갔음이러라"
> (계 21:3-4).

지금까지 살펴본 성경적 관점의 고난 이해는 트라우마를 하나님의 구원 역사라는 큰 그림 안에서 이해하는 구조를 제공해 줍니다. 이는 트라우마의 문제가 궁극적으로 하나님과의 관계, 하나님 나라와 연결되어 있음을 보여 줍니다.

우리 인생의 어떤 순간도 하나님과 분리되어 있지 않습니다. 우리 삶의 기쁨과 즐거움, 아픔과 고통, 그 모든 순간이 하나님의 섭리 아래 있습니다. 따라서 우리는 트라우마를 하나님과의 관계 안에서 이해하고, 하나님의 말씀 안에서 다룰 수 있어야 합니다.

성찰 및 나눔 질문

1. 이 장에서 살펴본 고난의 모습을 고려할 때, 내가 경험한 고난을 어떻게 이해할 수 있을까요?

2. 나의 상처 너머에 있는 하나님의 섭리는 무엇인지 생각해 봅시다.

3. 구원 역사가 완성되는 그날, 나의 소망은 무엇입니까?

요약

1. 기독교 전통은 하나님의 섭리 아래 고난이라는 개념을 통해 트라우마를 이해해 왔습니다.

2. 모든 고난은 궁극적으로 아담과 하와의 범죄, 곧 원죄 사건으로부터 시작됩니다.

3. 모든 고난이 각자의 자범죄 때문이라고 생각하는 것은 옳지 않습니다. 트라우마는 많은 경우 인간의 죄성과 죄 된 시스템의 복잡한 역동으로부터 비롯됩니다.

4. 하나님의 특별한 섭리 가운데 경험하는 의인의 고난도 있습니다.

5. 우리가 그리스도의 이름으로 받는 고난은 하나님께 영광이 됩니다.

6. 고난을 통해 성도는 여러 가지 유익을 얻을 수 있습니다. 그러나 고난이 영화되어서는 안 됩니다. 고난이 유익이 되는 것은 고난 자체가 아니라, 고난을 통해서도 일하시는 하나님이 선하시기 때문이고, 그분이 당신의 섭리 가운데 일하고 계시기 때문입니다.

7. 고난은 하나님의 구원 역사가 완성되는 날 궁극적으로 사라질 것입니다.

2부

◆

트라우마는 어떻게 치유되는가?

4장

'그리스도 닮음'이란?

트라우마를 치유하는 하나님의 방법

"만일 우리가 그리스도와 함께 죽었으면 또한 그와 함께 살 줄을 믿노니"
(롬 6:8).

하나님이 이끌어 가시는 구원 드라마

성경은 하나님이 저자이자 주인공 되시는 거대한 내러티브로서, 구원 드라마(Theodrama)를 제시합니다.[1)] 구원 드라마란 헬라어 '*theos*'와 '*drao*'에서 유래된 단어로, 창조의 시작부터 새 창조의 완성까지 인간과 상호작용하시는 하나님의 구원 내러티브를 의미합니다. 스위스 신학자 한스 폰 발타사르(Hans von Balthasar)는 다음과 같이 말합니다.

"세상은 구원 드라마의 무대이며 하나님이 하시는 일은 무대를 채우는 결정적인 행동이다. 하나님이 하신 일은 구원 사역이며, 이는 세상을 그리스도 안에서 그 자신과 화목하게 하기 위함이다. 그분이 이 사랑의 드라마를 시작하셨다."[2)]

같은 맥락에서 개혁주의 신학자 케빈 밴후저(Kevin J. Vanhoozer)도 "구원 드라마(drama-of-redemption)"는 "하나님이 그 자신을 사람들에게 알리기 위해 시작하신 일이며, 그들을 구속하시기 위해 하늘의 휘장을 가르신 일이다"라고 말합니다.[3] 다시 말하면, 구원 드라마는 하나님이 주관하시는 구원 역사에 인간의 참여를 초청하시는 하나님의 행동이 시공간 가운데 드러나는 실제라 할 수 있습니다. 하나님은 구원 드라마의 저자로서, 온 우주의 모든 사건을 그분의 섭리 안에서 이끌어 가십니다.

'창조-타락-구속-완성'의 플롯으로 진행되는 구원 드라마는 하나님이 주관하시는 세상 가운데 그분과 소통하며 살아가는 인간들의 드라마로 펼쳐집니다. 창조부터 완성에 이르기까지 하나님은 세상의 역사를 주권적으로 운행하시며 말씀을 통해 그분의 자녀들과 소통하십니다. 그 가운데 사람들은 하늘에서 이루어진 그 뜻이 땅에서도 이루어지도록 반응하며 그 섭리를 시공간의 무대 위에 재연합니다.

따라서 창조된 모든 사람의 인생은 구원 드라마 안에 존재하며 그 드라마 가운데 궁극적인 목적과 방향을 발견합니다. 오늘 우리는 하나님의 구원 드라마 안에서 살고 있습니다. 하나님을 믿고 따르는 사람도, 심지어 하나님을 모르는 사람도 모두 하나님이 주권적으로 이끌어 가시는 구원 드라마 안에 있습니다.

구원 드라마의 생활 양식은 그리스도 닮음

구원 드라마에서 인간은 하나님의 주권적인 운행에 능동적으로 참여하는 존재입니다. "생육하고 번성하여 땅에 충만하라"(창 1:28), "너는 마음을 다하고 뜻을 다하고 힘을 다하여 네 하나님 여호와를 사랑하라"(신 6:5), "네 이웃과 원수를 사랑하라"(마 5:44, 22:37-39 참조), "두렵고 떨림으로 너희 구원을 이루라"(빌 2:12) 등의 말씀은 구원 드라마를 구현해 가시는 하나님의 방법이 인간의 적극적인 참여를 포함하고 있음을 보여 줍니다.

종교 개혁자 존 칼빈(John Calvin)은 하나님의 "영광스러운 극장(the dazzling theater)"으로서의 세상에 존재하는 인간은 단순히 하나님의 영광을 바라보는 수동적인 관객이 아니라 그분의 말씀을 사랑 안에서 순종하고 실천하는 적극적인 참여자라고 합니다.[4] 인간은 하나님의 창조 세계에서 그분의 영광을 찬양할 뿐 아니라 그 세계 안에서 자신의 역할을 신실하게 실천하는 존재라는 의미입니다. 따라서 구원 드라마는 하나님이 운행하시는 거대한 구원 이야기와 그 이야기에 적극적으로 반응하여 참여하는 하나님 자녀들의 하위 이야기들(sub-stories)로 이루어집니다.

하나님은 당신의 섭리와 운행에 하나님의 형상으로 창조된 우리의 이야기를 초청하십니다. 이런 맥락에서 우리의 삶은 이 세상 가운데 펼쳐진 '말씀의 살아 있는 전람'(a lived exhibition of the Bible)입니다. 즉, 우리의 삶을 통해 하나님의 섭리와 경륜이 드러나야 한다는 것입니다.

그리스도는 그 '살아 있는 전람'의 원형이십니다. 성육신하신 말씀으로서 그리스도는 온전한 하나님 형상이십니다. 그분을 본 자는 곧 하나님을 본 것이며, 그분을 통해서 하나님의 성품과 뜻이 온 땅 가운데 드러납니다(요 1:14; 히 1:13; 고후 4:4; 골 1:15; 요 14:9; 마 11:11-15; 막 3:20-30). 오직 그리스도를 통해 세상은 하나님과 화해되고(고전 5:18), 그리스도와의 연합을 통해서만 우리는 우리의 창조된 원형, 곧 온전한 하나님의 형상을 회복할 수 있습니다(요 14:6; 롬 6:3-11).

성도의 삶은 믿음 안에서 그리스도의 삶과 연결됩니다. 믿는 성도는 그리스도와 연합되어 있습니다. 그리스도가 우리 안에 거하시고, 우리 또한 그분 안에 거합니다(요 15:4-27; 계 3:20). 그리스도가 우리 안에 거하시기 때문에 우리는 그리스도의 삶과 죽음, 부활에 참여하게 되고, 그리스도께 일어난 일들은 이제 우리의 이야기가 됩니다(요 15:5-11; 계 3:20).[5] 또한 우리가 그리스도 안에 거하기 때문에 우리의 삶은 결국 그리스도의 구원 이야기의 한 부분이 됩니다. 성도의 삶은 그리스도의 삶과 단 한순간도 분리되지 않습니다. 우리가 그 사실을 때로 잊을지라도, 우리의 삶은 언제나 그분과 연결되어 있습니다. 따라서 그리스도 안에 거하는 우리는 삶의 모든 정황 가운데 그리스도의 형상을 입어야 합니다.

"내가 그리스도와 함께 십자가에 못 박혔나니 그런즉 이제는 내가 사는 것이 아니요 오직 내 안에 그리스도께서 사시는 것이라 이제 내가 육체 가운데 사는 것은 나를 사랑하사 나를 위하여 자기 자신을 버리신 하나님의 아들을 믿는 믿음 안에서 사는 것이라"(갈 2:20).

"너희가 다 믿음으로 말미암아 그리스도 예수 안에서 하나님의 아들이 되었으니 누구든지 그리스도와 합하기 위하여 세례를 받은 자는 그리스도로 옷 입었느니라"(갈 3:26-27).

초대 교부 어거스틴(Augustine)은 그리스도의 형상을 닮는 것을 성도의 본질적인 삶의 목적이자 아담으로부터 물려받은 원죄의 해결책이라 말합니다.6) 또한 칼빈(Calvin)은 하나님이 하나님의 형상 자체이신 그리스도를 그 형상의 회복을 위한 모형이자 본보기로서 세상 가운데 보내셨다고 언급합니다.7) 같은 맥락에서 C. S. 루이스(C. S. Lewis)는 다음과 같이 말합니다.

"교회가 존재하는 목적은 사람들을 그리스도께로 이끄는 것과 그들을 작은 그리스도들(little Christs)로 만드는 것이다. 만일 그것을 하지 않는다면, 모든 성전, 성직자, 사역, 설교, 심지어 성경 자체조차도 그저 시간 낭비일 뿐이다."8)

그리스도와 믿음으로 연합하고 그분을 닮아 가는 것은 기독교 신앙의 핵심입니다. 그리스도 닮음(Christiformity)은 구원 드라마 가운데 살아가는 모든 구성원의 궁극적인 생활 양식입니다.

"이 땅에 사는 동안, 여호와를 굳게 믿고 착한 일을 하면서 주님의 모습을 닮아 가십시오. 여호와를 생각하면서 즐거워하십시오. 그러면 주님께서 여러분의 소원을 들어주실 것입니다"(시 37:3-4, 쉬운성경).

점점 그리스도를 닮는 삶

그리스도 닮음은 새로운 정체성을 형성합니다. 그리스도 안에서 옛 자아는 십자가에 못 박히고, 믿음으로 사는 새 자아는 그리스도 안에, 또 그리스도가 그 안에 거하시게 됩니다(갈 2:19-20; 요 14:16-20). 우리는 믿는 자 안에 살아 계신 그리스도로 인하여 그분의 의를 얻습니다. 따라서 죄로 죽을 수밖에 없었던 우리는 그리스도 안에서 의롭고 거룩한 하나님의 자녀로 새롭게 선언(justification)됩니다. 옛것은 지나가고 새것이 된 것입니다(고전 5:17). 따라서 이제 우리의 정체성은 더 이상 죄인이 아닌 그리스도의 형상을 입은 새로운 피조물입니다. 새 자아로서의 정체성은 그리스도를 통해 구원을 베푸시는 우리를 향한 하나님의 선물입니다.

그리스도 안에서 새로운 정체성을 갖게 된 성도는 더 나아가 새로운 삶의 방식을 얻습니다. 내면의 생각과 마음, 동기부터 외적 태도와 행동, 선택이 점점 그리스도를 닮아 갑니다. 믿는 자 안에 그리스도가 거하심으로 모든 정황 가운데 그리스도의 생각과 정서, 삶의 방식을 닮아 가는 성화(santification)가 일어나는 것입니다.

이런 맥락에서 성화는 단순한 윤리적 개념이 아닙니다. 성화는 그리스도 안에서 온전함(wholeness)과 거룩함(holiness)을 함께 이루어 가는 것입니다.[9] 다시 말하면, 우리의 전인이 그리스도 안에서 하나님이 창조하신 참된 질서를 회복해 가는 것입니다.

따라서 구원 드라마에서 그리스도는 구원의 보증이실 뿐만 아니라 인간성의 완성이십니다. 그리스도 닮음은 그리스도 안에서 죄인이 의롭다 칭하심을 받는 하나님의 선물이며, 그리스도를 통해 치유받고 하나님의 사랑받는 자녀로 회복되는 과정인 동시에, 그리스도 안에서 전인이 그분의 성품과 덕, 뜻을 드러내는 존재로 성장하는 과정입니다.

구원 드라마의 이와 같은 그리스도 중심성은 그 드라마 가운데 모든 경험이 그분께로 향하고 있음을 의미합니다. 이는 트라우마의 경험 가운데서도 마찬가지입니다. 모든 인생의 역사가 궁극적으로 구원 드라마 안에 있고, 구원 드라마 안에서의 생활 양식이 그리스도 닮음이라면, 트라우마 상황 속에서도 우리가 실천해야 할 가장 온전한 삶의 모습은 바로 그리스도의 형상을 닮는 것입니다.

트라우마로부터 그분의 자녀들을 구원하시는 이는 그리스도시며, 트라우마 가운데 모든 신자가 닮아 가야 할 이도 그리스도십니다. 그리스도는 모든 상황 속에서 우리가 닮아야 할 가장 온전한 인간성의 완성이십니다. 그리스도는 인간적인 관점에서 십자가 고난이라는 트라우마적 사건을 경험하셨지만, 어떤 트라우마도 보이지 않으셨습니다. 따라서 그리스도의 형상을 닮음은 트라우마의 현실 속에서도 회복과 성장을 경험하며 하나님께 영광을 돌리도록 인 치신 하나님의 치유 방법입니다.

윤리적이며 구속적이고 치유적인 그리스도 닮음

많은 현장에서 그리스도 닮음에 대한 실천적 논의는 쉽게 윤리적 측면으로 기울어지곤 합니다. 실제로 상담에서 만난 내담자들의 많은 수는 그리스도 닮음에 대한 개념을 성화를 위한 실천적 노력, 율법적 종교 규칙 및 종교 활동에 대한 헌신 등 윤리적 실천으로 일차적으로 이해합니다.

그러나 그리스도 닮음의 실천적 함의는 윤리적 성장에 그치지 않습니다. 에릭 존슨(Eric L. Johnson)은 그리스도 닮음이 윤리적 개념으로만 이해되는 경향성을 지적하면서, 그리스도 닮음을 성령을 통해 그리스도와 연합함으로 경험하는 전인적 온전함으로 이해해야 함을 강조합니다.[10)]

전인적 인간성의 회복과 변화를 야기하는 그리스도 닮음은 윤리적일 뿐 아니라 구속적이고 치유적입니다. 구속적이라는 것은 그리스도의 죽음과 부활이 택하신 자들의 속죄함을 이룸이며, 치유적이라는 것은 속죄함 아래 고통 중에 괴로워하는 이들에게 위로와 회복, 변화를 준다는 의미입니다. 그리스도 닮음은 우리의 전인이 그리스도의 형상을 입는 과정입니다.

다음 장부터는 십자가 사건을 중심으로 그리스도 닮음이 트라우마로 괴로워하는 영혼들에게 하나님의 위로와 긍휼을 경험하게 하는 치유의 과정임을 살펴보고자 합니다. 또한 그리스도 닮음이 거룩을 실천함으로써 트라우마 가운데서도 하나님의 영광을 나타내는 믿음의 열매라는 사실을 나누어 보겠습니다.

성찰 및 나눔

1. 구원 드라마의 관점에서 오늘 나의 인생을 바라볼 때, 하나님과 동행하며 오늘날 내가 펼치고 있는 드라마는 어떤 장면을 연출하고 있습니까?

2. 구원 드라마 안에서 나의 생활 양식은 그리스도 닮음입니까? 그리스도 닮음이 아니라면, 지금 나는 누구 혹은 무엇을 닮아 가고 있습니까?

3. 하나님 앞에서 펼쳐지는 내 삶의 구원 드라마는 앞으로 어떻게 전개될까요? 창조-타락-구속-완성의 플롯으로 전개되는 하나님 나라의 드라마를 고려하며 전망해 봅시다.

4. 전망해 본 나의 구원 드라마 가운데 내가 경험한 트라우마는 어떤 어려움과 장애를 주고 있습니까? 이와 관련한 나의 소망은 무엇입니까?

요약

1. 성경은 창조부터 재창조의 완성까지 하나님의 주권에 의해 운행되는 구원 드라마를 제시합니다. 우리의 삶은 본질적으로 하나님의 구원 드라마 안에 있습니다.

2. 하나님은 세상의 역사를 주권적으로 운행하시며 말씀을 통해 그분의 자녀들과 소통하십니다. 우리는 그 말씀에 순종하며 하나님의 섭리를 시공간의 무대 위에 재연합니다.

3. 구원 드라마 가운데 하나님이 우리에게 계시해 주신 삶의 원리는 가장 온전한 하나님의 형상이신 그리스도를 닮는 것입니다.

4. 그리스도 닮음은 새로운 정체성과 새로운 삶의 방식을 형성합니다. 그리스도 닮음은 그리스도 안에서 죄인이 의롭다 칭하심을 받는 하나님의 선물이며, 그리스도를 통해 치유받고 하나님의 사랑받는 자녀로 회복되는 과정인 동시에, 우리의 전인이 그리스도의 성품과 덕, 뜻을 드러내는 존재로 성장하는 과정입니다.

5. 트라우마 가운데서도 성도가 살아가야 할 삶의 방식은 그리스도 닮음입니다. 그리스도 닮음의 여정 가운데 우리는 치유와 회복, 성장을 경험합니다.

5장

침묵과 애통
슬픔을 하나님 앞에 들고 나아가기

"나의 하나님, 나의 하나님, 어찌하여 나를 버리셨나이까"(마 27:46).

말을 잃게 하는 트라우마의 고통

트라우마 가운데서도 그리스도 닮음을 실천하는 첫 번째 주제는 침묵입니다. 침묵은 고통이 표현되는 일반적인 형태 중 하나입니다. 트라우마를 경험하는 사람들의 일반적인 첫 반응 중 하나는 말을 잃는 것입니다. 우리는 극심한 고통 중에 할 말을 잃습니다. 갑작스러운 가족의 죽음과 사고, 예상치 못한 불치병의 진단, 극단적인 폭력, 학대 및 방임, 성폭행, 집단 따돌림 등의 트라우마 사건을 당하게 되면, 많은 사람은 감당할 수 없는 충격에 압도되어서 심리적 기능이 마비되어 버리곤 합니다.[1]

트라우마를 경험하면서 우리는 도대체 무슨 일이 일어난 것인지 이해할 수 없고, 이해하고 싶지도 않습니다. 모든 것이 다 거짓말 같고, 무슨 말을 어떻게 해야 할지 모릅니다. 트라우마 앞에서 어떤 말도 할 수 없고, 어떤 말도 위로가 되지 않습니다. 그래서 어떤 학자는 트라우마를 "말로 표현할 수 없는 비극(unspeakable atrocities)"이라고 묘사합니다.[2)] 트라우마는 어떤 말로도 설명이 안 되고, 어떤 논리로도 이해가 되지 않는 고통이라는 것입니다. 가정 폭력으로 괴로워했던 한 청년은 다음과 같이 고백합니다.

"저는 표현하는 것이 서툽니다. 아직까지 내 생각이 어떤지, 내 감정이 어떤지, 내가 좋아하고 싫어하는 것이 무엇인지 쉽사리 표현하지 않습니다. 하려 해도 작은 것 어느 하나에도 내 뜻을 내비치기가 조심스럽고 두렵습니다. 어려서부터 내 뜻을 표현하는 자유를 많이 가져 본 적이 없기 때문입니다. 항상 본인의 생각과 감정을 강하게 표현하시는 아버지의 뜻에 맞추며 살았습니다. 아버지는 이러한 부모의 뜻에 자녀가 무조건으로 복종하는 것이 진리라고 생각하셨습니다. 그래서 그런지 본인의 뜻에 어긋나는 생각과 행동은 크게 용납할 수 없으셨던 것 같습니다.

말을 듣지 않으면 딱딱한 몽둥이와 무서운 목소리가 나를 위협했고, 그것을 피하기 위해 많은 노력을 했습니다. 사춘기 때는 반항도 했었습니다. 내 딴에는 나를 알아 달라고, 나를 인정해 달라고, 있는 그대로의 나를 사랑해 달라고 소리 없는 외침을 외쳤습니다. 그러나 잠이 든 척 눈을 감으면 차가운 물이 얼굴을 때렸고, 문을 잠그고 방으로 숨으려 하면 문을 부술 듯 두드리는 소리가 끊이지 않았습니다.

집 안은 내게 쉴 곳이 아닌 무서운 공간이 되었습니다. 나도 모르게 아버지에게 큰소리를 쳐 보고 밖으로 도망쳐 보기도 했습니다. 그러나 아버지는 어떻게 해서든 나를 붙잡으셨고, 멀리서부터 차를 타고 무섭도록 따라오셨습니다. 그 끝은 몽둥이와 무릎 꿇고 반성하는 시간이었습니다. 어느 때도 내가 왜 그랬는지 아버지는 묻지 않으셨습니다. 침대 속에 들어가 몰래 눈이 퉁퉁 붓도록, 목소리가 쉬어서 나오지 않도록 우는 것으로 끝이 났습니다. 많은 경험 끝에 차이로 인하여 싸우는 것이 싫었습니다. 그 갈등의 끝에는 마음을 찢기고 아픈 상처가 남기는 눈물만이 내 것이라는 것을 배우게 되었기 때문입니다.

그래서 저는 숨기고 입을 닫는 것에 익숙해졌습니다. 그것만이 이 모든 일에 있어서 평화를 지키는 일이라고 생각했습니다. 그리고 하루하루 나를 상처 주고 죽이기 시작했습니다. 내가 없어져야 모든 게 끝이 날 것이라고 생각했습니다. 그래야 이 모든 고통도 끝날 것이라고 생각했습니다. 손목을 긋고, 뼈를 부러뜨리고, 목을 조르고, 비닐봉지로 숨을 못 쉬게 막고, 찻길에 뛰어들어도 보았습니다. 보이지 않는 곳이 붓고 멍이 들고 피가 흘러도 아무도 알지 못했습니다. 어쩌면 방 안을 채운 찢긴 종이와 부러진 칼날들, '제발 나 좀 가만히 둬'라고 베갯잇 밑바닥에 적힌 글만이 조금이나마 알게 해주었을지도 모릅니다."

한 가정의 세 살 된 자녀는 어린이집 활동 중에 큰 사고를 당했습니다. 횡단보도를 건너는 상황에서 운전자와 담당 교사의 부주의로 아이가 SUV 차량 바퀴에 깔리게 된 것입니다. 어린아이는 내부 기관의 손상은 물론 머리뼈와 골반이 부러져 수개월 동안 앉아 있을 수조차 없었습니다. 외상으로 소변이 나오지 않아 소변을 볼 때마다 울며 비명을 질렀습니다. 언어와 사고 기능도 전보다 떨어졌습니다. 회복되는 과정에서 시시때때로 나타나는 신체적 증상들로 온갖 검사와 조치를 받은 아이는 두려움과 아픔에 지칠 대로 지쳤습니다. 흰 가운을 입은 의사가 병실에 들어오기만 해도 아이는 악악 소리를 지르며 두려워했습니다. 이 모든 과정을 지켜보며 아무것도 할 수 없었던 부모는 마음이 무너져 내렸습니다. 이제 막 걸음마를 떼고 뛰어다니기 시작한 어린아이에게 도대체 왜 이런 고통이 임해야 했는지 그들은 도무지 이해할 수 없었습니다.

이런 고통 가운데 우리는 하나님께 "하나님, 왜 도와주지 않으셨나요? 왜 지켜 주지 않으셨나요?"라고 질문합니다. 그럴 때면 마치 하나님이 우리의 고통을 돌아보지 않으시는 것 같고 버리신 것 같습니다. 그런 상황 속에서 하나님이 침묵하고 계시는 것 같아 분노하는 사람들도 있습니다. 어떤 사람은 '하나님은 없다'고까지 생각하곤 합니다. 트라우마와 같은 고난 속에서 우리는 종종 하나님이 아무 말씀도 하지 않으신다고 느낍니다.

"하나님, 이렇게 고통당하고 있는데 어디에 계십니까? 왜 아무 말씀도 하지 않으십니까?"

예수의 십자가와 트라우마 현실의 접촉점

고통의 현실 가운데 많은 사람은 하나님의 침묵을 경험한다고 고백합니다. 하나님의 침묵에 답답해하며 하나님의 부재를 경험한다고 합니다. 하나님이 느껴지지 않는다고 합니다. 그러나 고난 가운데 하나님의 침묵은 하나님의 부재가 아닙니다. 하나님은 단 한순간도 우리를 떠나지 않으시고, 우리를 향한 당신의 구원 역사를 포기하지 않으십니다. 오히려 하나님은 그리스도의 십자가를 통해 우리에게 그 어떤 말보다 더 강력한 메시지를 선포해 주십니다.

많은 사람이 십자가 위에서 남기신 그리스도의 말씀에 주목합니다. 그래서 상대적으로 그분의 침묵에 대해서는 관심을 두지 않는 것 같습니다. 성경의 기록에 의하면, 예수님은 약 6시간 동안 고통 가운데 십자가 위에 계셨습니다(막 15:33). 그 시간 동안 예수님은 단 일곱 문장만 말씀하셨습니다. 주님이 일곱 문장을 말씀하시는 데 얼마나 시간이 필요했을까요? 많은 시간이 필요하지 않았을 것입니다. 3-4분이면, 예수님은 충분히 일곱 문장을 다 말씀하실 수 있었을 것입니다. 그렇다면 그 외 나머지 긴 시간 동안 예수님은 어떤 모습을 보이셨을까요?

나머지 긴 시간 동안 예수님은 십자가에 달려 털 깎는 자 앞에 있는 양같이 침묵 속에 고통받고 계셨습니다(사 53:7). 십자가 위에서 그리스도가 보이신 가장 분명한 모습 중 하나는 말없이 고통을 당하신 것입니다. 그리스도는 살이 찢기고 피 흘리며 못과 창과 가시가 몸에 박히는 고통을 온전히 경험하고 계셨습니다. 죄가 전혀 없으시고 온전하신 하나님의 아들 예수님이 십자가 위에서 멸시당하셨고, 버림받으셨고, 온 인류의 죄를 지고 저주받으셨습니다.

그리스도의 십자가 고난은 결코 낭만적이거나 영웅적인 것이 아니었습니다. 그것은 매우 실제적이고 끔찍한 고통이었습니다. 그 극심한 고난에 직면하면서 그리스도는 많은 말씀을 하시기보다 침묵하심으로 십자가의 고통을 온몸으로 담아내고 계셨습니다. 이에 목회 신학자 존 스윈톤(John Swinton)은 십자가에서 보이신 그리스도의 침묵은 말로 담을 수 없는 고통의 실제를 표현하고 있다고 말합니다.[3] 예수 그리스도가 경험하신 십자가 고통은 우리를 향한 측량할 수 없는 사랑의 희생인 동시에 그분 역시 땀이 핏방울처럼 되기까지 간절하게 기도하며 피하고 싶으셨던 고난의 잔이었습니다(눅 22:42-44).

십자가 위에서 말없이 고통받고 계신 그리스도를 바라볼 때 우리는 트라우마의 고통 가운데 할 말을 잃고 신음하고 있는 우리의 현실을 마주하게 됩니다. 이런 맥락에서 고통은 그리스도의 십자가와 트라우마의 현실을 맞닿게 하는 접촉점이 됩니다. 그리스도가 말없이 십자가 고통을 지심은 말로 표현조차 할 수 없는 우리의 트라우마를 그분이 온전히 알고 계시며 그 고통을 우리와 함께 지고 계심을 보여 줍니다.

예수는 우리의 고통을 아신다

십자가 위에서 보이신 그리스도의 침묵은 두 가지 중요한 치료적 의미를 담고 있습니다. 첫째, 그리스도는 우리의 고통을 누구보다 온전히 이해하십니다. 그리스도가 침묵으로 십자가 고통을 당하셨다는 사실은 하나님의 아들이 인간 역사에 들어오셔서 끔찍하고 부당한 고통을 실제로 경험하셨다는 것을 의미합니다. 그리스도는 고통을 피하지 않으셨습니다. 그분은 우리의 고통이 무엇인지, 얼마나 힘들고 괴로운지, 얼마나 억울하고 아픈지 누구보다 깊이 알고 계십니다.

우리의 삶은 수많은 트라우마로 얼룩져 있습니다. 너무나 많은 이들이 크고 작은 상처로 괴로워합니다. 너무나 많은 사람이 슬퍼하고 억울해합니다. 그러면서 누구도 자기의 고통을 이해할 수 없을 것이라 믿습니다. 자기 스스로도 이해하고 싶지 않은 일들이기에 누구도 이 고통을 알지 못할 것이라 생각하며 외로워합니다. 실제로 어떤 사람이 우리의 고통을 온전히 이해할 수 있겠습니까.

그러나 하나님은 알고 계십니다. 우리가 고통 가운데 아무 말도 하지 못하고 신음하고 있을 때 그분은 우리의 모든 생각과 마음, 모든 아픔과 슬픔을 다 알고 계십니다. 삼위 하나님은 성자 그리스도의 십자가 고난을 통하여 트라우마 경험자들의 고통과 아픔을 온전히 이해하십니다. 심지어 그분은 우리가 알지 못하는 크고 은밀한 일까지 알고 계십니다(렘 33:3). 주님은 우리의 고통스러운 현장을 바라보고 계시고, 그 모든 것을 알고 계십니다.

따라서 우리는 할 말을 잃고 누구도 이해하지 못할 것 같은 트라우마의 고통 중에 하나님을 바라보아야 합니다. 하나님이 이해하지 못하시는 고통은 없습니다. 누구에게도 말할 수 없었던 상처가 있다면, 우리는 하나님께 그 아픔을 쏟아 내야 합니다. 그 가운데 우리는 우리와 함께하시는 그리스도를 만나고 우리를 향한 그분의 위로와 사랑을 경험하게 될 것입니다.

예수는 우리의 고통을 함께 지신다

둘째, 그리스도는 고통 중에 있는 그분의 자녀들과 함께하십니다. 그리스도는 스스로 말없이 십자가 고통 가운데 겸하심으로 인류를 향한 그분의 사랑을 확증하셨습니다(롬 5:8; 히 2:17). 개혁주의 목회자 존 스토트(John Stott)가 말했듯이 "그리스도의 십자가는 우리와 연합하시는 하나님의 사랑의 증거이고, 그것은 우리의 고통 중에 함께하시는 사랑의 연합"입니다.[4] 그리스도는 십자가 고통을 통해 우리와 사랑의 연합을 이루셨습니다.

많은 사람이 고난 중에 하나님의 음성 듣기에 실패합니다. 눈앞에 놓여 있는 고난의 크기, 감정의 어려움, 앞으로 다가올 미래에 대한 불안과 두려움 등 많은 것이 우리를 하나님께 집중하지 못하게 합니다. 많은 사람이 고난 중에 기도하지만 하나님이 듣고 계신지 모르겠다고, 하나님이 말씀하시지 않는 것 같다고 고백합니다. 고난 가운데 하나님의 부재(absence of his presence)를 경험하는 것입니다. 우리는 어떠합니까? 우리의 고난 중에 하나님은 어디에 계십니까?

십자가 위에서 말없이 고난당하신 그리스도를 묵상할 때 우리는 그 질문에 대한 답을 찾을 수 있습니다. 고난 중에 그리스도가 침묵하심은 그분이 우리를 고난 중에 내버려 두심을 의미하지 않습니다. 그것은 오히려 그분이 우리의 고통을 함께 지고 계시다는 "존재의 충만함(fullness of presence)"을 나타냅니다.5)

십자가 위에서 그리스도의 침묵은 트라우마의 고통으로 할 말을 잃어버린 이들을 그분이 결코 혼자 두지 않으시며, 오히려 그 고난의 무게를 함께 지고 계심을 나타내는 강력한 치료적 의미를 담고 있습니다.

따라서 우리는 트라우마의 무게에 넘어지지 않을 수 있습니다. 강하고 담대하게 트라우마 가운데서도 성도로 살아갈 수 있습니다. 하나님은 태초부터 지금까지 우리와 함께하셨고, 영원토록 단 한순간도 우리를 떠나지 않으시기 때문입니다. 하나님의 섭리 밖에 있는 고통은 이 세상에 존재하지 않습니다.

침묵 가운데 그리스도를 닮아

이런 관점에서 그리스도 닮음의 실천은 고난을 말없이 지신 그리스도의 십자가의 의미를 깨닫고 우리의 상처와 십자가 고난의 연결성을 확인하며 그분과 사랑의 연합을 경험하는 것입니다. 이 실천은 구체적으로 아픔과 고통 중에 많은 말을 하기보다 침묵함으로 그리스도의 십자가와 연합하는 모습으로 나타납니다.

성경은 언어가 없고, 말씀도 없고, 들리는 소리도 없으나 온 땅에 하나님의 음성이 통하고 세상 끝까지 하나님의 말씀이 이른다고 기록하고 있습니다.

"하늘이 하나님의 영광을 선포하고 궁창이 그의 손으로 하신 일을 나타내는도다 날은 날에게 말하고 밤은 밤에게 지식을 전하니 언어도 없고 말씀도 없으며 들리는 소리도 없으나 그의 소리가 온 땅에 통하고 그의 말씀이 세상 끝까지 이르도다"(시 19:1-4상).

그리스도의 십자가 사건도 같은 맥락에서 이해할 수 있습니다. 십자가에 달리신 예수 그리스도를 볼 때 우리는 어떤 소리가 들리지 않아도, 어떤 언어가 없어도 우리를 향한 그리스도의 사랑을 너무나도 분명하게 경험할 수 있습니다. 때로는 침묵이 소리보다 더 강력한 메시지를 전달합니다. 말없이 십자가를 지고 우리를 구원하기 위한 화목 제물이 되신 그리스도의 삶은 우리를 향한 그분의 사랑이 결코 우리를 떠나지 않을 것이고, 우리 아버지 하나님이 결코 우리를 버리지 않으실 것이라는 하나님의 음성의 확증입니다.

"네 하나님 여호와 그가 너와 함께 가시며 결코 너를 떠나지 아니하시며 버리지 아니하실 것임이라"(신 31:6하).

"두려워하지 말라 내가 너와 함께함이라 놀라지 말라 나는 네 하나님이 됨이라 내가 너를 굳세게 하리라 참으로 너를 도와주리라 참으로 나의 의로운 오른손으로 너를 붙들리라"(사 41:10).

"너는 두려워하지 말라 내가 너를 구속하였고 내가 너를 지명하여 불렀나니 너는 내 것이라 네가 물 가운데로 지날 때에 내가 너와 함께할 것이라 강을 건널 때에 물이 너를 침몰하지 못할 것이며 네가 불 가운데로 지날 때에 타지도 아니할 것이요 불꽃이 너를 사르지도 못하리니 대저 나는 여호와 네 하나님이요 이스라엘의 거룩한 이요 네 구원자임이라"(사 43:1하-3상).

트라우마의 충격과 고통으로 어떠한 말도 할 수 없는 상황 가운데 있습니까? 거센 물살 같고 불과 같이 강렬한 고통 가운데 있습니까? 우리와 함께 계신 그리스도를 바라보십시오. 그분과 함께 있기에 우리는 거센 물살과 강한 불꽃 같은 고통 가운데서도 쓰러지지 않을 것입니다. 거센 물살과 불꽃을 견뎌 낼 힘은 우리를 구원하신 그리스도를 향한 믿음입니다.

믿음으로 십자가 위에서 침묵하신 그리스도를 기억하십시오. 그 침묵 가운데 우리는 우리의 고통 중에 함께하시는 그분, 우리의 신음을 듣고 계시는 그분, 우리를 온전히 이해하시고 우리의 아픔을 함께 지시는 그분과 연합되는 은혜를 얻게 될 것입니다. 그 가운데 우리는 이 세상이 결코 줄 수 없는 하늘의 위로를 얻게 될 것입니다.

그리스도를 닮은 침묵의 위로

침묵은 부재(absence)나 마음 없음이 아닙니다. 침묵은 말로 표현할 수 없는 아픔 속에서 마음을 다하는 위로입니다.

어린 시절 성폭행을 당한 한 여성이 있습니다. 그 일로 그녀는 악몽과 불안, 무기력으로 고통스러운 날들을 보내야 했습니다. 그녀는 상처를 가슴 깊이 억누르며 살아야 했습니다. 남들 앞에 나서는 것은 너무나 두려웠습니다. 남들 앞에서 자기 생각과 마음을 나누어야 할 때면 숨이 막혀 오기도 했습니다. 사람에 대한 불신도 뿌리 깊게 자리 잡았습니다. 그렇게 그녀는 사람들을 두려워하고 회피하며 최소한의 관계만으로 살았습니다. 그녀는 과거의 사건을 아무에게도 말할 수 없었습니다. 결혼한 남편에게도 숨겼습니다. 그러나 부부 관계에서 여러 어려움을 경험하게 되었고, 결국 이혼하게 되었습니다. 그리고 또 다른 사람을 만나 재혼했습니다. 역시 재혼한 남편에게 그 사실을 숨겼습니다. 자녀들에게도 그 사실을 숨겼습니다. 그 사건은 아무도 모르는 그녀만의 트라우마였습니다.

어느 날 저녁, 집회 말씀을 듣는 중에 하나님은 그녀가 과거 트라우마 사건에 직면하게 하셨습니다. 오랫동안 숨겨 왔던 아픔이 거센 파도처럼 온몸을 휘감았습니다. 가슴이 먹먹해졌고, 눈에서 눈물이 흘렀습니다. 신음이 터져 나오기 시작했습니다. 너무 답답하고 고통스러운 심정에 그녀는 아무 말도 할 수 없습니다. 그녀는 침묵의 절규로 하나님께 부르짖었습니다.

매일 새벽기도에 참석했습니다. 무언가 말하고 싶었지만, 아무 말도 나오지 않았습니다. 매번 눈물만 터져 나왔습니다. 매일 새벽마다 그녀는 소리 없이 가슴을 때리며 발버둥 쳤습니다.

그렇게 침묵 속에서 울부짖던 어느 날 새벽, 고요함 가운데 그녀는 십자가에 달리신 그리스도를 깊이 경험하게 되었습니다. 죄가 없으신 그분이 아무런 불평도, 저항도 하지 않으시고 십자가에 달리셨다는 사실에 마음이 찢어지게 아팠습니다. 자신보다 더 이해할 수 없고 억울한 고통을 당하신 주님을 보게 되었습니다. 도무지 이해할 수 없었고, 도대체 이유를 알지 못했던 그날 자신의 사건보다 더 이해할 수 없고 억울한 십자가를 그분이 그녀를 위해 아무 말 없이 지고 계심을 깊이 깨닫게 되었습니다.

그러자 마치 따스한 햇볕에 얼어붙었던 눈이 녹아내리듯 마음이 고요해졌습니다. 그 비극을 일어나게 하신 하나님에 대한 원망도, 가해자에 대한 분노도 사르르 녹아 내렸습니다. 불만과 원망과 분노에 사로잡혔던 마음이 점점 감사로 변하게 되었습니다. 감사의 고백 가운데 그녀는 한 번도 경험하지 못했던 따뜻한 성령의 위로를 느꼈습니다. 무언가 포근함이 그녀를 감싸 안는 듯한 느낌을 받았습니다. 그녀는 그리스도가 함께하셨고, 지금도 함께하고 계시며, 함께 이 짐을 지고 계심을 확신할 수 있었습니다.

사실 그 후로도 그녀는 과거의 트라우마가 재연되는 괴로움을 한동안 겪어야만 했습니다. 숨겨 두었던 기억과 억압했던 감정들이 다시 떠오르는 순간들은 견디기 쉽지 않았습니다. 그러나 그녀는 더 이상 그 트라우마로부터 도망치지 않았습니다. 그녀는 하나님과 함께 그 문제에 직면할 수 있다는 용기를 얻었고, 매일 그리스도를 통한 하나님의 사랑을 확인함으로 남은 고통이 치유되어 감을 경험할 수 있었습니다.

그렇게 얼마간의 시간이 흐른 뒤 그녀는 재혼한 남편에게 이 사실을 고백해야겠다고 마음먹었습니다. 사실 남편과의 관계가 깨어질까 봐, 또다시 가정이 깨어질까 봐 두려웠습니다. 그래서 지금까지 말할 용기가 나지 않았습니다. 그러나 하나님의 인도하심을 구하며 담대하게 남편에게 과거의 사건을 고백했습니다. 남편은 아무 말 없이 들어 주었고, 그러고는 한참을 말없이 앉아 있다가 눈물을 흘리며 그녀를 꼭 안아 주었습니다. 남편은 그날 이후로 더 자주 가만히 안아 주었습니다. 사람들과의 만남에 긴장되고 불안해할 때 손을 꼭 잡아 주었고, 낯선 곳에 가야 할 때 동행해 주었습니다.

어느 날 남편과 함께 그 사건이 있던 지역을 지나가게 되었습니다. 사실 그녀는 그 지역을 지날 때마다 차오르는 불안과 두려움이 있었습니다. 그래서 항상 피해 가던 곳이었습니다. 그날도 두렵고 불편한 마음이 조금씩 올라오고 있었습니다. 그때 남편이 아무 말 없이 그녀의 손을 꼭 잡아 주었습니다. 남편은 아무 말도 하지 않았습니다. 그러나 꼭 잡은 손길을 통해 전해지는 남편의 온기는 불안과 두려움에 떨리던 그녀의 마음도 꼭 붙잡아 주었습니다. 꼭 붙잡은 손길을 통해 그녀는 자기와 함께 아파하고 있는 남편의 마음을 느낄 수 있었습니다. 그들은 꼭 붙잡은 손으로 아무 말 없이 서로의 마음을 느꼈고, 서로를 위로했습니다.

여전히 그녀는 아픔이 있다고 말합니다. 지금도 가끔씩 힘들다고 고백합니다. 그러나 남아 있는 고통이 다른 누군가의 아픔을 공감하고 위로할 수 있는 마음의 통로가 되었다고 합니다. 이제 그녀는 누군가의 말할 수 없는 고통에 함께 아파하며 울어 줄 수 있는 위로자의 마음이 생긴 것 같다고 고백합니다.

때로는 침묵 가운데 무한한 위로가 있고, 말로 담을 수 없는 마음을 침묵이 담아낼 수 있습니다. 그리스도가 도살장에 끌려가는 어린양처럼, 털 깎는 자 앞에서 잠잠한 어린양처럼 입을 열지 않고 십자가를 지심은 우리를 향한 하나님의 사랑을 그 어떤 소리보다 강력하고 분명하게 선포합니다.

> "그는 실로 우리의 질고를 지고 우리의 슬픔을 당하였거늘 우리는 생각하기를 그는 징벌을 받아 하나님께 맞으며 고난을 당한다 하였노라

그가 찔림은 우리의 허물 때문이요 그가 상함은 우리의 죄악 때문이라 그가 징계를 받음으로 우리는 평화를 누리고 그가 채찍에 맞음으로 우리는 나음을 받았도다 우리는 다 양 같아서 그릇 행하여 각기 제 길로 갔거늘 여호와께서는 우리 모두의 죄악을 그에게 담당시키셨도다 그가 곤욕을 당하여 괴로울 때에도 그의 입을 열지 아니하였음이여 마치 도수장으로 끌려가는 어린양과 털 깎는 자 앞에서 잠잠한 양같이 그의 입을 열지 아니하였도다"(사 53:4-7).

애통, 하나님께 부르짖다

"여호와여 내 기도를 들으시고 나의 부르짖음을 주께 상달하게 하소서 나의 괴로운 날에 주의 얼굴을 내게서 숨기지 마소서 주의 귀를 내게 기울이사 내가 부르짖는 날에 속히 내게 응답하소서"(시 102:1-2).

침묵에 대한 논의는 트라우마가 표현되지 않은 채 억압되어야 한다는 것을 의미하지 않습니다. 트라우마의 고통은 들려져야 하고 수용되어야 합니다. 트라우마의 고통이 억압된 상태로 남아 있다면 회복과 변화는 일어나지 않습니다.

그런 경우, 트라우마 생존자의 고통은 간과되거나 무관심 속에 고립될 수 있습니다. 또한 억압된 감정은 자연스럽게 풀리기보다 오히려 내면에 더 강렬한 감정으로 쌓여 가고, 부적절한 대상과 상황 가운데 건강하지 않은 방식으로 표출될 수 있습니다. 억압된 감정의 간헐적 폭발은 불편한 관계와 상황을 만들고, 이를 통제하기 위해 더 감정을 억압하고 무시하게 되면서 몸과 마음의 괴리가 생기기도 합니다. 사고와 정서, 몸과 마음의 괴리는 무의식적으로 사람을 방어적으로 만들고, 이는 비합리적 사고와 선택, 공격적 태도, 파괴적 행동을 만들어 냅니다. 점점 관계가 불편해지고 사람과의 만남을 회피하게 되며 우울과 무기력, 중독 등의 병리에 더 취약해질 수 있습니다.

트라우마 같은 압도적인 고통이 이해되지 않고 수용되지 않는다면, 고통은 삶의 한 부분으로 통합되지 못하고 다양한 괴리 현상을 일으킵니다. 따라서 트라우마의 비극은 표현되어야 하고, 고통받는 이들의 울음소리는 들려져야 합니다.

그리스도는 십자가 고난 앞에서 애통하심으로 그분의 마음을 표현하셨습니다.

> "나의 하나님, 나의 하나님, 어찌하여 나를 버리셨나이까"(마 27:46).

"하나님, 어디에 계십니까? 왜 나를 도와주지 않으십니까?" 등 고통을 표출하는 성경적인 방편 중 하나는 하나님 앞에 아픔을 쏟아 내는 실천, 곧 애통입니다.

일반적으로 사람들은 트라우마의 아픔과 고통을 잘 표현하지 못합니다. 신앙이라는 이름으로 괜찮은 척 포장하는 경우도 있습니다. 어떤 사람들은 고난 중에 있는 사람들을 향해 고난 중에도 기뻐하고 감사해야 하는 것이 신앙인의 모습이라고 권면하기도 합니다. 그런 말에 많은 사람이 고난 중에 슬퍼하는 것을 숨기며 좋은 신앙인이 되고자 고통의 현실을 부정하고 고통스러운 감정을 억압합니다.

트라우마로 인한 분노, 수치, 죄책 등 부정적 감정이 적절하게 표출되지 못한다면, 부정적 정서와 태도가 예상치 못한 상황에서 자신이나 타인, 가족, 혹은 친한 지인들을 향해 공격적인 모습으로 나타나곤 합니다.[6] 우리의 일상 속에서 그런 경험은 너무나 많이 있습니다. 생각대로 일이 잘 안되거나 어려운 상황에 직면할 때 우리는 쉽게 가족에게 짜증을 내고 화를 내는 모습을 보이곤 합니다. 상처 가운데 형성된 부정적 감정을 억압하며 그대로 담아내고 있다가 일상 중에 사소한 일에도 예민하게 반응하고 극단적인 태도를 보이는 것입니다.

이런 현상을 직시하며 개혁주의 상담사이자 목회신학자인 로널드 나이담(Ronald J. Nydam)은 영적 승리주의(Spiritual Triumphalism)를 주의해야 한다고 강조합니다.[7] 신앙 혹은 영성이라는 가면 아래 고통의 실제를 축소하는 환원주의는 건강하지 않다는 지적입니다.

한 부부는 결혼하고 오랫동안 아이를 갖지 못했습니다. 기다리는 시간은 너무 불안했고 매달마다 찾아오는 좌절감과 상실감은 우울과 무기력함을 낳았습니다. 수년이 지난 어느 날, 첫 임신 소식이 들렸습니다. 부부는 너무 기뻤습니다. 너무 기쁜 나머지 태명도 '건강-기쁨-튼튼-사랑이'라고 좋은 것은 다 가져다 붙였습니다. 간절히 기다렸던 아이를 향한 두 부부의 마음이 넘치게 담긴 긴 태명이었습니다.

그러던 어느 날 아침, 아내가 화장실에서 흐느껴 울고 있었습니다. 잠결에 아내의 울음소리를 들은 남편이 놀라 화장실로 달려갔습니다. 아내가 하혈을 한 것입니다. 너무나 기다렸던 아이, 그래서 너무 설레고 기뻤던 순간들이 단 몇 주 만에 좌절감과 상실감으로 바뀌게 되었습니다.

그래도 부부는 임신을 한 번이라도 했다는 마음에 소망을 가질 수 있었습니다. 다시 기도하며 하나님의 은혜를 기다렸습니다. 그러나 매달 반복되는 소망과 상실, 설렘과 좌절은 점점 두 사람을 지치게 만들었고, 가정에는 대화와 웃음이 점점 사라지게 되었습니다.

그리고 두 해가 더 지나 두 번째 임신이 되었습니다. 부부는 이번에는 설레발치지 않았습니다. 혹시나 또 하혈을 할까 봐 아내는 최소한의 움직임으로 살았습니다. 주로 침대에 누워 있었습니다. 임신 8주 차가 되어 부부는 병원에서 진찰을 받았습니다. "쿵쾅쿵쾅" 뛰는 아기의 건강한 심장 소리가 들렸습니다. 그 소리에 감격하며 부부는 눈물을 흘렸습니다.

그리고 임신 12주 차가 되어 처음으로 태아의 초음파를 보러 가게 되었습니다. 부부가 아이와 처음 만나는 순간이었습니다. 감동과 기대감에 남편은 사진기도 준비해 태아를 본 순간을 기념하려 했습니다. 의사가 초음파를 보여 주었고, 그 모습에 부부는 흐뭇한 표정으로 좋아하고 있었습니다. 남편은 사진을 찍으려고 했습니다.

그런데 의사가 만류하며 심각한 표정을 지었습니다. 그러고는 청천벽력 같은 소리를 했습니다. 태아의 심장이 뛰지 않는다는 것이었습니다. 깜빡깜빡 아이의 심장이 뛰는 모습이 보여야 하는데, 보이지 않는다는 것입니다. 그러고 보니 2주 전에 왔을 때 들었던 심장 소리를 이번에는 듣지 못했습니다. 부부는 공포스럽고 허망한 마음에 진찰실을 나왔습니다.

진찰실을 나오고 나서도 부부는 그럴 리가 없다며 다시 한 번 확인을 해달라고 부탁했습니다. 30분 후에 다시 초음파를 봤습니다. 동일한 말을 전해 들었습니다. 믿을 수 없었습니다. 믿고 싶지 않았습니다.

집으로 돌아온 부부는 가족과 지인들에게 기도를 부탁했습니다. 그리고 검사가 잘못되었기를 바라며 기도했습니다. 그리고 며칠 뒤 다시 다른 보건소를 찾아가 초음파 검사를 진행했습니다. 결과는 같았습니다. 태아는 있는데, 심장은 뛰고 있지 않았습니다. 그리고 산모의 자궁벽이 조금씩 허물어져 가고 있다는 진단을 들었습니다. 결국 부부는 의사의 권유로 심장이 뛰지 않는 태아를 떼어 내는 수술을 하게 되었습니다.

수술을 하기 전 지인에게서 연락이 왔습니다. 어떻게 되었냐고 물었습니다. 자초지종을 말하고 수술을 앞두고 있다고 했습니다. 그 말을 듣고 지인은 지금 이렇게 같이 금식하며 기도하고 있는데 더 기다리지 못하고 어떻게 수술을 할 수가 있냐고, 아직 작정 기도 기간이 끝나지도 않았고 기도 응답도 받지 않았는데 믿는 사람 맞냐고 다그

쳤습니다. 다그치는 소리가 어찌나 큰지 수화기 너머로 수술을 준비하고 있는 아내에게도 들렸습니다. 상실감에 하루에도 몇 번씩 눈물을 흘리던 아내는 할 말을 잃었습니다. 참담한 마음으로 아내는 수술실에 들어가게 되었습니다. 급한 마음에 지인에게 기도 부탁을 했는데, 기도 응답이 원하는 대로 나오지 않자 위로가 아닌 믿음이 없다는 지적을 받게 되었던 것입니다.

물론 부부는 그분도 마음을 모아 기도했고 안타까운 마음에 다소 격한 감정 표현이 나왔다는 것을 이해합니다. 그러나 그 일은 부부에게 큰 상처가 되었습니다. 이 일을 겪은 부부는 누군가에게 기도 부탁을 하는 것조차 무서워졌다고 고백합니다. 교회에서 마음을 있는 대로 다 표현할 수 없다고, 아파도 아프다고 말도 못한다고, 교회에서는 그저 괜찮은 척, 다 좋은 척, 은혜가 충만한 척해야 한다고 말합니다.

괜찮지 않은데 괜찮은 척하고, 마음이 공허한데 은혜가 충만한 척하는 모습은 전형적인 영적 승리주의의 형태입니다. 공감하지 못함과 세밀하지 못한 돌봄은 오히려 고난 중에 있는 이들에게 또 다른 상처를 주는 실천이 될 수 있습니다. 그런 왜곡된 실천 가운데 많은 신앙인이 영적 승리주의에 빠집니다. 불필요한 상처로부터 자기를 방어하기 위해 영적으로 회피하는 것입니다.

우는 자에게 필요한 것은 위로입니다. 우는 자에게는 함께 슬퍼하고 마음을 나누는 실천이 필요합니다. 우는 자에게 신앙을 이유로 다그치거나 지적하거나 가르치는 것은 바람직하지 않습니다. 이런 왜곡된 경험은 점점 삶의 현실을 부정하고, 고통을 영적 의미로 덮어 버리게 만듭니다.

그 가운데 진짜 감정은 억압되고, 그 깊이가 깊어질수록 스스로의 감정에 무뎌지면서 결국 정서적으로 메마른 사람, 정이 없고 공감하지 못하는 사람이 되어 갑니다. 자기의 감정도 무시하고 타인의 감정도 배려하지 않는 상태가 되어 점점 정서적 공허함과 관계적 단절에 빠지게 되는 것입니다. 이런 마음의 상태는 우울이나 중독, 자기 파괴적 행동이나 공격적 태도 등 다양한 형태의 부정적 열매를 낳기도 합니다.

애통은 이런 왜곡된 삶의 방식을 거부합니다. 애통은 부정적 감정을 억압하지도 않고, 그 감정을 파괴적이거나 공격적인 방식으로 표출하지도 않습니다. 애통은 어떤 가식도, 부정도, 회피도 허용하지 않습니다.

그리스도는 십자가의 고통을 하나님 앞에 숨기지 않으셨습니다. 십자가 위에서 그분은 하나님께 버림받은 고통까지 솔직하게 드러내셨습니다.

애통은 고통 중에 경험하는 불편하고 부정적인 모든 감정을 하나님 앞에 토설하는 방편이며, 진솔한 자기감정을 하나님과 공유하는 수단입니다. 하나님 앞에 애통하는 것은 믿음의 한 부분입니다. 애통은 슬픔을 하나님 앞에 들고 나아가는 것입니다. 하나님은 애통하는 자의 소리를 들으시고 위로하십니다.

"애통하는 자는 복이 있나니 그들이 위로를 받을 것임이요"(마 5:4).

애통은 믿음 충만의 외침

애통은 믿음 없음의 표현이 아닙니다. 애통은 고난의 상황 속에서 경험하는 모든 정서를 숨기지 않고 하나님 앞에 정직하게 표현하는 믿음의 실천입니다.

어떤 사람들은 그리스도인이 슬피 우는 것을 부정적으로 보곤 합니다. 그런 태도의 이면에는, 하나님의 섭리를 믿는다면 그리스도인들은 어떤 상황 속에서도 담대하고 슬픔을 과하게 표현해서는 안 된다는 신념, 두려워하고 과한 슬픔의 표현은 믿음 없음이라는 전제가 숨어 있습니다.

그러나 애통은 믿음 없음의 표현이 아닙니다. 믿음의 실천은 감사와 찬양, 기쁨의 표현뿐만 아니라 슬픔과 불안, 두려움과 분노, 때로는 의심까지 하나님 앞에 표현함을 포함합니다.[8] 하나님 앞에 우리의 정직한 마음을 표현할 때 하나님은 예배와 구속, 회복과 은혜의 자리로 우리를 옮기십니다. 따라서 트라우마 상황 가운데 애통하는 것은 믿음 없음이 아니라, 오히려 그리스도를 닮아 가는 신실한 믿음의 실천입니다.

시편 88편 1-14절은 애통의 모습을 구체적으로 보여 줍니다.

"여호와 내 구원의 하나님이여 내가 주야로 주 앞에서 부르짖었사오니 나의 기도가 주 앞에 이르게 하시며 나의 부르짖음에 주의 귀를 기울여 주소서 무릇 나의 영혼에는 재난이 가득하며 나의 생명은 스올에 가까웠사오니 나는 무덤에 내려가는 자같이 인정되고 힘없는 용사와 같으며 죽은 자 중에 던져진 바 되었으며 죽임을 당하여 무덤에 누운 자 같으니이다 주께서 그들을 다시 기억하지 아니하시니 그들은 주의 손에서 끊어진 자니이다 주께서 나를 깊은 웅덩이와 어둡고 음침한 곳에 두셨사오며 주의 노가 나를 심히 누르시고 주의 모든 파도가 나를 괴롭게 하셨나이다 (셀라) 주께서 내가 아는 자를 내게서 멀리 떠나게 하시고 나를 그들에게 가증한 것이 되게 하셨사오니 나는 갇혀서 나갈 수 없게 되었나이다 곤란으로 말미암아 내 눈이 쇠하였나이다 여호와여 내가 매일 주를 부르며 주를 향하여 나의 두 손을 들었나이다 주께서 죽은 자에게 기이한 일을 보이시겠나이까 유령들이 일어나 주를 찬송하리이까 (셀라) 주의 인자하심을 무덤에서, 주의 성실하심을 멸망 중에서 선포할 수 있으리이까 흑암 중에서 주의 기적과 잊음의 땅에서 주의 공의를 알 수 있으리이까 여호와여 오직 내가 주께 부르짖었사오니 아침에 나의 기도가 주의 앞에 이르리이다 여호와여 어찌하여 나의 영혼을 버리시며 어찌하여 주의 얼굴을 내게서 숨기시나이까"(시 88:1–14).

시편 기자는 하나님이 어찌하여 극심한 고난 가운데 그를 내버려 두시는지, 어찌하여 주의 얼굴을 숨기시는지 부르짖었습니다. 심지어 그는 하나님으로부터 버려짐과 거절감을 느낀다고까지 표현했습니다.

이러한 감정의 토로는 언뜻 보면 하나님을 향한 의심의 표현처럼 보입니다. 실제로 트라우마를 당한 사람들은 "철저히 버림받고 소외되며 인격적인, 혹은 신앙적인 돌봄이나 보호로부터 철저히 내동댕이쳐졌다"라고 느끼는 경우가 많다고 합니다.[9] 그래서 많은 사람이 가족이나 지인, 하나님과의 관계에 신뢰를 잃고, 정서적 단절감을 경험합니다.

그러나 사실 시편 기자의 애통은 하나님을 적대하는 의심의 외침이 아닙니다. 그의 애통은 오히려 하나님의 도우심을 간절히 구하고 있는 믿음의 절규입니다. 주께 애통하면서 그분이 자신을 깊은 웅덩이와 어둠에 두셨으며 모든 고통 너머에 주의 통치가 있음을 고백했습니다.

이 고백에는 하나님의 절대 주권에 대한 확신이 전제되어 있습니다. 그가 만약 하나님의 섭리와 선하심, 의로우심에 대한 믿음을 갖고 있지 않다면, 그는 애통하며 마음을 쏟아 하나님께 부르짖지 않았을 것입니다. 즉, 시편 기자는 고통의 한복판에서 하나님만이 이 모든 고통 속에 유일한 도움이시며 구원자 되심을 믿음으로 외친 것입니다. 따라서 애통은 '믿음 없음'(faith-*less*-ness)의 절규가 아닙니다. 오히려 애통은 믿음이 도전받는 상황 가운데 하나님의 섭리와 주권을 의지하는 '믿음 충만'(faith-*full*-ness)의 외침입니다.[10]

애통은 간절한 소망의 기도

또한 애통은 현재의 고난과 아픔, 불의에 대해 하나님의 위로와 도우심을 간절히 구하는 "소망의 기도(a hopeful prayer)"입니다.[11] 애통은 왜곡된 질서와 불의, 악으로 무너진 고통의 현실을 인정하고 그 가운데 하나님의 위로와 역사를 간구하는 실천입니다.

그리스도는 십자가 고난 앞에서 "내 아버지여 만일 할 만하시거든 이 잔을 내게서 지나가게 하옵소서"(마 26:39상)라고 외치셨습니다. 애통 가운데 그분은 "나의 원대로 마시옵고 아버지의 원대로 하옵소서"라며 하나님께 대한 전적인 신뢰를 함께 표현하셨고(마 26:39하), "아버지 내 영혼을 아버지 손에 부탁하나이다"(눅 23:46)라고 하심으로 생명의 원천이신 하나님께 구원의 소망을 표현하셨습니다. 그리고 하나님은 그 애통의 소리를 들으시고 인류 구원을 향한 섭리를 이루셨습니다. 따라서 그리스도와 함께 애통하는 자는 하나님을 향한 전적인 신뢰 안에 있고, 하나님의 섭리가 이루어질 것에 대한 소망이 있습니다.

하나님은 부르짖는 자의 소리에 귀를 기울이십니다. 하나님은 진실한 애통의 소리를 들으시고(시 106:44), 말할 수 없는 탄식으로 그들을 위해 기도하십니다(롬 8:26). 하나님은 애통하는 자를 위로하시며 하나님의 구원 역사를 보이십니다(마 5:4; 출 2:23-25).

> "그는 궁핍한 자가 부르짖을 때에 건지며 도움이 없는 가난한 자도 건지며 그는 가난한 자와 궁핍한 자를 불쌍히 여기며 궁핍한 자의 생명

을 구원하며 그들의 생명을 압박과 강포에서 구원하리니 그들의 피가 그의 눈앞에서 존귀히 여김을 받으리로다"(시 72:12-14).

이에 기독교 윤리학자 알렌 버히(Allen Verhey)는 다음과 같이 말합니다.

"애통은 고난 중에 하늘의 역사를 기대하는 음성이다. 애통을 통해 고통은 온전함으로, 무력함은 들으심에 대한 확신으로, 분노는 하나님의 공의에 대한 소망으로, 죄책은 하나님의 용서에 대한 믿음으로 변화된다."[12]

애통은 슬픔을 위로와 기쁨으로, 불의를 공평과 정의로, 상처를 회복과 용서로 변화시키시는 하나님을 향한 믿음의 소망입니다.

따라서 트라우마 가운데 애통함은 하나님 앞에 지극히 신앙적이고 치료적인 부르짖음입니다. 애통을 통해 우리는 트라우마라는 비참한 사건에 대한 아픔과 슬픔을 부정하거나 숨기지 않고 하나님 앞에 정직하게 표출할 수 있고, 더 나아가 선으로 악을 이기시고 진리로 거짓을 이기시는 구원의 하나님을 전적으로 의지할 수 있습니다. 그러므로 트라우마의 현실 가운데 그리스도 닮음은 애통의 실천을 포함합니다.

이 시간 마음의 상처와 아픔을 억누른 채 살아가고 있는 분이 있습니까? 아직 다 쏟아 내지 못한 슬픔이 남아 있습니까? 그렇다면 하나님 앞에 울어도 좋습니다. 애통의 시간에는 울어야 삽니다. 말할 수 없었던 그 아픔과 상처를 놓고 하나님께 부르짖으십시오. 하나님 앞에서 우십시오. 하나님이 들으시고 응답하실 것입니다.

"여호와여 내가 깊은 곳에서 주께 부르짖었나이다 주여 내 소리를 들으시며 나의 부르짖는 소리에 귀를 기울이소서"(시 130:1-2).

"너는 내게 부르짖으라 내가 네게 응답하겠고 네가 알지 못하는 크고 은밀한 일을 네게 보이리라"(렘 33:3).

성경적 상담을 진행하면서 애통의 과정 중에 치유를 경험한 한 집사님의 고백입니다.

"답답했습니다. 무언가 답을 찾지 못하는 답답함! 가슴 어딘가가 꽉 막혀 있는 것 같습니다. 주님 안에서 그렇게 살 수 없었습니다. 그렇게 살고 싶지 않았습니다.

상담을 통해 알게 된 것은 제가 저 자신의 아픔을 무시하고 있다는 것이었습니다. 그저 나 자신에게 괴롭지만 참아야 한다고 다짐하고 있었다는 것입니다. 나의 아픔을 드러내는 것이 그들을 정죄한다고 어리석게 생각하고 있었던 것입니다.

상담이 진행됐을 때 저는 그때와 동일하게 울고 있었습니다. 시간이 지나서 어느 정도 잊혔다고 생각했는데 여전히 울고 있었습니다. 그들에 대한 미움과 서운함이 제 안에 여전히 있었습니다. 그들과 마주하는 시간 가운데 저는 서운했다고, 미웠다고, 내게 왜 그랬냐고 말하고 있었습니다. 저의 감정들을 꺼내기 시작했을 때 제 안에는 그때의 상황과 감정들이 고스란히 남아 있었다는 것을 알게 됐습니다. 그때도 아팠지만, 지금까지도 아파하고 있다는 것을 알 수 있었습니다.

저는 힘들 때마다 저의 아픔을 객관화하려고 노력했습니다. 최대한 냉정하고 객관적으로 판단해서 저 자신에게 합리화했습니다. 그래야 내 아픔이 조금이라도 적은 것이라고 스스로를 위로할 수 있었습니다. 그래야 그나마 과거의 아픔에 덜 얽매이고 현실을 살아갈 수 있을 것이라 생각했습니다. 그렇지만 그럴수록 제 안의 속사람은 아픔 가운데 울고 있다는 것을 알게 됐습니다.

상담 과정에서 저의 아픔을 고스란히 얘기하고 드러냈을 때 받는 위로는 따스하고 평안했습니다. 제 안의 속사람이 '맞아요, 그랬어요. 내가 그렇게 아팠어요. 내 아픔을 알아줘서 고마워요'라고 말하는 것 같았습니다. 그러나 정작 저 자신은 그동안 스스로의 아픔을 그대로 바라봐 주지 않는 냉정한 자아가 되어 아픔을 외면하고 있었습니다.

저의 아픔을 토해 내고, 저를 아프게 했던 사람들을 짓눌림의 자리에서 치웠을 때, 제 마음의 짐이 떠나 버린 느낌이었습니다. 그리고 제 앞에는 예수님의 위로가 있었습니다. 그 모든 시간 가운데 주님이 아파하며 저와 함께 계셨다는 것을 그제야 느끼게 되었습니다. 과거의 힘든 시간 가운데 울며 괴로워할 때 제가 보지 못했던 주님이 제 앞에 계셨습니다. 제가 깨닫지 못했지만 주님이 그때도 저와 함께하셨음을 알게 하셨습니다. 과거의 그 시간에도 여전히 저와 함께 아파하고 계셨다는 것을, 저와 함께 울고 계셨다는 것을 알았습니다. 미움과 분노를 멀리 치웠을 때에야 제 옆에 계신 주님을 볼 수 있었습니다. '주님이 나의 아픔을 알고 계셨구나. 주님이 나와 함께 아파하고 계셨구나. 주님이 나의 아픔을 위로해 주셨다. 그거면 충분하다'는 생각이 들었습니다.

치유의 시작은 제 안에 있는 모든 아픔을, 미움을, 분노를 다 꺼내는 것이라는 것을 알게 됐습니다. 시간이 지나서 어느 정도 잊혔다고 생각했지만, 여전히 제게 아픔으로 남아 있는 것을 다 꺼내서 쏟아야 하는 것이었습니다. 그리고 그렇게 내놓는 것은 죄악이 아니라, 내 아픔을 씻기 위한 위로의 시작임을 알 수 있었습니다. 그리고 그것들을 예수님 앞에 가져갈 때 치유가 시작되는구나, 알 수 있었습니다.

내 아픔을 토해 내기 시작했을 때의 그 부드러운 수용과 위로는 제 상처를 씻기고 있었습니다. 내 아픔에 대한 인정은 너무 큰 위로가 되었습니다. 그리고 그것은 제게 깊은 평안함을 주었습니다.

그리고 가장 중요한 것, 바로 예수님이 그 자리에 함께 계셨다는 사실입니다. 주님은 재판장이나 나를 심판하시는 분으로서가 아니라 온전히 위로자로 그 자리에 계셨습니다. 그것은 그리스도인인 내가 받는 최고의 위로였습니다. 그리고 그것은 더없는 평안이었습니다.

그제야 제가 그동안 위로자 되신 주님을 잊고 있었다는 것을 알았습니다. 십자가의 보혈로 죽기까지 우리를 사랑하시며 주신 그 사랑을 잊고 있었습니다. 내가 고통스럽게 생각했던 그들에게 제 속마음을 털어놨을 때 제 마음은 후련했습니다. 가벼웠습니다. 그들을 미워하던 나를 덮고 있던 단단한 알이 깨어지는 것 같았습니다. 그 알이 깨어졌을 때에야 주님이 보였습니다. 그리고 그제야 주님이 항상 내 옆에 계셨음을 깨닫게 된 것입니다. 그동안 날이 선 채로 저 자신을 찌르던 가시들이 해체된 기분이었습니다. 그리고 주 안에서 자유함이 시작되었습니다.

성찰 및 나눔 질문

1. 표현할 수 없는 아픔 가운데 누군가의 말이 공허하고 불편하게 들린 경험이 있습니까? 혹은 침묵 가운데 누군가로부터 진정으로 공감되고 위로받았다고 느껴진 경험이 있습니까?

2. 침묵 중에 떠오르는 마음의 생각과 감정을 피하지 말고 충분히 경험하기 바랍니다. 그리고 그것을 있는 그대로 하나님 앞에 아뢰어 보십시오. 애통하는 자를 하나님은 위로하십니다.

3. 십자가 고통을 말없이 지신 그리스도가 어떤 메시지를 주십니까?

4. 하나님께 나눈 그 마음을 함께 나눌 수 있는 사람이 있습니까? 말할 수 있는 부분을 믿을 수 있는 분들과 함께 나누어 보기 바랍니다. 그 가운데 하나님의 위로를 경험하게 되기를 소망합니다.

요약

1. 고통의 현실 가운데 많은 사람은 하나님의 부재를 경험한다고 고백합니다. 그러나 말없이 십자가를 지신 그리스도의 사랑은 우리에게 그 어떤 말보다 더 강력한 메시지를 선포해 줍니다. 때로는 침묵 가운데 무한한 위로가 있고, 말로 담을 수 없는 마음을 침묵이 담아낼 수 있습니다.

2. 십자가 고난을 당하신 그리스도는 우리의 고통을 누구보다 온전히 이해하십니다. 그분은 우리의 고통을 누구보다 잘 아십니다.

3. 그리스도의 십자가는 말할 수 없는 트라우마의 고통 가운데 그리스도가 함께하심을 보여 줍니다. 십자가 고난 앞에서 그리스도가 침묵하심은 존재의 부재가 아니라 존재의 충만함을 의미합니다.

4. 침묵에 대한 묵상은 영원히 트라우마의 고통이 침묵 속에 있어야 한다는 것을 의미하지 않습니다. 트라우마의 비극은 표현되어야 하고 고통 소리는 들려져야 합니다.

5. 애통은 고난의 상황 속에서 하나님 앞에 정직한 생각과 마음을 표현하는 믿음의 외침이며, 하나님의 도우심을 구하는 간절한 소망의 기도입니다.

6장

연약함 인정하기
상처를 받아들이고 십자가의 흔적을 묵상하다

"나에게 이르시기를 내 은혜가 네게 족하도다 이는 내 능력이 약한 데서 온전하여짐이라 하신지라 그러므로 도리어 크게 기뻐함으로 나의 여러 약한 것들에 대하여 자랑하리니 이는 그리스도의 능력이 내게 머물게 하려 함이라"(고후 12:9).

인간은 연약한 존재입니다. 하나님은 인간을 완벽한 존재로 만들지 않으셨습니다. 하나님은 인간을 누군가의 도움 없이는 살 수 없고, 하나님을 떠나 살 수 없는 의존적인 존재로 창조하셨습니다. 우리는 모두 연약합니다.

'연약함'(vulnerability)이라는 단어는 사실 환영받는 표현이 아닙니다. '연약한'(vulnerable)이라는 용어는 라틴어 '*vunerare*'의 파생어로, '육체적 또는 감정적 상처나 손상, 피해를 입을 수 있는', 그리고 '공격이나 피해에 노출된'이라는 의미입니다. '상처, 손상, 피해'라는 뜻을 포함하기에 이 단어는 주로 부정적으로 인식됩니다.

트라우마를 경험한 사람들은 상처와 관련된 자신의 연약함이 드러날까 불안해합니다. 많은 사람이 그런 상태를 숨기기 위해 상처를 부인하거나 사회적 관계로부터 철회하거나 방어적인 태도를 보이곤 합니다. 그래서 종종 트라우마 경험자들 중에는 문제의 본질에 직면하지 못하고 오히려 중독, 우울, 식이 장애, 자해, 자살, 학대 등과 같은 파괴적 방식으로 회피하는 경우가 있습니다. 이런 현실을 고려할 때, 연약함을 드러내는 것이 비록 때로는 부끄러울 수 있지만, 그것을 숨기고 억압하는 것보다 더 건강하고 용기 있는 선택입니다.

인간의 연약함을 입으신 그리스도

"그는 주 앞에서 자라나기를 연한 순 같고 마른 땅에서 나온 뿌리 같아서 고운 모양도 없고 풍채도 없은즉 우리가 보기에 흠모할 만한 아름다운 것이 없도다"(사 53:2).

인간으로 오신 예수 그리스도는 출생부터 죽음에 이르기까지 인간의 연약함을 입으셨습니다. 성경은 그리스도를 모든 창조의 창조자이자 통치자시요, 만왕의 왕이시며, 교회의 주이시고, 산 자와 죽은 자를 심판하실 이로 묘사합니다.

그러나 그 위대하고 능력 있으신 하나님의 아들이 자신을 비워 인간의 육체를 입으셨습니다. 하나님의 아들이 인자, 곧 사람의 아들이 되신 것입니다. 예수 그리스도가 부모의 돌봄과 사랑 없이는 살 수 없는 어린 아기가 되셨습니다. 인성을 입으심으로 성자 그리스도는 그분의 창조물인 사람, 곧 마리아의 태 안에서 자라셨고, 출생하셨으며,

강보에 싸여 구유에 누이셨습니다. 또 그분은 어린아이로 마리아의 젖을 먹으며 자라셨고, 부모의 지도를 받으며 성장하셨습니다.

더 나아가 모든 법 위의 진리 되신 그리스도가 모세의 율법에 순종하여 할례를 받으셨고, 온갖 시험을 당하셨습니다. 그분은 십자가 고통을 당하셨고, 죄인들로부터 조롱을 받으셨으며, 버려짐과 죽음을 경험하셨습니다. 심지어 부활 후에도 십자가의 상처는 그리스도의 몸에 그대로 남아 있었습니다.

만왕의 왕이자 주 되신 성자 하나님이 기꺼이 연약한 인간이 되심으로 이 땅에 오셨고, 시공간에서 펼쳐지는 구원 드라마 가운데 지극히 연약한 모습으로 고통받으며 십자가의 사명을 감당하신 것입니다.

연약함은 인간의 보편성이다

그리스도가 인간의 연약함을 입으신 이유는 연약함이 인간의 보편적인 속성이기 때문입니다. 하나님은 사람을 당신이 보시기에 좋게 창조하셨으나 완벽하게 창조하지는 않으셨습니다.

성경신학자 윌렘 밴게메렌(Willem VanGemeren)은 하나님의 인간 창조는 완벽함을 특징으로 삼지 않는다고 지적합니다. 그는 인간이 완벽한 존재로 창조된 것이 아니라, 하나님의 목적에 가장 적합하게 창조되었고, 그 모습이 하나님이 보시기에 좋았던 것이라고 주석하며, 창조 후 인간은 그리스도 안에서 새 창조의 온전함을 이루기까지 거룩을 이루어 가야 한다고 주장합니다.[1] 즉, 인간은 처음부터 완벽한 존재가 아니라, 그리스도와 연합함으로 그리스도 안에서 온전해져 가는 존재라는 것입니다.

더욱이 타락 이후, 모든 인간은 그릇 행하여 각기 제 갈 길로 갔고 (사 53:6), 모든 피조물이 죄 가운데 탄식하며 고통을 겪고 있습니다 (롬 8:22). 이 같은 상태에서 결핍, 약함, 상처는 인간 삶에서 분리할 수 없는 주제입니다. 우리는 그리스도 없이, 누군가의 도움 없이 살아갈 수 없는 연약한 존재입니다. 사람마다 정도의 차이는 있겠지만, 연약함은 "공통된 인간의 경험(shared human experience)" 중 하나이며 나만 경험하는 특별한 것이 아니라, 모든 사람이 공유하는 보편적인 인간성입니다.[2]

트라우마는 우리에게 다양한 연약함의 모습을 남겨 놓습니다. 어린 시절 학대나 방임 등의 애착 트라우마를 경험하는 경우, 사람에 대한 불신과 만성적인 불안함, 혹은 무분별한 애착 대상에 대한 집착 등 왜곡된 모습이 나타나기도 합니다.

폭력이나 상해 등의 트라우마 사건을 직접 경험하거나 목격하는 경우, 플래시백이나 악몽 등으로 정상적인 사회생활을 하지 못하기도 합니다. 신체 기능을 상실하거나 신경증적 증상을 반복적으로 보이는 경우도 있고, 관계 트라우마로 인해 타인의 시선을 불편하게 여기거나 두려워하고, 새로운 관계를 시작하는 것에 불안과 두려움을 갖기도 하고, 일상적인 대화나 자극에도 예민하고 방어적으로 반응하기도 합니다. 이런 다양한 증상들은 트라우마 경험자들의 마음, 몸, 혹은 기억에 각인되어 통제할 수 없는 방식으로 나타나곤 합니다.

연약함을 끌어안을 때: 십자가의 흔적

부활하신 그리스도는 영광의 몸을 입으셨음에도 불구하고, 십자가의 상처를 고스란히 몸에 갖고 계셨습니다. 그분의 손에는 못 자국이 있었고, 그분의 옆구리에는 창 자국이 있었습니다. 그리스도는 십자가의 상처를 숨기거나 부끄러워하지 않으셨습니다. 그리스도는 오히려 그 상처를 제자들에게 담대히 보이시며 그들의 변화를 촉구하셨고, 하나님을 영화롭게 하는 일에 사용하셨습니다(요 20:27). 예수님의 상처는 부활하신 그리스도의 몸 자체가 되었고, 그 자체가 메시지의 일부가 되었습니다. 즉, 부활하신 그리스도는 십자가의 상처를 자기 몸의 일부로 끌어안으셨고, 그 상처를 오히려 하나님의 영광을 나타내는 통로로 사용하신 것입니다.

이 사실은 한평생 몸에 지니고 있을 수도 있는 트라우마의 흔적은 그 사건에 대한 기억이나 상처를 완전히 제거하는 것이 아니라, 그것을 자신의 일부로 받아들일 때 오히려 치료적일 수 있다는 것을 보여줍니다. 이는 트라우마로부터 온전한 회복이 불가능하다거나 이전의 상태와 기능이 다시 회복될 수 없다는 말이 아닙니다. 죽은 자를 살리시는 하나님께 불가능은 없습니다. 그러나 하나님의 특별한 섭리 가운데 어떤 기능적 손상은 이 땅에서 살면서 이전과 같은 모습으로 돌아오지 않는 경우가 있습니다. 예를 들어, 사고로 뇌신경계의 손상이나 신체적 기능의 상실이 생긴 경우, 안타깝지만 이전처럼 모든 상태와 상황을 되돌리는 것은 쉽지 않습니다.

실제로 한 남성은 교통사고로 뇌 손상을 입었습니다. 그로 인해 배려심도 깊고 친절한 성격을 지녔던 그가 조급해지고 충동적이 되었습니다. 이전처럼 사회적 기능을 하지 못하게 되었습니다. 결국 그는 다니던 직장도 그만두게 되었고 경제적으로나 정서적으로 가장으로서의 기능도 적절하게 하기 어렵게 되었습니다. 점점 가족들과 갈등이 많아졌습니다. 가족들은 남편과 아버지의 달라진 모습에 안타까워하는 한편, 반복되는 갈등으로 점점 지쳐 갔습니다.

한 여성은 직장의 인사고과에서 좋은 평을 받아 새롭게 팀장이 되었습니다. 그러나 이를 시기하고 인정하고 싶지 않았던 한 팀원이 상사에게 민원을 넣고, 다른 팀원들에게 새로 된 팀장에 대해 안 좋은 소문을 퍼뜨리기 시작했습니다. 이에 그 팀장은 배신감과 거절감에 고통받게 되었습니다. 팀원들이 대화하는 모습을 보면 자기에 대해 수군대는 것 같았습니다. 이 팀장은 그 팀원을 볼 때마다 가슴이 두근거리고 온몸이 경직되어 버렸습니다. 그녀는 점차 만성 불안과 불면증, 위장 장애에 시달리게 되었고 상담실 문을 두드리게 되었습니다.

또 다른 한 여성은 공장에서 일을 하다가 한 손을 잃게 되는 사고를 당했습니다. 너무나 큰 충격에 한동안 아무것도 할 수 없었습니다. 그 일을 받아들이는 것도, 달라진 자신을 바라보며 두려워하거나 동정하는 타인의 시선을 견디는 것도 너무 어려웠습니다. 그러나 결국 그녀는 두 손으로 하던 일을 한 손으로 하는 방법을 배우며 달라진 삶과 환경에 적응하기 위해 노력하고 있습니다.

이처럼 트라우마는 몸에 흔적을 남겨 놓는 경우가 많습니다. 그래서 수십 년간 트라우마 환자들을 치료했던 정신과 의사 베셀 반 데어 콜크(Bessel Van der Kolk)는 트라우마 문제를 다루면서 "몸은 기억한다(The Body Keeps the Score)"라고 말합니다.[3] 머리로는 지우고 싶지만, 우리의 몸과 신경계가 트라우마의 흔적과 증상들을 기억하고 반응한다는 것입니다.

따라서 트라우마 문제의 경우, 트라우마 사건 이전의 모습만을 기억하고 이전처럼 돌아가기 위해 노력하는 것은 어쩌면 바른 치료의 방향이 아닐 수 있습니다. 오히려 현재 상태를 있는 그대로 수용하고 달라진 신경계의 반응과 신체, 사회적 기능을 수용하여 새롭게 재구성해야 합니다.

그러기 위해서 반드시 필요한 것은 지금의 모습과 반응, 기능이 트라우마 전의 모습과 반응, 기능과는 다르다는 것을 인정하는 것입니다. 지금의 상태를 '나 자신'으로 수용하는 것입니다. 자기의 상처가 무엇인지 확인하고 그것을 자기 몸의 일부로 수용하면, 그 상처는 더 이상 외부에서 나를 통제하는 외상으로 남아 있지 않을 수 있습니다. 오히려 그 상처는 비록 나의 연약한 모습이라 할지라도 내가 통제할 수 있는 내 몸의 일부가 됩니다. 다시 말하면, 트라우마를 자기의 일부로 받아들임으로써 그 상처를 오히려 통제하고 조절하는 가능성을 얻게 되는 것입니다. 트라우마를 나의 일부로 수용함으로써 트라우마의 기억과 증상까지 나의 것으로 소유하는 것(owning trauma)입니다.

이 실천은 매우 어렵습니다. 고통을 견디고 받아들이는 인고의 과정이 포함되어 있습니다. 쏟아지는 눈물과 터져 나오는 신음으로 밤을 지새우는 날들이 포함되어 있습니다. 마치 십자가 위에서 고통받으신 예수님처럼 누군가 내 심장을 못으로 찌르는 것 같고 채찍에 맞은 듯 온몸이 쭈뼛쭈뼛 솟아오르는 고통을 참아 내야 하는 과정입니다.

이런 맥락에서 우리 몸에 남겨진 트라우마는 십자가의 흔적과 같습니다. 우리의 찢긴 몸과 마음은 십자가 위에서 찢긴 그리스도의 몸과 연결됩니다. 너무 아프고 슬프지만, 트라우마로 찢긴 몸과 마음도 나의 일부입니다. 피하고 싶었고, 인정하고 싶지 않지만, 찢긴 몸도 여전히 나의 몸입니다. 그 몸도 여전히 하나님의 영광을 담아내고 있는 하나님의 형상입니다.

다시 말하면, 트라우마로 인한 기능적 장애 및 손상이 있는 경우, 트라우마 사건을 부인하고 그 흔적을 제거하려고 노력하기보다 오히려 그 상태를 예수 그리스도의 못 자국 난 손과 창 자국 난 몸처럼 자기의 일부로 받아들임이 필요하다는 것입니다. 그러면 트라우마에 지배되어 트라우마를 중심으로 돌아가던 삶을 다시 나의 삶으로 돌이킬 수 있습니다. 여전히 트라우마의 기억은 고통스럽고, 여전히 기능적 손상과 통제할 수 없는 증상은 불편하고 아픕니다. 그러나 그 모든 것을 나의 삶으로 수용할 때 우리는 내 삶의 주도권을 트라우마로부터 다시 나에게로 가져올 수 있습니다.

삶의 주도권을 트라우마에서 예수 그리스도께로

그렇게 내 삶을 나의 것으로 삼을 수 있게 되면, 우리는 비로소 그 삶의 주권을 우리의 주권자 되신 그리스도께로 이양할 수 있습니다. 그러면 이제 트라우마를 중심으로 돌아가던 우리의 삶이 그리스도를 중심으로 변화되기 시작합니다.

여전히 트라우마로 인한 삶의 연약함들은 남아 있습니다. 그러나 더 이상 트라우마가 우리를 지배하지 않습니다. 트라우마의 기억과 증상, 그 모든 것이 이제는 하나님의 주권 아래 있습니다. 따라서 트라우마의 흔적이 다시 나타나도 더 이상 두렵지 않게 됩니다. 하나님과 동행하고 있고, 하나님이 주권적으로 역사하셔서 우리의 삶을 다스리고 계시기 때문입니다.

우리의 연약함을 인정하고 수용할 때 우리는 하나님의 일하심을 겸손히 우리의 삶 가운데 초청할 수 있습니다. 만약 우리가 상처를 삶의 일부로 받아들일 수 있다면, 그리고 그 상처를 타인의 회복과 변화, 또는 하나님의 섭리를 이루기 위한 도구로 사용할 수 있다면, 우리의 트라우마 경험은 비록 너무나 고통스럽고 다시는 경험하고 싶지 않은 일임에는 분명하지만, 하나님의 영광을 나타내는 도구가 될 수 있을 것입니다. 회복과 성장은 부인하거나 회피함으로 얻을 수 없습니다. 회복과 성장은 트라우마의 본질에 직면하고 그것을 내 삶으로 수용할 때 비로소 가능해집니다.

트라우마의 상처를 몸의 일부로 받아들이는 것은 그리스도인들에게 부끄러운 것이 아닙니다. 오히려 그것은 상처를 자신의 일부로서 수용하는 치료의 과정이고, 하나님의 목적을 위해 그 아픔을 사용하는 믿음의 헌신이며, 극단적인 어려움 속에서도 그리스도를 닮아 가는 용기 있는 신앙의 실천입니다.

그렇게 그리스도 닮음을 실천하는 성도에게 있어서 트라우마의 흔적은 십자가의 흔적이 됩니다. 성도의 트라우마는 마치 그리스도의 몸에 새겨진 못과 창 자국과 같습니다.

받아들이지 못한 트라우마의 고통이 있습니까? 부활하신 그리스도가 여전히 갖고 계신 십자가의 흔적을 묵상하십시오. 부활의 몸을 입으셨음에도 불구하고 왜 여전히 그 상처의 흔적을 갖고 계셨을지 묵상해 보십시오. 트라우마 가운데 그리스도 닮음을 실천할 때 우리는 그리스도의 십자가 상처를 우리의 것으로 삼을 수 있고, 우리의 상처는 그분의 십자가와 함께 못 박히고 부활의 새로운 열매를 맺게 될 것입니다.

성도의 트라우마와 그리스도의 못 자국

이 시점에서 우리는 '온전함'에 대한 의미를 다시금 고찰해 볼 필요가 있습니다. 온전함을 우리는 완벽함으로 해석하는 경향이 있습니다. 온전함을 실수도 없고, 부족함도 없고, 연약함도 없고, 아픔도 없는 것처럼 이해하곤 합니다.

그러나 온전함은 완벽주의의 실천이 아닙니다. 완벽한 사람이 되려고 하는 것은 어쩌면 인간의 연약함과 죄성에 대한 반동 형성이자 강박일지도 모릅니다. 우리는 완벽해지려는 마음을 내려놓고 겸손히 그리스도의 온전하심을 닮아 가야 합니다. 살펴본 것처럼, 연약함은 인간의 보편적인 속성이며 하나님이 창조하신 인간의 질서 중 하나입니다. 이런 맥락에서 트라우마로부터 온전해짐이란 단순히 트라우마 사건 이전의 상태와 조건으로 돌아가거나 마치 그 사건 혹은 상처가 없었던 것처럼 살아가는 것이 아닐 수 있습니다. 트라우마 가운데서도 온전한 그리스도인으로 살아가는 것은 그 상처와 아픔 중에도 그리스도의 뜻과 마음을 알고, 우리 자신을 비워 내고, 그분의 마음과 성품과 섭리를 우리의 삶으로 담아내는 것입니다.

이 주제에 대해 도전을 주는 한 그리스도인 여성이 있습니다.『지선아 사랑해』라는 책의 저자 이지선 자매입니다. 개인적으로 그분을 만날 기회가 있었습니다. 그녀의 간증을 듣고 몇 마디 나눈 짧은 만남에 불과했으나 그 만남은 마음에 큰 반향을 일으켰습니다.

이지선 자매는 이화여대 유아교육과 4학년에 재학 중이던 2000년

7월, 한 음주 운전자가 낸 7중 교통사고로 전신 55%의 3도 화상을 입었습니다. 교통사고로 인한 전신 화상이라는 트라우마 사건은 그녀의 삶을 완전히 바꾸어 놓았습니다. 그녀는 오랜 기간 수술과 재활을 반복하면서 고통의 현실을 견뎌 내야 했습니다. 그녀는 고통을 부인하지 않았습니다.

그녀는 매번 병원에 가서 상처를 소독할 때마다 온몸으로 전해지는 통증이 참기 어려울 만큼 고통스러웠음을 고백합니다. 그리고 그 사건으로 인해 돌이킬 수 없는 화상의 흔적들도 부인하지 않습니다. 지속적으로 피부 이식을 하며 치료를 하고 있지만, 그녀의 신체가 사고 이전 이화여대 '메이퀸'으로 불리던 시절로 돌아갈 수 없음을 그녀는 누구보다 잘 알고 있었습니다.

그러나 그럼에도 그녀는 그 사건 이전으로 돌아가고 싶지 않다고, 지금이 더 행복하다고 고백합니다. 그녀에게 있어서 육체적으로는 더 온전해 보이지만 하나님을 떠나 살았던 이전의 삶보다 육체의 연약함과 상처에도 불구하고 하나님과 동행하는 그날 이후의 삶이 더 행복하고 진정한 의미에서 온전한 삶이기 때문입니다. 그녀는 다음과 같이 고백합니다.[4]

"사고 직후 이 질문을 받는다면 당연히 돌아간다고 했을 거예요. 사고 초반엔 모든 것을 잃어버린 게 속상하고 안타까웠죠. 지나고 보니 얻은 게 훨씬 많아요. 사고 이전에는 제 일에 하나님이 도움을 주셔야 한다는 식으로 기도했죠. 그게 완전히 바뀌었어요. 시간도, 호흡도, 내 것이라 생각했던 사소한 것들도 모두 제 것이 아니었습니다. 그걸 깨닫지 못했던 때로 돌아가고 싶지 않아요. …

흔히 경조사를 치르면 주변 사람과의 관계가 정리된다고 하잖아요. 저도 사고를 통해 제가 누구인지, 하나님이 누구인지 깨닫게 됐어요. 삶의 우선순위가 달라졌고 우선순위가 아닌 것에는 굳이 에너지를 쓰지 않게 됐죠. 일상의 행복이 얼마나 소중한지도 느끼게 됐어요. … 하나님, 제가 왜 이런 일을 겪어야 하나요. 하나님의 뜻은 무엇인가요. 이런 질문의 답변은 금방 깨달을 수 있는 게 아니에요. 그 일에 시간과 에너지를 소진하다가 결국 하나님과 멀어지게 되죠. 그 순간 하나님이 우리에게 원하시는 건 '하나님이 이 상황에서 내가 어떻게 하길 원하실까' 생각하는 게 아닐까 싶어요."

그녀는 절망스러운 상황 속에서도 절망하지 않았습니다. 오히려 그 상황 가운데 그녀는 그리스도와 동행했습니다. 그녀의 삶은 일반적으로 생각하는 완벽한 삶과는 거리가 있는 것 같습니다. 소위 말하는 건강하고 멋진 삶처럼 보이지 않습니다. 너무나 큰 고통을 경험한 연약한 모습입니다. 그러나 그녀의 삶은 그리스도의 영광스러운 빛을 너무나도 아름답게 비추고 있습니다. 그녀에게서 우리는 하나님 형상의 형언할 수 없는 아름다움을 볼 수 있습니다.

하나님을 알지 못하는 사람들은 그녀의 삶을 보며 강한 회복 탄력성을 볼 것입니다. 맞습니다. 그녀는 강한 회복 탄력성을 보여 주었습니다. 그러나 하나님을 아는 자들은 동일한 삶을 바라보며 회복 탄력성 너머 놀라운 하나님의 은혜와 믿음을 볼 것입니다.

상담 과정에서 이런 맥락의 고백을 하는 내담자들을 만날 때마다 마음속에서 울려 퍼지는 찬양이 있습니다.

"내 영혼이 은총 입어 중한 죄 짐 벗고 보니 / 슬픔 많은 이 세상도 천국으로 화하도다 / 주의 얼굴 뵙기 전에 멀리 뵈던 하늘나라 / 내 맘속에 이뤄지니 날로날로 가깝도다 / 높은 산이 거친 들이 초막이나 궁궐이나 / 내 주 예수 모신 곳이 그 어디나 하늘나라 / 할렐루야 찬양하세 내 모든 죄 사함 받고 / 주 예수와 동행하니 그 어디나 하늘나라"(새찬송가 438장).

높은 산이나 거친 들이나 초막이나 궁궐이나 육체의 건강함이나 연약함이나 상황과 환경의 어떠함과 상관없이 주 예수와 동행하는 그 순간이 우리가 하나님 나라를 경험하는 순간입니다. 주 예수와 동행함으로 하나님 나라를 이 땅 가운데 살아가기 시작할 때 우리는 고난과 아픔과 상처 중에서도 견뎌 낼 힘을 얻고 참 자유를 얻을 수 있습니다.

트라우마로 인한 기능 장애, 육체의 손상, 질병으로부터 자유를 얻는 길은 그 사건과 상처를 우리 삶의 이야기에서 송두리째 지워 버리는 것이 아닙니다. 만약 그렇게 한다면, 그 사건 너머에 계신 하나님의 섭리도 함께 우리 인생에서 사라지게 될 것이기 때문입니다.

그리스도인의 참 자유는 비록 아픔과 고난, 어려움이 있을지라도 그것을 자기의 일부로 끌어안고 하나님의 섭리 아래서 육체의 연약함을 수용하고 견디며, 어떤 상황 속에서도 그리스도를 향한 믿음과 그분을 닮아 가는 실천을 잃지 않음에서 비롯됩니다. 그 과정 가운데 우리는 하루하루 그리스도가 지신 십자가의 흔적을 우리 몸에 담게 될 것이고, 그 가운데 우리는 점점 그리스도를 닮아 가는 성화의 길을 걷게 될 것입니다.

이렇게 육체의 연약함과 상처를 받아들이는 것은 고통을 포함하는 모든 삶의 순간을 그리스도 안에서 수용하고, 우리의 삶 너머 존재하시는 하나님의 역사를 소망하며 그 역사의 성취를 우리의 삶 가운데 구현하는 치료와 은혜의 여정입니다. 이 길을 걷기는 쉽지 않습니다. 그러나 고난 중에 성도가 포기하지 않고 걸어야 할 십자가의 길입니다.

각자의 연약함을 인정하고 서로의 연약함을 돌볼 때

우리 모두는 연약합니다. 모두가 완벽하지 않습니다. 그래서 서로의 연약함은 결국 드러납니다. 사랑하는 배우자에게서도, 부모와 자녀에게서도, 믿었던 친구와 동료들에게서도, 나 자신에게서도 연약함은 결국 드러납니다. 연약함이 드러나는 것은 불완전한 인간에게 당연한 모습입니다.

그런데 우리는 너무나 오랫동안 연약함을 숨기기 위해 노력해 온 것 같습니다. 연약한 모습, 부족하고 불완전한 모습을 보이지 않기 위해 과장하거나 거짓을 말하기도 하고, 완벽주의에 빠지거나 아예 아무 선택도 결정도 하지 않고 사회적 관계 자체를 회피하기도 합니다. 이런 모습은 결국 자기의 연약함을 인정하지 않고 싶은 마음과 타인의 연약함을 받아 주고 싶지 않은 마음 때문에 나타납니다. 트라우마 경험은 우리 마음을 이렇게 견고하게 만들어 놓기도 합니다.

우리가 연약한 존재라는 사실을 인정하지 못하는 것은 결국 하나님이 창조하신 우리의 모습에 대한 정직한 성찰의 실패입니다. 이는 더 나아가 우리 스스로에 대한 과대평가이며, 서로에 대한 사랑 없음입니다. 우리는 더 이상 트라우마의 경험이 우리를 이렇게 견고한 마음의 감옥에 가두어 두게 할 수 없습니다.

하나님은 우리를 하나님 없이, 서로의 도움 없이 살 수 없는 연약한 존재로 창조하셨습니다. 하나님은 우리를 하나님의 사랑 안에서 서로 사랑하는 존재로 창조하셨습니다. 따라서 우리는 서로의 연약함이 드러날 때 그 연약함을 사랑으로 채워 줄 수 있어야 합니다. 서로의 연약함이 드러날 때 우리는 그 연약함을 서로 보듬어 주어야 합니다.

성경은 "너희가 짐을 서로 지라 그리하여 그리스도의 법을 성취하라"(갈 6:2)라고 말합니다. 이 본문에서 바울이 언급한 '그리스도의 법'은 형제 사랑의 법입니다(갈 5:13). 즉, 서로가 지닌 연약함을 함께 짐으로써 사랑을 실천하라는 것입니다.

서로의 연약함이 드러날 때 비난하거나 조롱하거나 가십을 만들면 관계는 깨어지고, 삶은 불만과 불평, 미움과 다툼이 가득하게 될 것입니다. 그러나 우리가 누군가의 연약함을 볼 때 그 연약함을 내게 주신 은사와 은혜로 채우고, 또 그 사람의 연약함을 또 다른 누군가의 은사와 은혜가 채우고, 더 나아가 나의 연약함을 또 다른 누군가의 은사와 은혜가 채우는 역사가 나타난다면, 그 가운데 하나님의 임재가 있고 우리는 하나님의 사랑과 성품을 함께 경험하며 하나님을 영화롭게 하는 한 몸이 되어 갈 것입니다.

종교 개혁자 마틴 부처(Martin Bucer)는 모든 지체가 각자의 소명에 따라 서로의 연약함을 돌봄으로써 그리스도 안에서 연합된 한 몸을 이루어 갈 것을 강조합니다.[5]

서로를 돌본다는 것은 강자와 약자의 구분을 허락하지 않습니다. 모두가 연약한 존재임을 인정하고 서로 돌보며 섬겨야 함을 의미합니다. 교회는 그리스도의 통치 아래 서로를 돌아보아 사랑과 선행을 격려하며 함께 새로워지고, 함께 그리스도의 온전함을 닮아 가는 공동체입니다. 그런 공동체 안에서 우리는 서로의 연약함이 하나님의 강함으로 채워지는 역사를 볼 수 있습니다.

따라서 우리는 더 이상 연약함을 두려워하거나 숨길 필요가 없습니다. 오히려 우리는 각자의 연약함을 인정하고 서로의 연약함을 돌아보아야 합니다. 하나님은 우리가 약할 때 강함이 되시는 분입니다. 우리의 연약함이 그리스도 안에서 하나님의 강함을 함께 경험하는 하나님 나라의 통로가 될 수 있습니다.

그 귀한 역사를 소망하며 서로의 연약함을 보듬고 채워 주는 사랑을 흘려보내기를 소망합니다. 그런 우리의 삶 가운데 하나님의 임재와 사랑이 있고, 우리는 더욱 그리스도를 닮아 가게 될 것입니다.

우리는 연약함을 두려워하거나
숨길 필요가 없습니다.
오히려 우리는 각자의 연약함을 인정하고
서로의 연약함을 돌아보아야 합니다.
하나님은 우리가 약할 때
강함이 되시는 분입니다.

성찰 및 나눔 질문

1. 당신의 인생 가운데 지워 버리고 싶은 기억, 상처는 무엇입니까? 그 상처로 인해 지금 여전히 나타나는 당신의 연약함은 무엇입니까?

2. 그 연약함에 대한 당신의 반응은 지금까지 어떤 모습이었습니까? 그 연약함을 당신의 일부로 받아들일 수 있습니까? 어렵다면 그 이유는 무엇입니까? 어떻게 할 수 있을까요?

3. 공동체 안에서 연약함을 보이는 지체가 있습니까? 그 연약함을 보듬어 주고 채워 줄 수 있도록 하나님이 당신에게 주신 은사와 은혜는 무엇입니까? 무엇을 어떻게 할 수 있을까요?

요약

1. 인간은 연약한 존재입니다. 하나님은 인간을 서로의 도움 없이 살 수 없고, 하나님을 떠나 살 수 없는 존재로 창조하셨습니다.

2. 하늘과 땅의 모든 권세를 가지신 하나님의 아들 예수 그리스도가 연약한 인간의 몸을 입으셨습니다.

3. 연약함은 인간의 보편적인 속성입니다. 우리는 완전한 존재가 아닙니다. 우리는 그리스도와 연합함으로 그리스도 안에서 온전해져 가는 존재입니다.

4. 연약함을 인정하고 수용할 때 우리는 그리스도 안에서 하나님의 일하심을 겸손히 우리의 삶 가운데 초청할 수 있습니다.

5. 트라우마를 삶의 일부로 받아들이는 것은 치료의 과정일 뿐만 아니라 하나님의 섭리 가운데 그 아픔을 사용하는 믿음의 헌신이며 극단적인 어려움 속에서도 그리스도를 닮아 가는 용기 있는 믿음의 실천입니다.

6. 그리스도 닮음을 실천하는 성도에게 있어서 트라우마는 마치 그리스도의 손에 새겨진 못 자국과 옆구리의 창 자국 같습니다.

7. 우리는 서로의 연약함이 드러날 때 그 연약함을 사랑으로 채워 주고 각자의 은사와 은혜로 서로를 보듬어 줄 수 있어야 합니다.

7장

죄 사함과 죄 죽임
더 이상 아픔과 상처가 다른 죄를 낳지 않도록

"그러나 내게는 우리 주 예수 그리스도의 십자가 외에 결코 자랑할 것이 없으니 그리스도로 말미암아 세상이 나를 대하여 십자가에 못 박히고 내가 또한 세상을 대하여 그러하니라"(갈 6:14).

상처 때문에 죄를 합리화하지 말라

우리는 고난을 하나님의 선하심을 나타내는 증거로 삼을 수 있어야 합니다. 삶의 모든 순간을 하나님이 통치하신다면, 죄악으로 물든 세상 가운데에서도 우리는 하나님의 영광을 보고 나타낼 수 있어야 합니다. 그러나 우리는 고통의 현실 속에서 너무나 쉽게 하나님의 선하심을 의심하고 죄 된 선택을 하곤 합니다.

특히 트라우마 경험은 죄 된 생각과 행동에 우리를 취약하게 만들곤 합니다. 고통의 무게에 짓눌려 어떤 이들은 자기 파괴적인 행동을 하거나 타인을 향한 공격적 행동을 보이기도 합니다. 상처받은 마음을 가족이나 지인들에게 무분별하게 표출하기도 하고, 분노와 비난, 복수의 마음으로 강퍅해지기도 하며, 물질이나 관계, 성 중독에 빠지기도 합니다.[1]

상담 사역을 위해 미국 주립 교도소를 일주일간 방문했던 적이 있습니다. 그곳은 1급 살인으로 사형 혹은 무기징역을 받은 수감자들이 대부분인 교도소였습니다. 그곳에서 사형을 앞둔 한 수감자와 대화를 할 기회가 있었습니다. 그는 어린 시절 부모로부터 학대를 받았고, 결국 견디다 못해 도망쳐 나왔습니다. 생존의 위협을 받으며 길거리 생활을 했고 마약과 범죄를 일삼았습니다. 동거하던 여자 친구를 살해하고 결국 수감 생활을 하게 되었습니다. 교도소에서 남은 생을 보내고 있는 현실을 비관하며 그는 자기의 세상에 대한 분노와 상처 때문에 해서는 안 될 죄를 범했다고 고백합니다. 이제 와서 후회해 보지만 돌이킬 수 없다고 말합니다.

한 중년 남성은 7년이 넘도록 섬겼던 직장 상사로부터 승진에 영향을 줄 수 있는 부정적인 평가를 넘어 인격을 모욕하는 말까지 듣게 되었습니다. 결국 팀에서 방출되어 다른 팀으로 인사이동이 되었습니다. 셀 수도 없이 야근을 하며 회사를 위해 헌신했던 지난 세월과 노력이 다 부정되는 것 같았습니다. 모욕적인 언행에는 분노가 치밀어 올랐습니다. 직장 동료들과 후배들이 자신을 실패자로, 무능력한 사람으로 평가할 것 같아 두려워졌습니다. 직장에서 위치에 대한 불안과 타인의 비판적 평가에 대한 강박적 두려움은 점점 더 일에 집중하지 못하게 만들었고, 사람들에게는 더 방어적인 태도를 보이게 되었습니다.

직장에서의 어려움이 반복되자 그는 일을 마치고 매일같이 술을 마시게 되었습니다. 하루는 술에 취해 여자 친구의 집에 가서 애꿎은 반려 고양이에게 화풀이를 하고, 고양이에게 술을 먹이려 하다가 고양이마저 자신을 무시한다며 고양이를 창밖으로 던지기까지 했습니다. 술에 취해 여자 친구를 폭행하는 일도 점점 잦아졌습니다. 여자 친구를 찾아가지 않는 날은 포르노 영상을 새벽까지 찾아 보기도 했습니다. 점점 직장생활은 어려워졌고, 그를 사랑했고 돌봐 주었던 사람들과의 관계도 점점 끊어지게 되었습니다. 직장생활에서 경험한 상처가 일상생활과 소중한 사람들과의 관계에 파괴적인 영향을 주고 있는 모습입니다.

타락한 세상 속에 살면서 우리는 다양한 모습으로 상처받을 수 있습니다. 그러나 그 상처가 다른 누군가에게 또 다른 상처를 남기도록 내버려 두어서는 안 됩니다. 고통의 종류와 크기와 상관없이 죄는 결코 트라우마 문제의 해결책이 될 수 없습니다. 하나님은 어떤 상황이나 이유에서건 죄를 기뻐하지 않으시기 때문입니다. 죄에 대한 하나님의 단호한 선포는 상당히 두렵습니다.

"주는 죄악을 기뻐하는 신이 아니시니 악이 주와 함께 머물지 못하며 오만한 자들이 주의 목전에 서지 못하리이다 주는 모든 행악자를 미워하시며 거짓말하는 자들을 멸망시키시리이다 여호와께서는 피 흘리기를 즐기는 자와 속이는 자를 싫어하시나이다"(시 5:4-6).

"하나님은 의로우신 재판장이심이여 매일 분노하시는 하나님이시로다 사람이 회개하지 아니하면 그가 그의 칼을 가심이여 그의 활을 이미 당기어 예비하셨도다"(시 7:11-12).

"우리 하나님은 소멸하는 불이심이라"(히 12:29).

성경은 죄의 삯은 사망이라고 기록합니다. 죄는 하나님 앞에 용납될 수 없습니다. 죄가 용납될 수 있다면 예수 그리스도가 십자가에 죽으실 필요가 없었을 것입니다. 그러나 은혜가 풍성하신 하나님은 죄의 삯을 죄인 된 우리에게 돌리지 않으시고 당신의 아들, 예수 그리스도께 그 짐을 지게 하셨습니다. 따라서 죄인은 누구나 그리스도로 말미암아 용서의 은혜를 받습니다.

그리스도 안에서 죄인은 누구나 의롭다 칭하심을 받습니다. 죄는 하나님이 미워하시나, 죄인은 여전히 하나님이 사랑하시는 당신의 형상이기 때문입니다. 하나님은 우리가 죄로 멸망하는 것이 아니라, 죄의 저주와 영향에서 벗어나 주 안에서 자유를 누리며 회복되고 변화되어 다시금 하나님의 영광을 온전히 드러내기를 기뻐하십니다.

"죄의 삯은 사망이요 하나님의 은사는 그리스도 예수 우리 주 안에 있는 영생이니라"(롬 6:23).

"우리가 아직 죄인 되었을 때에 그리스도께서 우리를 위하여 죽으심으로 하나님께서 우리에 대한 자기의 사랑을 확증하셨느니라"(롬 5:8).

"그런즉 누구든지 그리스도 안에 있으면 새로운 피조물이라 이전 것은 지나갔으니 보라 새것이 되었도다"(고후 5:17).

십자가의 은혜로 우리는 죄로부터 자유함을 얻습니다. 오직 그리스도 안에서 우리는 새로운 존재가 됩니다. 따라서 그리스도 안에 거하는 성도는 더 이상 죄의 지배 아래 있지 않습니다. 성도는 그리스도 안에서 새 생명을 얻고 은혜의 지배를 받으며 은혜의 선한 영향력을 흘려보낼 수 있습니다.

죄 사함의 은혜

십자가의 은혜로 죄를 다루시는 하나님의 방법은 트라우마로 고통 받는 우리에게 그리스도를 닮아 가는 중요한 삶의 원리를 제공해 줍니다.

첫째, 죄와 관련하여 그리스도 닮음은 그리스도의 공로로 말미암은 죄 사함의 은혜를 경험하는 것입니다. 그리스도가 속죄의 화목 제물로 십자가에 죽으셨기 때문에 그분을 믿는 자들은 하나님 앞에서 의롭다 칭하심을 받습니다(롬 3:25-26). 그리스도 안에서 우리에게 임한 죄 사함은 우리를 향한 하나님 은혜의 선언입니다.

"내가 그들의 악행을 사하고 다시는 그 죄를 기억하지 아니하리라"
(렘 31:34).

그런데 많은 사람이 그리스도 안에 있는 죄 사함에 대해 알고 있지만, 그 진리를 경험적으로 받아들이는 것에 실패하곤 합니다. 특히 관계 트라우마를 경험한 사람들은 거절감과 버림받음의 상처로 인해 타인을 신뢰하는 데 큰 어려움을 겪습니다. 더 나아가 그런 감정은 하나님과의 관계에도 영향을 주어 때로는 하나님의 사랑을 들어도 믿기지 않고, 공허한 마음에 괴로워하기도 합니다. 이런 경우 십자가를 통한 죄 사함의 은혜를 머리로는 알고 있지만, 마음으로 받아들이는 데 어려움을 겪습니다.

이와 관련해서 청교도 신학자 조나단 에드워즈(Jonathan Edwards)의 믿음 이해는 중요한 시사점을 제공합니다. 그에 따르면, 믿음은 죄 사함의 은혜를 아는 것에 그치지 않고 그 은혜에 감격하며 감사하는 거룩한 정서뿐만 아니라 그 지식과 정서에 기초하여 하나님을 사랑하고 이웃을 사랑하는 삶의 의지적 실천까지 포함합니다.[2] 그렇다면 죄 사함의 은혜는 인지적으로 아는 것에 그치지 않고 그 은혜를 경험하고 누리고 나누기까지 나아가야 합니다.

우리가 죄 사함의 은혜를 가장 분명하게 경험하는 순간은 언제입니까? 그 순간은 바로 십자가에 달리신 예수 그리스도를 만날 때입니다. 죄 없으신 그리스도가 죄인 된 우리를 정죄하지 않으시고 오히려 우리를 위해 십자가에 죽으셨다는 사실을 깨달을 때, 우리는 자신의 죄가 얼마나 큰지 비로소 알게 되고, 우리를 향한 그분의 은혜가 얼마나 큰지 알게 됩니다.

아무리 부드럽게 지적해도 누군가가 죄를 지적하면 우리는 수치심과 죄책감에 방어적인 모습을 보입니다. 그러나 우리의 죄를 대신 지고 죽으신 그분의 십자가 사랑과 용서 앞에 감격할 때, 우리는 죄를 부인하거나 숨기려던 마음을 내려놓고 그분 앞에 우리의 죄를 분명하게 직시하게 됩니다. 더 나아가 그분의 십자가 고통에 애통하면서 자기 죄에 대한 정서적 혐오감을 갖게 됩니다. 그렇게 죄를 인지하고 죄를 미워하게 될 때, 비로소 우리는 진정으로 죄 행위를 삶에서 제거하는 구체적인 실천을 시작할 수 있습니다.

"주의 얼굴을 내 죄에서 돌이키시고 내 모든 죄악을 지워 주소서 하나님이여 내 속에 정한 마음을 창조하시고 내 안에 정직한 영을 새롭게 하소서 나를 주 앞에서 쫓아내지 마시며 주의 성령을 내게서 거두지 마소서 주의 구원의 즐거움을 내게 회복시켜 주시고 자원하는 심령을 주사 나를 붙드소서"(시 51:9-12).

이 과정은 성령의 도우심 없이는 불가능합니다. 따라서 우리는 죄 사함의 은혜를 경험하기 위해 성령의 조명을 받아 우리의 죄를 들고 그리스도의 십자가 앞에 나아가야 합니다. 진홍같이 붉은 죄라도 그리스도 앞에 진솔하게 고백하면 우리는 죄 사함의 은혜를 받습니다.

"여호와께서 말씀하시되 오라 우리가 서로 변론하자 너희의 죄가 주홍 같을지라도 눈과 같이 희어질 것이요 진홍같이 붉을지라도 양털같이 희게 되리라"(사 1:18).

트라우마의 고통이 너무 커서, 때로는 그 고통을 잊어 보기 위해, 혹은 그 무게에 짓눌려 우리는 죄에 넘어질 수 있습니다. 상처받았기 때문에, 현실의 어려움 때문에, 여러 가지 납득할 만한 이유를 들며 반복적으로 합리화하며 범하는 죄가 있을 수 있습니다. 그러나 그런 우리의 죄인 되었던 경험이 죄를 결코 합리화할 수 없습니다.

한 여성은 어린 시절 매일같이 싸우는 부모를 보며 공포와 불안에 떨었습니다. 부모에게 다가가면 언제나 자기를 향한 폭행과 폭언으로 끝이 났습니다. 결국 부모님은 이혼을 했습니다. 양측 모두 아이를 데려가지 않으려 했습니다. 그 과정에서 그녀는 사랑받지 못했다는 마음과 거절감, 버림받음의 상처를 경험하게 되었습니다. 우울감이 마음을 사로잡았고, 공허함과 분노가 마음을 괴롭게 했습니다.

청소년기에는 공부에 전혀 집중하지 못했고 비행에 빠졌습니다. 술과 담배에 손을 대고, 절도를 하기도 했습니다. 이른 나이에 성관계를 경험했고, 성인이 되면서는 공허함에 클럽이나 주점에서 만나는 사람들과 통성명도 하지 않은 채 일회성 성관계를 하기도 했습니다. 손목을 긋고 피를 얼굴에 발라 거울을 보며 웃기도 하고, 수면제를 과다 복용해 보기도 했습니다. 그런 지난 생활에 대해 그녀는 자기 학대였다고 고백합니다.

부모에게 사랑받고 싶었으나 오히려 돌아온 것은 폭행과 폭언이었습니다. 양쪽 부모 모두에게서 버림받았습니다. 성장 과정에서 경험한 학대와 유기로 인한 트라우마는 비행과 무분별한 성관계, 자기 파괴적 행동들을 만들어 냈습니다. 마음의 상처를 해결하지 못하고 그 상처로부터 도피하기 위해 죄 된 선택과 부적절한 행동을 하게 된 것입니다.

상처는 우리를 죄 문제에 더 취약하게 만들 수 있습니다. 그러나 상처가 우리의 죄 된 선택과 행동을 합리화하지 못합니다. 죄의 선택과 행동은 여전히 우리의 의지적 선택이고 우리의 의도된 행동입니다. 죄 된 선택과 행동은 표면적으로나 일시적으로는 현재의 고통으로부터 벗어나게 해주는 것처럼 보이지만, 궁극적으로는 죄의 사슬로 우리의 영혼과 삶을 묶고 더 깊은 고통의 암흑에 우리를 빠뜨리는 사탄의 전략입니다.

따라서 상처에서 벗어나기 위해, 고통스러운 기억과 감정을 잠시라도 잊기 위해 빠져 가는 죄가 있다면, 우리는 멈추어야 합니다. 그리고 그 죄를 하나님 앞에 고백해야 합니다. 그 죄를 솔직하게 직면하여 그리스도의 십자가 앞에 고백하고 새로운 삶을 시작해야 합니다.

상담 과정에서 그녀는 상처받은 마음과 그 마음을 부인하고 억압하기 위해 시도했던 많은 부적절한 행동과 중독된 습관들을 보게 되었습니다. 그 현장에 직면하고, 그 가운데 임재하고 계셨던 하나님을 발견하면서, 그렇게 죄에 빠진 자신을 바라보고 계신 하나님의 긍휼한 마음을 알게 되었습니다. 그녀 자신도 사랑하지 않고 비참하게 바라보는 자기를 하나님이 얼마나 사랑하시고 기다리시는지, 자기가 죄 가운데 자기 몸을 내던져 놓았을 때 하나님이 얼마나 가슴 아파하셨는지, 그리고 그리스도가 그 사랑을 십자가에서 어떻게 보여 주셨는지를 깨닫게 되었습니다. 더럽고 추악해 보였던 자기를 하나님이 얼마나 소중하게 여기시고, 여전히 그런 자신을 하나님의 형상으로, 하나님을 닮은 소중한 딸로 바라보고 계신 것을 알게 되었습니다.

하나님의 변함없는 사랑을 경험하게 되자 그녀는 지난 자신의 문제를 정직하게 하나님 앞에 내려놓을 수 있었습니다. 하나님이 기뻐하지 않으시는 것을 기뻐하지 않게 되었고, 일시적으로나마 자신을 고통스러운 감정에서 벗어나게 해주었던 죄 된 행동들이 싫어졌습니다. 그녀는 과거의 죄 된 선택과 삶을 하나님 앞에 고백하고 회개할 수 있었습니다. 그리고 죄 된 삶을 벗어나 새로운 선택과 행동을 실천하기 시작했습니다.

이제 그녀는 새로운 삶을 살고 있습니다. 과거의 상처와 아픔을 이해하는 남편을 만나 결혼도 하고 아이도 낳아 변화된 삶을 살아가고 있습니다. 과거에 그녀는 결코 결혼하지 못할 것이라 믿었고, 평범한 가정을 꾸리고 엄마가 된다는 것은 상상조차 하지 못했다고 고백합니다. 그러나 지금 그녀는 이전에는 상상조차 하지 못했던 삶을 감사와 기쁨으로 누리고 있습니다.

죄 고백은 죄 사함의 은혜에 대한 신실한 믿음의 실천입니다. 십자가의 은혜를 믿지 못하는 자는 죄를 그리스도께 고백조차 할 수 없습니다. 죄 고백은 은혜의 자녀들이 아버지 하나님의 사랑과 자비를 경험하는 통로입니다. 청교도 신학자 스테판 차녹(Stephen Charnock)은 모든 고통의 원인은 인류의 타락이며, 모든 행복의 시작은 죄를 인정하는 것이라 말합니다.[3] 아버지 되신 우리 하나님은 떠났던 탕자가 돌아올 때 외면하지 않으십니다. 한 영혼이 주께 돌아올 때 천국 잔치가 열린다고까지 성경은 기록하고 있습니다. 우리가 그리스도의 십자가 앞에 죄를 고백할 때 천국 잔치가 준비됩니다.

이런 맥락에서 그리스도 닮음은 그리스도 안에 있는 죄 사함을 단순히 지식적으로 승인하는 것이 아니라 개인의 전인적 구원으로 경험하는 것입니다. 그리스도 닮음은 죄 사함의 은혜를 기억하며 죄를 고백하고, 죄 사함의 은혜에 감격하고 감사하며, 죄 사함의 은혜로 하나님 사랑과 이웃 사랑을 실천하는 전인적인 구원의 경험입니다. 이는 죄 사함의 기쁨과 그리스도 안에 거하는 연대감, 하나님 아버지의 무한한 사랑을 경험하게 하는 지극히 치료적인 은혜의 경험입니다.

"여호와는 긍휼이 많으시고 은혜로우시며 노하기를 더디 하시고 인자하심이 풍부하시도다 자주 경책하지 아니하시며 노를 영원히 품지 아니하시리로다 우리의 죄를 따라 우리를 처벌하지는 아니하시며 우리의 죄악을 따라 우리에게 그대로 갚지는 아니하셨으니 이는 하늘이 땅에서 높음같이 그를 경외하는 자에게 그의 인자하심이 크심이로다 동이 서에서 먼 것같이 우리의 죄과를 우리에게서 멀리 옮기셨으며 아버지가 자식을 긍휼히 여김같이 여호와께서는 자기를 경외하는 자를 긍휼히 여기시나니 이는 그가 우리의 체질을 아시며 우리가 단지 먼지뿐임을 기억하심이로다 인생은 그날이 풀과 같으며 그 영화가 들의 꽃과 같도다 그것은 바람이 지나가면 없어지나니 그 있던 자리도 다시 알지 못하거니와 여호와의 인자하심은 자기를 경외하는 자에게 영원부터 영원까지 이르며 그의 의는 자손의 자손에게 이르리니 곧 그의 언약을 지키고 그의 법도를 기억하여 행하는 자에게로다"(시 103:8-18).

죄 죽임의 실천

둘째, 그리스도 닮음은 죄 죽임의 실천을 포함합니다. 트라우마 문제는 영적 차원에서 언제나 죄(원죄, 자범죄, 사회 문화적 죄)와 연결되어 있습니다. 트라우마에 직면하면서 우리는 타락한 인간의 부패상에 대해 직면하는 동시에 자신의 여전히 남아 있는 죄에 대해 직면하게 됩니다.

욥은 "온전하고 정직하여 하나님을 경외하며 악에서 떠난 자"(욥 1:1)였습니다. 성경은 욥의 고난이 욥이 범한 죄로 인한 것이 아님을 분명하게 보여 줍니다. 욥의 고난은 사탄에 의해 시작되었고, 하나님의 섭리 가운데 허락되었습니다(욥 1:11-12, 2:3). 그럼에도 욥기의 마지막 장면을 보면, 욥은 자기 마음속에 남아 있는 죄를 하나님 앞에 고백합니다.

> "내가 주께 대하여 귀로 듣기만 하였사오나 이제는 눈으로 주를 뵈옵나이다 그러므로 내가 스스로 거두어들이고 티끌과 재 가운데에서 회개하나이다"(욥 42:5-6).

욥의 내러티브는 비록 자기의 죄가 원인이 아닌 트라우마 사건 중에서도 성숙한 그리스도인은 하나님 앞에서 자기 스스로를 돌아보며 남아 있는 죄를 발견하고 그리스도의 거룩함을 더욱 닮아 갈 수 있음을 보여 줍니다. 트라우마 경험을 그리스도의 십자가와 연결하고, 그 십자가 앞에서 죄에 대한 진실한 자기 성찰을 하는 것은 구원 드라마 안에서 그리스도와 연합을 이루는 성도의 신실한 믿음의 실천입니다.

진실한 자기 성찰로 남아 있는 죄를 발견했다면, 이는 자연스럽게 죄 죽임(mortification of sin)의 과정으로 이어집니다. 죄 죽임은 우리의 모든 선하지 않은 생각, 악한 감정과 의도, 죄 된 행동을 제거하는 것입니다.[4] 바울은 자기 자신이 그의 몸을 쳐서 성령에 복종시키는 것 같이 육체의 죄 된 본성을 죽일 것을 권고합니다.

"그러므로 땅에 있는 지체를 죽이라 곧 음란과 부정과 사욕과 악한 정욕과 탐심이니 탐심은 우상 숭배니라 이것들로 말미암아 하나님의 진노가 임하느니라 너희도 전에 그 가운데 살 때에는 그 가운데서 행하였으나 이제는 너희가 이 모든 것을 벗어 버리라 곧 분함과 노여움과 악의와 비방과 너희 입의 부끄러운 말이라 너희가 서로 거짓말을 하지 말라 옛 사람과 그 행위를 벗어 버리고 새사람을 입었으니 이는 자기를 창조하신 이의 형상을 따라 지식에까지 새롭게 하심을 입은 자니라"(골 3:5-10).

"너희가 육신대로 살면 반드시 죽을 것이로되 영으로써 몸의 행실을 죽이면 살리니 무릇 하나님의 영으로 인도함을 받는 사람은 곧 하나님의 아들이라"(롬 8:13-14).

"그러므로 나는 달음질하기를 향방 없는 것같이 아니하고 싸우기를 허공을 치는 것같이 아니하며 내가 내 몸을 쳐 복종하게 함은 내가 남에게 전파한 후에 자신이 도리어 버림을 당할까 두려워함이로다"(고전 9:26-27).

"그리스도 예수의 사람들은 육체와 함께 그 정욕과 탐심을 십자가에 못 박았느니라"(갈 5:24).

마지막 날까지 그리스도를 닮는 여정을

청교도 신학자 존 오웬(John Owen)은 신자들은 "모든 날 동안" 남아 있는 죄의 능력을 죽이는 것을 그들의 일로 삼아야 한다고 말합니다.[5] 살아가는 모든 날 동안 우리는 남아 있는 죄를 발견하고 그 죄를 삶 속에서 끊어 내야 한다는 것입니다. 우리가 살아가는 모든 날은 고난의 날도 포함합니다. 다시 말하면, 성도는 고난 가운데 아픔과 상처가 죄를 낳지 않도록 죄 죽임의 실천을 매 순간 게을리할 수 없다는 것입니다.

여전히 우리 삶에는 많은 죄의 모습이 남아 있습니다. 여전히 우리 삶의 많은 영역에서 죄 된 생각과 태도, 잘못된 습관, 왜곡된 행동이 나타납니다. 하나님은 그 죄들을 그리스도와 함께 십자가에 못 박기를 원하십니다. 그리고 이제는 우리가 믿음으로 진리 안에서 그리스도를 닮은 생각과 태도, 그리스도를 닮은 습관과 행동을 보이기 원하십니다. 따라서 우리는 죄 죽임을 삶의 구체적인 정황 속에서 자기 몸을 쳐서 복종하듯 반복적으로 실천해야 합니다.

"우리가 다 하나님의 아들을 믿는 것과 아는 일에 하나가 되어 온전한 사람을 이루어 그리스도의 장성한 분량이 충만한 데까지 이르리니 이는 우리가 이제부터 어린아이가 되지 아니하여 사람의 속임수와 간사한 유혹에 빠져 온갖 교훈의 풍조에 밀려 요동하지 않게 하려 함이라 오직 사랑 안에서 참된 것을 하여 범사에 그에게까지 자랄지라 그는 머리니 곧 그리스도라 그에게서 온몸이 각 마디를 통하여 도움을 받음으로 연결되고 결합되어 각 지체의 분량대로 역사하여 그 몸을 자라게 하며 사랑 안에서 스스로 세우느니라"(엡 4:13-16).

"그러므로 하늘에 계신 너희 아버지의 온전하심과 같이 너희도 온전하라"(마 5:48).

하나님은 우리를 이 여정 가운데 홀로 두지 않으십니다. 죄 죽임을 실천하다가 우리는 또 넘어질 수 있습니다. 어린아이가 걸음마를 배울 때 넘어지고 또 넘어지는 것처럼, 주님을 닮아 가는 길을 걸어갈 때 우리는 넘어지고 또 넘어질 수 있습니다. 그럴 때 우리는 스스로에게 실망하고 우울해하고 좌절할 수 있습니다. 그러나 넘어지더라도 좌절해서는 안 됩니다. 우리 안에 살아 계신 성령 하나님을 의지함으로 다시 일어설 수 있어야 합니다.

성령 하나님이 우리 가운데 동행하시며 우리와 함께 일하십니다.[6] 또 한 성령 안에서 그리스도인의 허다한 무리를 부르시고 그 길을 함께 걷도록 하십니다. 따라서 우리는 우리와 동행하시는 하나님과 함께, 또 동일한 길을 걷고 있는 성도의 무리와 함께 다시 일어나 그리스도를 닮는 길을 다시 걸어갈 수 있습니다.

우리가 내주하시는 성령의 역사로 말미암아 죄를 죽이는 힘을 얻고, 죄 죽임의 실천 가운데 그리스도의 한 영으로 하나 된 지체들과 함께 그리스도를 닮아 갈 때 우리는 궁극적으로 하나님의 때에 하늘에 계신 아버지의 온전하심같이 그리스도로 인하여 온전하게 될 것입니다.

성찰 및 나눔 질문

1. 그리스도의 십자가 고통을 묵상해 보십시오. 그분의 십자가 고통과 죽음이 당신을 죄에서 구원하기 위한 하나님의 은혜라는 사실을 묵상하십시오.

2. 상처 때문에 당신도 모르게 합리화하면서 반복적으로 행하고 있는 죄가 있습니까? 그리스도의 십자가 앞에 솔직하게 고백하십시오. 죄 사함의 은혜를 경험하게 될 것입니다.

3. 죄 사함의 은혜는 죄 죽임의 실천으로 이어져야 합니다. 그리스도의 십자가 은혜로 성도에게 죄의 저주는 더 이상 없습니다. 그러나 성도의 거룩한 삶은 아직 완성되지 않았습니다. 당신의 일상 가운데 죄 죽임을 실천해야 할 부분이 있다면 무엇입니까? 구체적인 죄 죽임의 실천을 위해 무엇을 할 수 있을까요?

요약

1. 트라우마의 현실 속에서 우리는 종종 죄 된 선택을 하곤 합니다. 그러나 고통의 종류와 크기와 상관없이 죄는 결코 트라우마 문제의 해결책이 될 수 없습니다. 하나님은 죄를 기뻐하지 않으십니다.

2. 죄와 관련하여 그리스도 닮음은 그리스도의 공로로 말미암은 죄 사함의 은혜를 경험하는 것과 죄 죽임의 실천을 포함합니다.

3. 죄 없으신 그리스도가 죄인 된 우리를 위해 십자가를 지셨다는 사실을 깨달을 때 우리는 자신의 죄가 얼마나 크고, 우리를 향한 그분의 은혜가 얼마나 큰지 알게 됩니다.

4. 그리스도 닮음은 죄 사함의 은혜를 기억하며 죄를 고백하고 죄 사함의 은혜에 감사하는 것입니다.

5. 그리스도 닮음은 구체적인 삶의 현장에서 여전히 남아 있는 죄를 죽여 가는 것입니다.

6. 우리 안에 내주하시는 성령 하나님의 인도하심을 따라 우리는 마지막 날까지 그리스도를 닮는 여정을 달려갈 수 있습니다.

8장

용서
자신의 의지가 아닌 성령의 도우심으로만 가능하다

"아버지 저들을 사하여 주옵소서 자기들이 하는 것을 알지 못함이니이다"
(눅 23:34).

그리스도 닮음의 또 다른 주제는 "용서"입니다. 성경은 여러 곳에서 용서를 이야기합니다. 그리스도는 십자가에 못 박히신 상태에서조차 자신을 조롱하고 핍박하고 죽음에 이르게 한 이들을 바라보며 용서를 선포하셨습니다. 더 나아가 예수 그리스도는 우리에게 "일곱 번을 일흔 번까지라도 용서하라" 말씀하셨습니다.

"그때에 베드로가 나아와 이르되 주여 형제가 내게 죄를 범하면 몇 번이나 용서하여 주리이까 일곱 번까지 하오리이까 예수께서 이르시되 네게 이르노니 일곱 번뿐 아니라 일곱 번을 일흔 번까지라도 할지니라"(마 18:21-22).

"만일 하루에 일곱 번이라도 네게 죄를 짓고 일곱 번 네게 돌아와 내가 회개하노라 하거든 너는 용서하라 하시더라"(눅 17:4).

심지어 주님은 "너희 원수를 사랑하며 너희를 박해하는 자를 위하여 기도하라"(마 5:44)고 권면하셨습니다. 용서는 그리스도인에게 예수님이 명하신 사명 중 하나입니다.

용서의 강요는 잔인한 실천이 될 수 있다

용서는 분명 하나님이 그리스도인에게 주신 사명입니다. 그러나 용서는 쉽지 않습니다. 우리에게 큰 상처를 준 대상을 용서하는 것은 때때로 억울하고 화가 납니다. 도무지 용서할 마음이 생기지 않을 때도 있습니다. 특히 분노와 복수의 감정을 야기하는 트라우마의 파괴성을 고려할 때, 용서는 지극히 어려운 실천입니다. 실제로 트라우마 피해자 중 일부는 분노와 억울함으로 죽기까지 그들의 '원수'를 용서하지 못합니다. 어떤 이들은 "용서하라"는 말 자체로 또 다른 상처를 받기까지 합니다.

종종 기독교 문화 안에서는 용서하지 못함을 믿음 없음과 연결하여 용서를 강요하는 경우가 있습니다. 그런 정황 속에서 어떤 이들은 강요된 용서를 표면적으로 실천하면서 자기 자신조차 속이게 됩니다. 만일 용서에 대한 성경적 권면이 피해자들의 상처받은 마음에 대한 충분한 배려 없이 이루어진다면, 그것은 오히려 피해자들에게 잔인한 실천이 될 수 있습니다. 왜냐하면 용서의 강요는 은혜라는 이름으로 오히려 그들에게 또 다른 종류의 분노와 죄책감을 만들 수 있기 때문입니다.

그런 모습에 대해 목회신학자 존 스윈턴(John Swinton)은 "은혜의 희생자들(victims of grace)"을 만들어 내는 왜곡된 실천이라고 지적합니다.[1] 다시 말하면, 그리스도인으로서 용서를 결단하고 선포했지만, 아직 해결하지 못한 부정적 감정의 소용돌이가 반복적으로 마음을 어렵게 하고, 용서 이후의 용서하지 못함의 감정에 죄책감과 수치심까지 경험하는 일이 있다는 것입니다. 수동적 공격성, 의도적 침묵, 적대적인 농담 등은 표면적인 용서 이면에 분노가 억압되어 있다는 전형적인 신호들입니다.

용서의 기초: 그리스도 안에서 너희를 용서하심같이

용서는 어렵습니다. 그럼에도 성경은 "서로 용서하기를 하나님이 그리스도 안에서 너희를 용서하심과 같이 하라"(엡 4:32)고 권고합니다. 어떻게 용서가 가능할까요?

용서는 오직 그리스도 안에서 가능합니다. 용서의 기초는 하나님이 그리스도 안에서 우리를 용서하심에 있습니다. 성경은 모든 사람이 죄를 범했으나 그리스도의 십자가 공로로 말미암아 용서받았음을 증거합니다.

"모든 사람이 죄를 범하였으매 하나님의 영광에 이르지 못하더니 그리스도 예수 안에 있는 속량으로 말미암아 하나님의 은혜로 값없이 의롭다 하심을 얻은 자 되었느니라 이 예수를 하나님이 그의 피로써 믿음으로 말미암는 화목 제물로 세우셨으니 이는 하나님께서 길이 참으시는 중에 전에 지은 죄를 간과하심으로 자기의 의로우심을 나타내려 하심이니 곧 이때에 자기의 의로우심을 나타내사 자기도 의로우시며 또한 예수 믿는 자를 의롭다 하려 하심이라"(롬 3:23-26).

"찬송하리로다 하나님 곧 우리 주 예수 그리스도의 아버지께서 그리스도 안에서 하늘에 속한 모든 신령한 복을 우리에게 주시되 곧 창세전에 그리스도 안에서 우리를 택하사 우리로 사랑 안에서 그 앞에 거룩하고 흠이 없게 하시려고 그 기쁘신 뜻대로 우리를 예정하사 예수 그리스도로 말미암아 자기의 아들들이 되게 하셨으니 이는 그가 사랑하시는 자 안에서 우리에게 거저 주시는 바 그의 은혜의 영광을 찬송하게 하려는 것이라 우리는 그리스도 안에서 그의 은혜의 풍성함을 따라 그의 피로 말미암아 속량 곧 죄 사함을 받았느니라"(엡 1:3-7).

그리스도는 유대 종교 지도자들이나 로마 군인, 본디오 빌라도 때문이 아니라, 바로 우리의 죄 때문에 십자가에 달려 죽으셨습니다. 그러므로 우리는 단 한 사람도 예외 없이 예수 그리스도의 십자가 죽음에 책임이 있습니다. 또한 동시에 우리는 모든 죄에 대해 그리스도의 십자가 은혜로 말미암아 값없이 용서를 받았습니다. 다시 말하면, 우리에게 상처를 준 그 사람이 우리에게 죄를 범하기 전부터 우리는 무죄하신 예수 그리스도를 십자가에 못 박게 했다는 것이며, 그 죄에 대해 하나님은 그리스도 안에서 무한한 사랑과 은혜로 우리를 용서해 주셨다는 것입니다. 이 진리가 그리스도인이 타인을 용서할 수 있는 기초입니다.

"누가 누구에게 불만이 있거든 서로 용납하여 피차 용서하되 주께서 너희를 용서하신 것같이 너희도 그리하고 이 모든 것 위에 사랑을 더하라 이는 온전하게 매는 띠니라"(골 3:13-14).

우리가 하나님의 용서를 은혜로 경험했다는 것은 우리에게 타인을 은혜로 용서할 수 있는 기초가 세워졌다는 것과도 같습니다. 이런 의미에서 용서는 하나님의 은혜에 대한 모든 그리스도인의 마땅한 믿음의 반응입니다.

자신의 의지가 아닌 성령의 도우심으로만 가능하다

용서는 믿음의 반응을 넘어 우리의 마음을 트라우마로부터 회복하는 치료의 실천입니다. 용서하지 못함은 결국 우리를 대상에 대한 미움과 분노, 복수심의 감정적 소용돌이에 묶어 버립니다. 그 결과 마음에는 평안함이 없고, 부정적 감정에 반복적으로 상처받으며 괴로워하게 됩니다. 그런 부정적인 마음을 풀어 내고 하나님 앞에 다 내어 드리는 치유의 과정이 용서입니다.

용서는 본질적으로 은혜의 열매입니다. 그리스도 안에서 하나님의 용서를 받은 사람은 기쁨과 감사를 경험합니다.[1] 용서가 맺는 이런 은혜의 열매들은 내주하시는 성령 안에서 그 은혜를 타인에게로 흘려보내고자 하는 열망을 갖게 합니다.

일반적으로 우리는 타인을 용서하기 위해 의지적으로 노력합니다. 그러나 죄로 부패한 우리의 의지는 타인을 온전히 용서하지 못합니다. 용서는 우리 안에 살아 계신 그리스도의 다 이루신 영이 역사하실 때 비로소 가능한 실천입니다. 하나님으로부터 받은 용서의 은혜를 기억할 때, 우리는 연약한 자신의 의지를 의존하지 않고 내주하시는 성령의 도우심으로 말미암아 하나님의 사랑을 전하는 용서의 실천에 참여하게 됩니다. 즉, 용서는 십자가의 은혜를 기초로 내주하시는 성령 하나님의 인도하심을 따라 우리의 영이 자기의 의지로는 도무지 할 수 없었던 용납과 수용을 은혜로 흘려보내는 실천입니다.

한 집사님은 남편이 외도를 했습니다. 집사님은 배신감과 거절감에 큰 상처를 입었고 다시 관계가 회복될 수 있을지 두려웠습니다. 남편과 아이들을 위해 희생했던 것들을 생각해 보면, 남편이 너무 미웠습니다. 남편을 보면 화가 올라왔고, 그럴 때마다 별것 아닌 일에 짜증을 내고 남편을 비난했습니다. 남편과의 사이는 점점 더 어려워졌습니다. 반복되는 비난과 짜증에 남편도 지쳤는지 그만할 때도 된 거 아니냐고 오히려 화를 내기도 했습니다. 그러면 집사님은 적반하장이라고 더 분노했습니다. 사실 집사님도 더 화내고 싶지 않았습니다. 용서했다고 생각했습니다. 그런데 계속 마음속에서는 화가 나고 짜증이 났습니다.

상담을 하면서 집사님은 남편을 용서했다고 생각했지만 진정으로 용서하지 못했음을 깨달았습니다. 여전히 분노의 마음이 남아 있었습니다. 당신이 나에게 죄를 범했으니 이런 비난과 대우를 받아도 마땅하다고 생각했습니다. 나도 상처받았으니 당신도 상처받아야 한다는 생각도 숨어 있었습니다. 똑같은 상처를 주어서 남편에게 복수하고 싶은 마음도 있었습니다.

상담 과정에서 집사님은 상처받은 마음을 애통하며 쏟아 냈고, 하나님 앞에 그 문제를 들고 나아가기 시작했습니다. 그렇게 기도하며 지내던 어느 날 집사님은 십자가를 묵상하면서 자신도 하나님 앞에 동일한 죄인임을 깨닫게 되었습니다. 자신도 하나님보다 세상과 물질을 더 사랑했고, 사람을 더 사랑했고, 죄 가운데 하나님을 떠나 그분의 마음을 아프게 했다는 사실을 깨닫게 되었습니다.

'나도 하나님 앞에 똑같은 죄인이었구나' 하며 눈물로 회개하고 하나님만 온전히 사랑하지 못했음을 십자가 앞에 고백했을 때, 집사님은 그럼에도 정죄하지 않으시고, 비난하지 않으시고, 오히려 자신을 끌어안아 주시는 하나님 아버지의 사랑을 경험하게 되었습니다. 못

박혀 피 흘리시면서도, 내가 준 상처에 마음 아파하시면서도 나를 불쌍히 여기시고 품에 안아 주시는 그분의 사랑을 눈물로 깨닫게 되었습니다.

그날 이후 집사님은 이상하게도 남편이 불쌍해 보였습니다. 그동안 아내로서 남편을 온전히 인정하지 못했고 사랑하지 못했다는 것이 미안해지기도 했습니다. 남편에 대한 마음이 바뀌기 시작했습니다. 남편을 향한 분노의 마음이 점점 긍휼과 용서의 마음으로 변화되어 갔습니다.

지금 집사님은 남편을 더 이해하고, 더 배려하며, 더 사랑하고자 노력하고 있습니다. 이전의 상처를 넘어 더 큰 은혜와 사랑으로 남편과 주님 앞에 한 몸으로 살아가기 위해 노력하고 있습니다.

용서는 우리를 분노와 복수, 죄악의 소용돌이로부터 자유롭게 합니다.[2] 용서를 통해 우리는 죄를 죄로 갚지 않고 오히려 선을 행하는 믿음을 실천할 수 있습니다. 용서를 통해 우리는 부정적 감정과 생각에 휩싸여 있던 마음을 풀어 내고 마음의 평화를 얻을 수 있습니다. 더 나아가 용서를 통해 우리는 깨어진 관계를 사랑과 화해의 관계로 변화시킬 수 있습니다. 용서는 우리를 먼저 용서하신 그리스도의 넘치는 은혜이며, 그 은혜를 성령의 인도하심을 따라 우리에게 죄를 범한 이들에게까지 흘려보내는 실천, 곧 주님의 마음을 우리의 마음으로 담아내는 그리스도 닮음의 실천입니다.

용서의 3가지 구분: 법정적, 심리적, 관계적 용서

이런 맥락에서 용서는 3가지로 구분해서 이해할 필요가 있습니다. 용서는 법정적(judicial), 심리적(psychological), 관계적(relational) 용서로 구분할 수 있습니다.[3] 이 구분은 용서의 실천에 중요한 함의를 제공합니다.

1) 법정적 용서

법정적 용서는 법적 혹은 제도적 관점에서 죄에 대한 용서의 선언입니다. 법정적 용서는 사회법 혹은 제도적 범주에 속한 것으로, 사실 우리가 개인적으로 실천하는 용서의 실천에 포함되지 않습니다. 이를 하나님 나라의 관점에서 적용해 보면, 법정적 용서는 우리의 책임이나 권리가 아닙니다. 하나님 나라의 법정에서 인간의 죄에 대한 판단과 심판은 오직 하나님께 달려 있습니다.

용서는 죄를 묵인하는 것이 아닙니다. 죄는 하나님이 미워하시는 것이며 용납하지 않으시는 것입니다. 만일 그랬더라면, 그리스도의 죽음은 불필요했을 것입니다. 그러나 죄인은 그리스도 안에서 죄의 저주와 형벌로부터 자유를 얻습니다. 그 심판의 주권은 오직 그리스도께 있습니다. 그리스도의 죽음은 인류의 죄에 대한 하나님의 심판이었고, 죄인 되었던 우리를 향한 용서의 선포였습니다. 따라서 법정적 용서는 궁극적으로 그리스도의 피로 우리의 죄를 사해 주신 하나님께만 속한 용서입니다. 법정적 용서는 우리의 책임도, 우리가 할 수 있는 실천도 아닙니다.

그러나 종종 우리는 하나님께 속한 법정적 용서를 우리의 책임으로 오해하곤 합니다. 그래서 심리적으로 용서할 수 있지 않은 상태에서 의지적으로 가해자에게 용서의 선언을 전달하고 구원해 주어야 한다는 부담을 갖곤 합니다. 그리고 그렇게 하지 못할 경우, 혹은 용서를 선언하고 여전히 심리적으로 부정적인 감정이 남아 있는 경우, 용서하지 못함에 대한 죄책감을 갖곤 합니다. 이는 건강한 실천이 아닙니다.

우리에게는 타인을 정죄할 권한이 없습니다. 누군가의 죄를 판단하고, 죄의 경중을 결정하고, 심판하고, 용서할 권한은 오직 하나님께 있습니다. 따라서 우리는 할 수도 없고, 해서도 안 되는 법정적 용서의 권한을 궁극적으로 하나님께 내어 드릴 수 있어야 합니다.

예수님은 억울하고 부당하게 핍박받으셨을 때 분노를 표출하고, 정죄하고, 심지어 하나님의 아들로서 심판할 수 있는 충분한 권리를 가지고 계셨습니다. 그럼에도 그분은 보복하지 않으셨고 고통받을 때 저주하거나 비난하지 않으셨습니다. 예수님은 "욕을 당하시되 맞대어 욕하지 아니하시고 고난을 당하시되 위협하지 아니하시고 오직 공의로 심판하시는 이에게 부탁"(벧전 2:23)하셨다고 성경은 기록하고 있습니다. 그분은 공의로우신 하나님의 손에 모든 것을 맡기셨습니다.

따라서 우리는 그리스도가 보여 주신 것처럼 가해자의 죄에 대해 우리가 판단하고 정죄하고 심판할 권리를 공의로우신 심판자 하나님께 온전히 맡겨 드릴 수 있어야 합니다. 가해자의 죄에 대한 법정적 용서가 궁극적으로 피해자 자신에게 달린 것이 아니라, 하나님께 달린 것임을 분명히 할 때 우리는 용서하지 못함에 대한 죄책감으로부터 좀 더 자유로워질 수 있습니다.

"여호와께서 공의로운 일을 행하시며 억압당하는 모든 자를 위하여 심판하시는도다"(시 103:6).

"악인이 의인 치기를 꾀하고 그를 향하여 그의 이를 가는도다 그러나 주께서 그를 비웃으시리니 그의 날이 다가옴을 보심이로다 악인이 칼을 빼고 활을 당겨 가난하고 궁핍한 자를 엎드러뜨리며 행위가 정직한 자를 죽이고자 하나 그들의 칼은 오히려 그들의 양심을 찌르고 그들의 활은 부러지리로다 의인의 적은 소유가 악인의 풍부함보다 낫도다 악인의 팔은 부러지나 의인은 여호와께서 붙드시는도다"(시 37:12-17).

"내 사랑하는 자들아 너희가 친히 원수를 갚지 말고 하나님의 진노하심에 맡기라 기록되었으되 원수 갚는 것이 내게 있으니 내가 갚으리라고 주께서 말씀하시니라"(롬 12:19).

2) 심리적 용서

심리적 용서는 가해자를 향한 분노와 증오, 복수심 등의 부정적 감정을 내어 버리는 것입니다. '감정'(emotion)의 어원을 살펴보면 '나가

다'(move out)라는 의미를 갖고 있습니다. 즉, 감정이 생겼다는 것은 우리 마음속에 빠져나가야 할 무언가가 생겼다는 것입니다. 심리적 용서는 그렇게 우리 마음속에 자리 잡아 괴롭게 하던 부정적인 감정들을 내어 주는 실천(for-give-ness)입니다.

성경적 관점에서 심리적 용서는 자기 내면의 부정적인 모든 감정을 그리스도의 십자가 앞에 내려놓고 그 감정을 하나님께 내어 드리는 실천입니다. 용서를 통해 우리는 우리를 옭아매는 고통스럽고 괴로운 감정으로부터 자유를 경험할 수 있습니다. 용서는 마음속에 가득한 부정적 감정을 십자가 앞에 내려놓고 그리스도가 우리의 짐을 대신 지고 하늘에 오르신 것같이 우리가 감당할 수 없는 그 감정들을 그리스도 안에서 하나님께 올려 드림으로써 부정적 마음으로부터 자유를 얻는 과정입니다. 이를 통해 우리는 점차 부정적 감정을 비워 내고 그 마음에 예수 그리스도의 마음을 채울 공간을 마련하게 됩니다.

심리적 용서를 위해 먼저 우리는 자기감정을 충분하게 인식하고 경험할 수 있어야 합니다. 우리는 대부분 트라우마 문제를 다루면서 자기감정에 직면하는 것을 어려워합니다. 우리는 종종 사건에 대한 분노, 상처 준 사람에 대한 비난, 혹은 복수심, 도와주지 않은 사람들에 대한 섭섭함 등에 대해서는 장황하게 이야기하지만, 정작 그 상황 가운데 자기가 갖는 감정이 어떤 것인지를 분명하게 직시하지 못하곤 합니다. 역설적이게도 자기 이야기를 하는데 주변 사건만 이야기하지 정작 자기의 진짜 감정 이야기는 빠져 있는 경우가 많다는 것입니다.

감당하기 어려운 고통스러운 감정을 다시 경험해야 한다는 불편함과 두려움에 자기감정에 직면하는 것을 본능적으로 피하는 것입니다.

그러나 심리적 용서를 위해서는 분노, 억울함, 상실의 아픔, 슬픔과 우울함 등의 모든 감정을 있는 그대로 충분히 경험하고 인지할 수 있어야 합니다. 자기감정이 무엇인지 분명히 알고, 어떤 감정이 지금 이 순간 자신을 고통스럽게 하는지 분명하게 알아야 적절한 개입을 할 수 있기 때문입니다.

트라우마의 상황 속에서 부정적 감정을 경험하는 것은 지극히 자연스러운 것입니다. 그 감정을 부인할 필요는 없습니다. 오히려 그 감정이 무엇인지 분명하게 알고 충분히 경험해야 그 감정의 굴레에서 벗어날 수 있습니다. 이런 맥락에서 심리적 용서는 애통의 실천과 맞물려 있습니다. 정직하게 하나님 앞에 애통하는 경험 가운데 자기 내면의 부정적 감정을 분명하게 인지할 수 있기 때문입니다.

충분히 자기감정을 인지하고 경험했다면, 이제 그 감정을 들고 그리스도의 십자가 앞에 내려놓아야 합니다. 심리적 용서의 핵심은 부정적 감정의 짐을 그리스도께 내어 드리는(for-giving) 것입니다. 그리스도는 "수고하고 무거운 짐 진 자들아 다 내게로 오라 내가 너희를 쉬게 하리라 나는 마음이 온유하고 겸손하니 나의 멍에를 메고 내게 배우라 그리하면 너희 마음이 쉼을 얻으리니"(마 11:28-29)라고 말씀하십니다. 즉, 우리의 부정적인 감정을 그리스도께 내어 드리고, 그 빈 마음에 그리스도의 마음을 담아 마음의 쉼을 얻는 것입니다. 우리의 작고 모나고 죄 된 마음이 그리스도의 온유하고 겸손하고 넉넉한 마음으로 변화될 때 우리는 인간의 마음으로 도저히 할 수 없었던 용서, 곧 그리스도 안에서 죄인 된 그들을 용납할 수 있게 됩니다.

> "너희는 모든 악독과 노함과 분 냄과 떠드는 것과 비방하는 것을 모든 악의와 함께 버리고 서로 친절하게 하며 불쌍히 여기며 서로 용서하기를 하나님이 그리스도 안에서 너희를 용서하심과 같이 하라"
> (엡 4:31-32).

3) 관계적 용서

관계적 용서는 가해자와의 화해를 의미합니다. 일반적으로 우리는 용서를 자기에게 상처 준 사람을 만나 괜찮다는 마음을 표현하고 다시 이전과 같은 관계를 회복하는 것으로 생각합니다. 그러나 관계적 용서가 항상 가능한 것일까요? 꼭 그렇지 않습니다. 트라우마 상황을 고려할 때, 관계적 화해가 항상 안전한 것은 아니기 때문입니다.

학교 폭력의 경우, 폭력의 가해 학생과 피해 학생이 같은 학교, 같은 학급에 있는 경우가 많습니다. 피해 학생이 경험한 상처와 아픔은 한평생 지울 수 없는 것일 때가 많습니다. 그런 상황 속에서 가해 학생을 일상 가운데 지속적으로 만나는 것, 같이 수업을 듣고 활동을 하는 것은 너무나 괴로운 일입니다. 가해 학생을 볼 때마다 상처로 인한 불안과 두려움, 분노와 슬픔의 감정이 생기기 때문입니다. 더 나아가 만약 가해 학생이 진심으로 자기 행동을 뉘우치고 변화하지 않는다면, 비슷한 정황에서 폭력적인 관계가 반복될 수 있는 위험도 있습니다. 실제로 가정 폭력이나 학교 폭력의 사례를 살펴보면, 1차 신고, 혹은 개입 이후 더 심각한 폭력과 학대가 반복적으로 일어나는 경우가 많습니다.

한 친구는 학교 폭력의 피해를 입었습니다. 지방에서 전학을 오게 되었는데 경제적으로 넉넉한 지역 출신이 아니라고, 또 피부색이 어둡다는 이유로 조롱받기 시작했습니다. 점점 말을 걸거나 다가오는 친구들이 없어졌습니다. 그나마 마음을 나누고 친하다고 생각했던 같은 반 친구하고도 멀어지게 되었습니다. 믿었던 친구가 뒤에서 다른 친구들과 똑같이 자기를 조롱하며 비웃고 있었던 것을 알게 되면서부터입니다.

급식 시간에 혼자 앉아 밥을 먹게 되었고, 누구와도 말을 하지 않게 되었습니다. 점점 집단 따돌림은 심해졌고 폭행까지 당했습니다. 학교폭력위원회가 열렸고 교사들의 중재로 사건은 종결된 것 같았습니다. 그러나 여전히 집단 따돌림과 언어폭력은 끝나지 않았습니다. 이 친구는 등교할 때마다 자신을 조롱하고 폭행을 가했던 아이들의 얼굴을 보며 상처를 재경험했고, 그들의 시선에 불안해하며 지속적으로 고통당했습니다. 이런 현실을 견디다 못해 결국 피해 학생은 학교를 다른 곳으로 옮기게 되었습니다.

이런 현실을 고려할 때, 관계적 용서가 항상 가능한 것은 아닙니다.

관계적 용서, 곧 화해는 적어도 3가지 조건이 허락되어야 현실적으로 가능합니다. 첫째, 진정한 사과, 둘째, 책임 있는 변화, 셋째, 성실한 배상입니다. 가해자 측은 피해를 입은 측에 진정성 있는 사과를 해야 하고, 자기 행동을 책임 있게 변화시켜 다시 동일한 피해를 주지 않아야 하며, 필요한 경우 적절한 배상을 해주어야 합니다. 이 조건이 형성되지 않은 상태에서 관계적 화해를 시도하는 것은 동일한 트라우마 사건을 반복적으로 경험할 수 있는 위험한 선택일 수 있습니다. 이런 현실에 대해 기독교 윤리학자 폴 와델(Paul Wadel)은 다음과 같이 말합니다.

"우리는 용서의 실천에 대한 예수님의 부르심을 이해하는 데 주의해야 한다. 용서의 한계를 두지 말아야 한다는 예수님의 부르심이 건강하지 않고 위험한 상황 가운데 머물러야 함을 의미하지 않는다. 용서는 언제나 새로운 생명을 얻기 위한 길이어야 하며, 파괴를 위한 길이 되어서는 안 된다. …예수님이 우리에게 원수를 사랑하라고 말씀하신 것이 그들과 같이 살아야 한다는 것을 의미하지는 않는다. 그 메시지는 결코 그들이 우리를 파멸시키도록 허용하라고 가르치지 않는다. …원수를 사랑하는 것과 친구를 사랑하는 것은 큰 차이가 있다." 1)

따라서 용서가 피해자와 가해자의 무분별한 화해로 이어져서는 안 됩니다. 관계의 회복은 우리가 지향해야 할 용서의 방향인 것은 분명

합니다. 그러나 관계의 회복은 이전보다 더 나은 삶을 위한 실천이어야 합니다. 무분별한 화해의 실천이 또 다른 트라우마로 이어진다면, 이는 부적절한 선택이며 아직 준비되지 않는 상태에서 성급하게 화해를 시도한 것으로 볼 수 있습니다. 이는 자신을 안전하게 돌보지 않은 지혜롭지 못한 실천입니다.

한편, 자기 유익을 위해 피해를 과장하거나 가해자의 실수나 부족함을 지나치게 비난하고, 과도한 사과와 책임, 배상을 요구하는 것도 옳지 않습니다. 실제로 보험금이나 위자료 등을 더 받기 위해, 혹은 보복의 심정으로 부당한 요구와 권리를 주장하는 경우들도 있습니다. 이 역시 관계 회복을 위한 용서와는 거리가 먼 죄의 실천입니다.

용서의 주제를 정리해 보겠습니다. 법정적 용서는 우리의 권리가 아닌 오직 하나님의 주권입니다. 따라서 법정적 용서는 공의로우신 심판주 하나님께 맡겨야 합니다. 심리적 용서는 분노와 미움, 복수의 마음을 그리스도의 십자가 앞에 내려놓음으로써 그 부정적 마음으로부터 상처 준 대상을 놓아 줄 뿐 아니라 용서하지 않을 때 경험하는 부정적 감정의 멍에로부터 자신을 놓아 주는 실천입니다. 관계적 용서는 혼자 실천할 수 있는 것이 아닙니다. 상처 준 사람의 진정한 사과, 책임 있는 변화, 적절한 배상이 없는 상태에서 관계적 용서가 시도되는 경우, 오히려 2차 트라우마를 야기할 수 있기 때문에 안전하지 않은 선택이 됩니다.

따라서 트라우마의 현실 가운데 실제적으로 우리가 실천해야 하는 용서의 모습은 법정적 용서는 하나님께 맡기고, 관계적 용서가 항상 가능한 것은 아니라는 사실을 인정하며 지혜롭게 행하고, 심리적 용서를 통해 부정적인 감정의 늪으로부터 자유를 얻는 것입니다.

진정한 용서의 실천은 그리스도의 은혜 안에서만 가능하다

 2007년 한국에서 개봉한 이창동 감독의 "밀양"이라는 영화가 있습니다. 영화의 주인공 신애는 남편을 잃고 남편의 고향인 밀양에 와서 새로운 삶을 시작합니다. 그러던 어느 날 아들이 다니는 학원 원장에게 아들이 유괴를 당하고, 결국 죽음에 이르게 됩니다. 감당할 수 없는 상실감과 상처에 괴로워하던 신애는 상처받은 사람들을 위한 기도회에 참석하게 되고 기독교에 귀의하게 됩니다. 예배를 드리고, 기도하고, 찬양하고, 말씀을 읽으면서 신애는 조금씩 마음의 안식을 찾게 됩니다.

 그러다 그녀는 기독교의 용서에 대한 교리를 실천하기 위해 아들을 죽인 살인범을 직접 찾아가 용서를 선포해야겠다고 마음을 먹고, 교도소를 찾아갑니다. 그녀는 아들을 죽인 살인범이 죄책감에 괴로워하고 있을 것이라 생각했습니다. 그래서 그녀가 용서를 통해 그에게 복음을 주어야겠다고 다짐했습니다.

 그런데 막상 교도소에서 만난 살인범은 너무나 평온한 얼굴을 하고 있었습니다. 게다가 자신이 살해한 아이의 어머니에게 사죄를 하기는 커녕 자기의 죄는 이미 다 예수님께 용서받았다고 말합니다. 그러면서 오히려 신애를 위해 기도하겠다고까지 말합니다. 이에 신애는 충격을 받고 쓰러집니다.

그 이후 그녀는 기도 시간에 의자를 크게 두들기고, 절도를 하고, 교회 장로를 성적으로 유혹하고, 집회 시간에 큰 노래를 틀어 방해하고, 자기의 손목을 긋는 등 상처와 분노를 다양하게 표출합니다. 영화에서 신애는 다음과 같이 말합니다.

"어떻게 용서를 해요? 용서를 하고 싶어도, 난 할 수가 없어요. 그 인간 이미 용서받았대, 하나님한테."

내가 용서하지 않았는데, 이미 하나님이 용서해서 나는 용서를 할 수 없다는 것입니다.

이 영화는 트라우마의 피해자에게 용서가 결코 단순하지 않고, 용서했다고 믿지만 내면 깊은 곳에 여전히 용서하지 못하고 있는 경우가 많다는 현실을 잘 보여 주고 있습니다. 영화 속 신애는 종교 활동을 하면서 용서의 중요성을 깨달았고, 그 용서를 실천하고자 살인범에게까지 찾아가는 귀한 믿음의 실천을 보였습니다. 그녀는 감정적으로 살인범을 용서했다고 믿었습니다. 그러나 사실 그녀는 영적 승리주의로 자기 이면에 억압된 분노를 인지하지 못하고 있었던 것으로 볼 수 있습니다.

또한 그녀는 살인범에게 찾아가서 용서를 선포해 주어야 그가 용서를 받을 수 있을 것이라 생각했습니다. 그녀는 자신이 피해자이기 때문에 용서를 자신이 해야 한다고 믿었습니다. 그래서 하나님께 이미 용서받았기에 더 이상 용서받을 것이 없다고 말하는 가해자를 보며 충격과 분노에 휩싸이게 됩니다.

그리고 영화에서 살인범은 스스로 하나님께 눈물로 회개했다고 하지만, 피해자에게 어떤 사과도 하지 않았습니다. 가해자는 아들을 살해한 극악한 죄에 대해 그녀에게 사죄하고 용서를 구했어야 합니다. 하나님이 용서해 주셨으니 더 이상 사람에게는 용서를 구할 필요가 없다고 생각하는 것은 관계적 측면에서 자기의 책임을 회피하는 모습입니다. 이는 진실한 회개의 모습이 아닙니다. 오히려 예수님의 십자가 용서를 기만하는 모습입니다.

즉, 영화 속 주인공은 심리적 용서를 믿음 안에서 했다고 생각했지만 분노와 슬픔이 종교 활동 아래 억압되어 있었고, 하나님께 맡겨 두었어야 할 죄에 대한 법정적 심판, 혹은 용서를 스스로 하고자 했으나 실패했고, 관계적 용서가 필요로 하는 진실한 사과를 받지 못했다는 점에서 법정적, 심리적, 관계적 용서의 어떤 용서도 건강하게 경험하지 못했습니다. 그 결과 영화의 주인공은 마치 정신증에 걸린 것처럼 이상한 행동을 보이게 됩니다.

이처럼 용서는 트라우마 경험자들에게 있어서 결코 쉬운 일이 아닙니다. 충분히 용서했다고 믿었지만 어떤 상황 속에서 갑작스럽게 강렬한 감정의 소용돌이에 빠질 수도 있습니다. 용서의 실천으로 행한 지혜롭지 못한 화해가 오히려 또 다른 트라우마 사건을 야기할 수도 있습니다. 어쩌면 트라우마로 인한 용서의 과정은 마치 성화처럼 한 평생 이루어 가야 할 과제인지도 모르겠습니다.

　이런 맥락에서 용서는 하나님의 은혜입니다. 그리스도의 은혜가 우리 마음을 충만하게 채우고, 그분께 우리의 심판하고 싶은 마음, 보복하고 앙갚음하고 싶은 마음을 다 내어 드리고, 안전하게 관계적 회복을 그리스도 안에서 실천할 때 비로소 건강한 용서가 가능해지기 때문입니다. 따라서 용서란 트라우마 가운데 그리스도 닮음을 실천하는 가장 진취적인 모습 중 하나입니다. 우리 안에 다 이루신 그리스도의 영이 함께하시고 역사하실 때 비로소 우리는 그분의 인도하심을 따라 용서를 실천할 수 있습니다.

"무엇보다도 뜨겁게 서로 사랑할지니 사랑은 허다한 죄를 덮느니라"

(벧전 4:8).

　용서하지 못하는 대상이 있습니까? 그리스도의 영을 의지함으로 그의 마음을 당신의 마음에 담아 보기를 바랍니다. 우리 마음이 그리스도를 더 닮아 갈수록 그 대상을 향한 용서의 마음은 더욱 커질 것입니다. 그러나 준비되지 않은 상태에서 용서를 억지로 실천할 필요는 없습니다. 부정적 감정이 억압된 상태에서 건강한 용서의 실천은 거의 불가능합니다. 그런 상황에서는 그리스도의 은혜를 구하며 좀 더 기다려야 합니다. 보복하려는 마음으로 죄를 죄로 갚거나, 상처로 스스로를 망쳐서는 안 됩니다. 용서하기 위해서는 먼저 그리스도의 십자가 은혜로 우리를 충만하게 채워야 합니다. 그분께 무한한 사랑의 용서를 받은 나 자신을 깊이 경험할 수 있어야 합니다. 우리가 그분의 측량할 수 없는 사랑의 용서를 받았음을 경험한 후에야 비로소 우리는 용서를 시작할 수 있습니다. 따라서 용서하기 위해 우리는 그분의 은혜를 구해야 합니다. 용서하기 원한다면, 더욱 그분의 은혜 안에 거해야 합니다. 용서하기 원한다면, 더욱 그분을 닮아 가야 합니다.

용서하기 위해 우리는
하나님의 은혜를 구해야 합니다.
용서하기 원한다면,
더욱 그분의 은혜 안에 거해야 합니다.
용서하기 원한다면,
더욱 그분을 닮아 가야 합니다.

성찰 및 나눔 질문

1. 용서하지 못하는 대상이 있습니까? 혹은 용서했다고 믿었지만 억울함과 분노 등의 부정적 마음이 반복적으로 생기는 대상이 있습니까?

2. 용서하지 못하는 이유는 무엇입니까? 어떤 마음인지 진솔하게 돌아봅시다.

3. 실천하고 싶지만 잘 안 되는 나의 용서 과정을 법정적, 심리적, 관계적 용서의 측면에서 다시 한 번 살펴보기 바랍니다.

4. 하나님께 더 맡겨 드려야 할 마음, 그리스도의 십자가 앞에 더 내려놓아야 할 마음, 더 지혜롭게 조정해야 할 관계적 실천은 어떤 것들이 있습니까?

요약

1. 용서는 모든 그리스도인에게 주신 사명 중 하나입니다. 용서하지 못함은 결국 우리를 대상에 대한 미움과 분노, 복수심의 감정적 소용돌이에 묶어 버립니다.

2. 용서는 쉽지 않습니다. 트라우마의 피해자에게 용서를 강요해서는 안 됩니다. 용서가 강요될 경우, 그들은 또다시 '은혜의 피해자'가 될 수 있습니다.

3. 용서는 본질적으로 은혜의 열매입니다. 용서의 기초는 하나님이 그리스도 안에서 우리를 용서하심에 있습니다.

4. 용서는 3가지로 구분하여 실천할 필요가 있습니다. 법정적 용서, 심리적 용서, 관계적 용서의 구분은 용서의 실천에 도움을 줍니다.

5. 용서의 실천이 무분별한 화해를 의미하지는 않습니다. 무분별한 화해는 또 다른 트라우마 사건으로 연결될 수 있습니다.

6. 용서는 그리스도 닮음을 실천하는 가장 진취적인 모습 중 하나입니다. 자기를 비워 내고 그 빈 마음에 그리스도를 담을 때 우리는 참된 용서를 실천할 수 있습니다.

9장

긍휼

돌봄이 필요한 자에서 돌보는 자로

"찬송하리로다 그는 우리 주 예수 그리스도의 하나님이시요 자비의 아버지시요 모든 위로의 하나님이시며 우리의 모든 환난 중에서 우리를 위로하사 우리로 하여금 하나님께 받는 위로로써 모든 환난 중에 있는 자들을 능히 위로하게 하시는 이시로다"(고후 1:3-4).

긍휼은 타인의 안녕에 대한 깊은 관심으로 고통과 아픔에 공감하며 보살피는 사랑의 한 형태입니다. 많은 성경 구절이 긍휼을 베푸시는 하나님의 역사를 묘사합니다.

"네 하나님 여호와께서 마음을 돌이키시고 너를 긍휼히 여기사 포로에서 돌아오게 하시되 네 하나님 여호와께서 흩으신 그 모든 백성 중에서 너를 모으시리니"(신 30:3).

"나의 힘이시여 내가 주께 찬송하오리니 하나님은 나의 요새이시며 나를 긍휼히 여기시는 하나님이십이니이다"(시 59:17).

"하늘이여 노래하라 땅이여 기뻐하라 산들이여 즐거이 노래하라 여호와께서 그의 백성을 위로하셨은즉 그의 고난당한 자를 긍휼히 여기실 것임이라 오직 시온이 이르기를 여호와께서 나를 버리시며 주께서 나를 잊으셨다 하였거니와 여인이 어찌 그 젖 먹는 자식을 잊겠으며 자기 태에서 난 아들을 긍휼히 여기지 않겠느냐 그들은 혹시 잊을지라도 나는 너를 잊지 아니할 것이라"(사 49:13-15).

또한 하나님의 아들 그리스도는 그분의 지상 사역 가운데 지속적으로 긍휼을 보이셨습니다. 그리스도는 굶주리고 목자 없는 양과 같은 큰 무리를 긍휼히 여기심으로 그들의 목자가 되어 주셨고 그들을 먹이셨습니다. 그분은 병든 자를 긍휼히 여기시며 고치셨고, 제자들에게 긍휼을 베풀 것을 가르치셨습니다.

무엇보다 그리스도는 하나님의 진노 아래 있는 인류를 긍휼히 여기심으로 자기의 목숨을 화목 제물로 주셨습니다. 심지어 십자가에 계신 중에도 고통당하는 자들에 대해 긍휼을 나타내셨고 구원의 은혜를 주시며 위로하셨습니다. 십자가 사랑은 그분의 긍휼하심의 절정이었습니다. 새 언약 되신 그리스도 안에서 우리를 향한 하나님의 긍휼은 결코 우리를 떠나지 않습니다. 그리스도는 곧 긍휼의 하나님이십니다.

"산들이 떠나며 언덕들은 옮겨질지라도 나의 자비는 네게서 떠나지 아니하며 나의 화평의 언약은 흔들리지 아니하리라 너를 긍휼히 여기시는 여호와께서 말씀하셨느니라"(사 54:10).

긍휼, 그리스도를 따라가는 성도들의 마땅한 삶의 원리

예수님은 착한 사마리아인의 이야기를 통해 긍휼이 제자 됨의 중요한 실천적 원리라는 것을 가르쳐 주십니다. 누가복음 10장에서 한 율법 교사가 무엇을 하여야 영생을 얻을 수 있는지 예수님께 물었습니다. 예수님은 그에게 하나님을 사랑하고 이웃을 사랑하라는 율법이 옳으며, 이를 행하라고 말씀하셨습니다. 이에 율법 교사가 누가 이웃인지 재차 묻자, 예수님은 사마리아인의 이야기를 해주셨습니다.

이야기에는 길에서 강도에게 폭행당해 거의 죽게 된 사람이 나옵니다. 그를 보고 제사장과 레위인은 피해 지나갑니다. 그러나 한 사마리아인은 그를 보고 불쌍히 여겨 상처를 싸매고 주막에 데리고 가서 돌보아 주고 회복하기까지 필요한 비용을 지불하겠다고 주막 주인에게 약속합니다. 성경은 이 사마리아인을 긍휼을 베푼 자로 묘사합니다.[1]

그리고 예수님은 이렇게 말씀하셨습니다.

"가서 너도 이와 같이 하라"(눅 10:37).

하나님은 오늘날 그리스도의 제자 된 우리에게도 동일하게 "가서 너도 이와 같이 하라"고 말씀하십니다. 기독교 영성 작가 브레난 매닝(Brennan Manning)은 긍휼의 실천을 그리스도인의 온전함과 연결합니다.

"마태복음에 예수님이 말씀하신 구절을 기억해 보라. '너희 하늘 아버지께서 온전하심과 같이 온전하라.' 누가복음에서는 같은 구절이 이렇게 번역되었다. '너희 하늘 아버지께서 긍휼하신 것과 같이 긍휼하라.' 성경학자들은 두 단어, 온전과 긍휼이 같은 실재를 의미한다고 주석한다. 결론적으로 하늘 아버지의 온전함같이 온전함의 의미는 예수님의 긍휼하심을 따르는 것이다."[2]

긍휼은 그리스도를 따라가는 성도들의 마땅한 삶의 원리입니다. 우리는 하나님이 우리를 긍휼히 여기시고, 하나님의 아들 예수 그리스도가 우리를 긍휼히 여기신 것처럼 서로를 긍휼히 여겨야 합니다. 이는 하늘 아버지의 온전하심같이 온전해지는 과정이며, 가장 온전한 하나님의 형상이신 그리스도를 닮아 가는 실천입니다.

긍휼의 두 가지 방향

트라우마의 경험은 결코 하나님의 긍휼, 곧 그리스도 안에서 우리를 향한 하나님의 사랑을 끊을 수 없습니다. 또한 트라우마는 우리가 그리스도 안에서 행하는 긍휼의 실천을 막을 수 없습니다. 십자가를 지기까지 긍휼을 베푸신 그리스도의 다 이루신 영이 우리 안에 거하실 때, 우리는 긍휼을 실천할 수 있습니다.

트라우마와 관련하여 그리스도를 닮는 긍휼의 실천은 두 가지 방향으로 나타납니다.

1) 자기 희생적 사랑

첫째는 자기 희생적 사랑(self-giving love)입니다. 자기 희생적 사랑은 트라우마를 초월하는 힘입니다. 트라우마의 정황 가운데 어떤 사람들은 사랑하는 이를 위해 자기를 희생합니다.

알코올중독에 빠진 한 남성이 있었습니다. 그는 술을 마시고 오면 세상과 가족을 비난하면서 아내를 때리고 아들을 때렸습니다. 그때마다 아내는 아들을 감싸 안았습니다. 자기 몸을 방패삼아 아들을 보호하려고 했던 것입니다. 어머니의 품은 어린 아들에게 하나의 피난처였습니다. 이처럼 사랑하는 사람을 위해 자기를 희생하고, 두려움에 맞서고, 불의에 투쟁하는 사례들은 우리 주변에 많이 있습니다.

"그가 우리를 위하여 목숨을 버리셨으니 우리가 이로써 사랑을 알고 우리도 형제들을 위하여 목숨을 버리는 것이 마땅하니라"(요일 3:16).

"내 계명은 곧 내가 너희를 사랑한 것같이 너희도 서로 사랑하라 하는 이것이니라 사람이 친구를 위하여 자기 목숨을 버리면 이보다 더 큰 사랑이 없나니"(요 15:12-13).

희생은 사랑의 가장 위대한 형태이고, 사랑은 트라우마의 두려움보다 더 큰 힘입니다. 트라우마는 결코 사랑을 이길 수 없습니다. 사랑은 트라우마 가운데서도 우리를 지켜 내는 힘이고 하나님의 형상 됨을 잃지 않는 방편입니다. 사랑하는 이를 위한 자기 희생과 헌신은 트라우마 정황 속에서 우리를 사랑하신 그리스도의 십자가의 삶을 우리의 삶으로 가져오는 신실한 믿음의 실천입니다.

종종 자기 희생적 사랑을 자기 파괴로 오해하는 경우가 있습니다. 특히 희생이 강요되는 가정이나 문화, 환경에서 성장한 사람들은 자기 희생을 폭력의 한 형태로 보거나 어리석은 행동으로 치부하기도 합니다. 그러나 자기 희생적 사랑은 자기 파괴가 아닙니다. 자기 희생적 사랑은 오히려 건강한 자기 사랑에 기초합니다.

건강한 자기 사랑은 이기적인 자기 사랑과 구별됩니다. 이기적인 자기 사랑은 옳고 그름의 윤리나 타인을 고려하지 않고 자기 유익만을 따릅니다. 칼빈(Calvin)은 이런 종류의 자기 사랑은 "자기 자신을 자랑스러워하고 다른 사람과 비교하며 그들을 무시할 이유를 제공하려고 한다"고 지적합니다.[3] 결과적으로 죄로 부패한 자기 사랑은 나르시시즘으로 쉽게 기울고, 건강한 관계를 깨뜨려 하나님과 타인에게 죄를 범하게 됩니다. 따라서 자기의 정욕과 이생의 자랑, 만족만을 구하는 이기적인 자기 사랑은 병리적인 자기 사랑입니다.

반면, 건강한 자기 사랑은 그리스도가 나를 사랑하심같이 스스로를 사랑하는 것입니다. 이는 우리 안에 살아 계신 그리스도의 형상으로서 자기 자신을 사랑하는 것입니다. 어거스틴(Augustine)에 의하면, 그리스도인의 바른 사랑의 질서는 무엇을 사랑하듯 하나님을 사랑함으로 사랑하는 것입니다.[4] 다시 말하면, 오직 사랑의 대상은 삼위 하나님이시며, 세상의 어떤 것을 사랑함도 그것을 창조하신 창조주를 찬양함이 되어야 한다는 것입니다. 이런 맥락에서 건강한 자기 사랑의 질서는 자기의 욕심과 만족을 추구하는 것이 아니라, 우리에게 허락하신 하나님의 형상을 통해 하나님을 사랑하고, 우리 안에 거하시는 그리스도를 사랑함으로 자기 사랑을 실천함을 의미합니다.

그리스도와 믿음으로 연합할 때, 우리는 그리스도 안에서 새로운 자기 사랑의 질서를 얻습니다. 자기 부인은 자기 상실이 아닙니다. 참된 자기 부인은 죄인 되었던 옛 자아를 버리고 그리스도 안에서 새 자아로 살아가는 것입니다. 그리스도와 연합할 때, 죄에 물들었던 옛 자아의 병적인 자기 사랑은 십자가에 못 박히고, 건강한 자기 사랑이 그리스도와 함께 우리 안에서 자라게 됩니다(갈 2:20).[5] 즉, 그리스도의 성품이 우리의 성품으로 입혀지는 것입니다. 그리스도 안에서 우리는 비로소 사랑받은 하나님의 자녀가 되고, 하늘에 속한 신령한 축복, 용서, 구원, 그리고 그분의 선하신 기쁨을 따라 그분의 뜻을 아는 모든 지혜와 지식을 얻게 되고, 새로운 피조물로서 우리 안에 있는 그리스도의 영광과 아름다움을 보게 됩니다(엡 1:3-9).

따라서 우리는 그리스도 안에서 스스로를 그리스도가 우리를 사랑하심같이 사랑할 수 있습니다. 이런 사랑은 우리 안의 거짓된 마음, 죄 된 정욕, 이생의 자랑과 이기적인 삶을 버리게 합니다. 그리스도가 우리를 사랑하시는 것처럼 사랑한다는 것은 우리 안에 숨겨진 죄를 미워하고 새롭게 사는 것을 포함하기 때문입니다.

이렇게 자기 안에서 그리스도의 영광과 아름다움을 발견하고 사랑할 수 있는 사람은 자연스럽게 자신뿐 아니라 다른 사람도 사랑할 수 있습니다. 그리스도가 십자가 희생으로 우리를 향한 당신의 사랑을 실천하신 것처럼, 그리스도 안에 있는 사람은 또 다른 누군가를 향한 희생적 사랑을 기쁨으로 행할 수 있습니다. 우리를 향한 그리스도의 사랑을 알기에 다른 사람의 존재가 그리스도 안에서 얼마나 귀한지를 깨닫고, 그들 안에 거하시는 그리스도를 발견하고, 마치 그리스도를 사랑하듯 사랑하는 것입니다. 이러한 그리스도 안에서의 건강한 자기 사랑 없이 타인을 향한 진정한 의미의 희생적 사랑은 존재할 수 없습니다.

그리스도 안에서 행하는 자기 희생적 사랑은 세상이 줄 수 없는 기쁨을 줍니다. 복음을 위해 행하는 자기 희생이 가장 큰 기쁨이라고 고백하는 성도들이 있습니다. 그들은 하나님을 사랑하고 이웃을 사랑하기 때문에 행하는 자기 희생은 고난이 아니라 기쁨이라고 합니다. 이는 그 가운데 임하는 하나님의 영광이 자기가 희생하면서 경험하는 고통과 비교할 수 없이 크기 때문입니다.[6)]

희생적 사랑은 단순한 의지로 실천할 수 있는 것이 아닙니다. 희생적 사랑은 오직 십자가를 지기까지 우리를 사랑하신 그리스도의 영이 우리 안에 충만할 때 가능합니다. 우리 안에 거하시는 그리스도의 영이 우리 마음을 가득 채우고, 그리스도로 말미암은 그 사랑의 충만함이 차고 넘칠 때 비로소 우리는 진정한 의미의 희생적 사랑을 실천할 수 있습니다. 우리를 사랑하심으로 기꺼이 자발적으로 희생 제물이 되셨던 그리스도의 영이 우리 안에 역사하심으로 말미암아 인간적으로 도저히 할 수 없는 헌신과 섬김의 십자가를 우리가 기쁨으로 질 수 있게 되는 것입니다.

한 청년이 여름 수련회 중에 큰 은혜를 받았습니다. 그래서 돌아오는 길에 이 청년은 하나님을 위해 살고 싶다고, 만약 순교의 피를 원하시면 내 피를 드리겠다고 담대하게 고백했습니다. 이는 너무나 귀한 믿음의 고백입니다. 그러나 그 청년이 그날 이후 순교자의 삶을 살아가고 있는지는 담대한 고백의 내용과는 무관한 것이었습니다.

순교 같은 하나님 나라의 희생적 사랑은 인간의 결단과 의지로 이룰 수 있는 것이 아닙니다. 인간의 힘으로는 도저히 생각할 수도, 실천할 수도 없는 희생이지만, 그리스도의 영이 우리 안에 충만하게 차고 넘쳐 사람의 의지로 할 수 없는 수준의 희생을 감사와 기쁨으로 실천하는 것이 순교의 영성입니다. 하나님 나라를 위한 이런 희생적 사랑은 하나님의 일하심이지, 인간의 의지적 노력이 아닙니다.

우리가 의지적으로 희생을 하려 한다면, 시간이 지나면서 희생의 결과에 대해 후회가 생길 수도 있습니다. 반복되는 희생으로 탈진하기도 하고, 희생에 대한 보상을 바라는 마음이 생기기도 합니다. 희생에 대한 적절한 보상이 없을 때 섭섭함과 미움까지 생길 수 있습니다. 그래서 너무나 귀한 헌신과 희생의 결과가 마음의 쓴 뿌리로 남게 되는 경우가 있습니다. 그러나 인간의 의지적 희생과 달리 하나님의 영에 충만하여 실천하는 사랑의 희생은 어려움과 고난이 있을지라도 하늘에서 임하는 평안과 감사, 기쁨이 있습니다.

따라서 그리스도 안에서 실천하는 희생적 사랑은 하나님의 영광이 됩니다. 그 사랑의 십자가가 때로는 힘들고 고통스러울지라도 우리 안에 역사하시는 성령의 충만함으로 인하여 우리는 감사와 기쁨을 누릴 수 있습니다. 이는 이생의 자랑과 만족과는 비교할 수 없는 하늘의 기쁨입니다.

2) 타인을 향한 돌봄

긍휼을 실천하는 두 번째 모습은 고통받는 이들을 향한 돌봄(caring for sufferers)입니다. 그리스도 안에서 자기를 사랑하듯이 다른 사람을 사랑할 줄 알게 된다면, 자연스럽게 고통받는 이들을 돌보는 일에 적극적으로 참여하게 됩니다.

성경에서 언급하는 섬김(δουλεύω, 갈 5:13)의 의미는 종의 의무를 수행하는 것입니다.[7] 종의 형체로 오신 그리스도는 섬김을 받기 위해서가 아니라 섬기러 오셨고, 자기 목숨을 많은 사람을 위한 대속물로 주기 위해 오셨습니다.

> "오히려 자기를 비워 종의 형체를 가지사 사람들과 같이 되셨고 사람의 모양으로 나타나사 자기를 낮추시고 죽기까지 복종하셨으니 곧 십자가에 죽으심이라"(빌 2:7-8).

"인자가 온 것은 섬김을 받으려 함이 아니라 도리어 섬기려 하고 자기 목숨을 많은 사람의 대속물로 주려 함이니라"(마 20:28).

그리스도는 죄와 고통의 현실 가운데 있는 우리를 긍휼히 여기셨고, 종으로 섬기기 위해 이 땅에 오셨습니다. 그리스도는 우는 자와 함께 우셨고 함께 아파하셨으며, 그들에게 먹을 것을 주셨고 위로하셨으며, 궁극적으로 죄와 고통으로부터 자유함을 얻게 하셨습니다. 그들에게 구원의 역사를 이루는 것은 오직 유일한 중보자 되신 그리스도의 사역입니다. 그러나 그런 그리스도를 닮아 가며 긍휼의 마음을 품고 고통 가운데 있는 이들을 섬기는 것은 그리스도를 닮아 가는 성도의 마땅한 삶의 실천입니다. 이런 맥락에서 그리스도 닮음은 긍휼의 마음으로 고통받는 이들을 돌보는 것, 곧 그리스도 안에서 그들의 종이 되는 것을 포함합니다.

종으로서 타인을 섬기는 것은 그리스도를 닮은 신자들의 특권입니다. 사실 누군가를 위해 섬기는 종이 되는 것은 인간적으로 그다지 선호하는 모습은 아닙니다. 그러나 주의 이름으로 행하는 종의 직분에는 놀라운 비밀이 있습니다. 그리스도 안에서 종의 직분을 감당하는 것은 하나님 나라의 사역에 참여하는 일이라는 것입니다. 조안나 맥그라스(Joanna McGrath)와 알리스터 맥그라스(Alister McGrath)는 그리스도가 종의 직분에 하나님 나라의 왕적 권위와 영광을 더하셨다고 강조합니다.

"그리스도는 우리를 위해 스스로 종이 되심으로 그 역할에 왕적 권위를 부여하신다. 그리스도의 종 된 우리는 그리스도가 종의 개념에 새로운 권위와 의미를 부여하셨다는 것을 알 수 있다. 종은 더 이상 무시받고 천대받는 존재가 아니다. 스스로 종이 되심으로 그리스도는 존귀함과 영예를 그 역할에 더하셨다. 그리스도를 위해 종이 되는 것은 특권이자 영예다."8)

하늘 권세를 다 가지신 하나님의 아들, 예수 그리스도가 종으로 이 땅에 오셨고, 섬김을 받으려 함이 아니라 섬기러 오셨기 때문에 우리가 그리스도의 이름으로 종이 되는 것은 하나님 나라의 왕직에 참여하는 일이며, 이는 하나님 나라 자녀들의 특권이자 영광스러운 직분입니다. 우리가 주의 이름으로 고통받고 어려움에 처한 자를 섬기고 돌볼 때 온 세상의 왕 되신 하나님의 권세와 영광이 그 현장 가운데 임합니다.

돌봄을 받는 자에서 돌봄을 주는 자로의 전환

우리는 섬기는 종의 특권을 받음으로써 인생의 새로운 국면에 들어갑니다. 트라우마 가운데 있었을 때 우리는 누군가의 돌봄이 필요했습니다. 누군가의 위로와 공감, 돌봄 없이는 견디기 어려운 때가 있었습니다. 그러나 섬김의 실천을 하면서부터 이제는 그리스도 안에서 누군가에게 돌봄을 제공해 주는 사람이 됩니다. 돌봄을 받는 자에서 돌봄을 주는 자로서의 삶을 새롭게 시작하는 것입니다.

트라우마의 경험이 있는 사람에게 현재 트라우마를 경험하고 있는 타인의 존재는 그저 지나치는 이방인이 아닙니다. 트라우마 생존자들은 트라우마를 둘러싼 고통, 불의, 아픔을 너무나 잘 알고 있습니다. 그래서 비슷한 아픔을 지닌 이들이 어떤 마음인지, 어떤 어려움이 있는지, 어떤 필요가 있고, 어떤 돌봄이 적절한지 경험적으로 알고 있습니다. 따라서 트라우마 생존자들은 누구보다 더 깊은 공감과 위로, 구체적인 돌봄을 제공할 수 있습니다.

트라우마의 경험을 넘어 새로운 비전을 찾고 새로운 삶을 준비하고 있는 한 내담자의 이야기입니다.

"저는 가정 폭력의 피해자입니다. 어릴 때를 떠올리면 많이 아팠던 기억과 울고 있었던 기억, 두려움에 떨었던 기억이 대부분입니다. 부모님은 감정적이고 자존심이 강한 분들이셨습니다. 그래서 부모님의 신경을 거슬리게 하면 많이 맞았던 기억이 납니다. 초등학교 시절, 혹은 그 이전 미취학 아동 때의 기억이 지금까지 생생한 것을 보면 어릴 때의 저는 정말 두려워하고 아프고 슬퍼하는 아이였던 것 같습니다. 오빠는 사춘기가 되면서 저를 화풀이를 위한 감정의 쓰레기통으로 썼습니다. 이유 없이 욕을 하고 빈정거렸던 기억이 납니다. 저는 부모님과 함께 있을 때는 두려워서 등이 뻣뻣하게 굳었고, 오빠와 마주칠

땐 분노가 커졌고 오빠를 해치고 싶은 마음이 점점 커졌습니다. 저는 가정에서는 쉴 곳이 없었습니다. 가정에서의 관계가 너무 두렵다 보니 자연히 다른 곳에서의 관계도 어려워지기 시작했고, 결국 제 삶 전체에 대한 회의와 슬픔으로 이어졌던 것 같습니다.

그렇게 우울증이 조금씩 나타나기 시작했습니다. 저를 주체하지 못할 때가 너무 많아 자해를 반복했고, 제가 피해자임에도 스스로가 수치스럽게 느껴졌습니다. 잘못된 이야기들을 너무 많이 들었기 때문입니다. 저에게 이유 없이 욕을 하는 오빠와 제가 맞은 날이면 자기가 더 속상하다고 한 엄마, 그리고 아빠가 때릴 때 제가 말대답을 해서 맞은 거라던 부모님의 이야기 속에서 제가 원인 제공자이자 이 모든 일의 원흉이라고 몰아가는 잘못된 이야기들을 들으며, 치유되지 않은 상처를 떠안고 살아왔기 때문입니다.

하지만 이제 저는 좀 알 것 같습니다. 저는 부끄러워할 필요가 없습니다. 저는 가해자가 아니고, 또 그 일들은 제 잘못으로 일어난 일이 아니기 때문입니다. 그래서 저는 지금도 저와 같은 아픔으로 고통받았고, 지금도 스스로가 수치스럽게 느껴지는 사람들을 위해 일하고 싶습니다. 또 자식이라고 해서, 가족이라고 해서 다른 사람들보다 덜 정중하게 대해도 된다는 생각을 바꾸고 싶습니다. 아이들한테는 더욱이 속지 말라는 이야기를 해주고 싶습니다.

많은 아이가 그런 이야기를 듣는다는 것을 알고 너무 놀라웠고, 화가 났습니다. 엄마가 더 속상하다는 이야기를 들으면 아이들은 엄마가 부당했다고 생각할 수 없습니다. 해소되지 못한 분노는 고스란히 자기에게로 향합니다. 그렇게 비극이 시작되는 것입니다.

그래서 너희가 당하고 있는 일들은 너희 잘못이 아니고, 어떤 말로도 손찌검과 폭력적인 말과 무시를 정당화할 수 없다고 알려 줘야 한다고 생각합니다. 정말 잘못된 일이 일어나고 있고, 거기에서 때린 사람들의 말에 따라 자신을 고치려고 하면 안 된다고 말해 주고 싶습니다. 저는 피해자였습니다. 하지만 이 말은 제가 동정받아야 하는 불쌍한 사람이라는 것을 뜻하지 않습니다. 또 제가 나약했다는 것을 의미하지도 않습니다. 이 말은 이 세상의 무수한 피해자들이 마땅히 알아야 할 것을 알려 줄 수 있는 사람이라는 것을 의미합니다. 이제 저는 사람들을 보호하고 공동체를 회복시키는 일을 하려고 합니다.

죄책과 과거의 기억에 시달릴 때, 저는 로마서 8장을 통해 너무 큰 안식과 위로를 얻었습니다. '그러므로 이제 그리스도 예수 안에 있는 자에게는 결코 정죄함이 없나니'로 시작해 '높음이나 깊음이나 다른 어떤 피조물이라도 우리를 우리 주 그리스도 예수 안에 있는 하나님의 사랑에서 끊을 수 없으리라'로 맺어지는 이 말씀 속에서 날마다 스스로를 죽음으로 몰아넣으려 하던 저 자신을 용서했고, 버림받지 않을 것이라는 확신을 받았습니다.

이제 저처럼 고통 속에 있는 사람들에게 이야기해 주고 싶습니다. 비록 우리가 과거에는 날마다 죽음을 생각하며 살았지만, 그럼에도 우리는 삶을 허락받았고, 날마다 나음을 입는 사람들이라고, 그렇기 때문에 과거에 내가 일방적으로 당한 일 때문에 남은 시간을 슬픔과 고통 속에서 살아갈 필요가 없다고 말해 주고 싶습니다."

지금 이 학생은 자기처럼 어린 시절 가정 폭력의 피해로 상처받은 아이들에게 위로를 주고, 그들의 잘못이 아니었음을 알려 주기 위해 사회복지를 공부하고 있습니다. 또한 다양한 기관에서 봉사를 하며 동일한 아픔이 있는 어린아이들에게 용기와 힘을 북돋아 주고 있습니다.

영광스러운 부르심, 그리고 회복과 성장

이런 맥락에서 보면, 트라우마 경험자들에게는 하나님의 특별한 부르심이 있습니다. 트라우마를 경험하지 않고는 도저히 이해할 수 없는 아픔에 공감할 수 있는 존재로의 부르심과 그렇기 때문에 또 다른 트라우마의 희생자들에게 구체적인 돌봄을 줄 수 있는 사명자로서의 부르심입니다.

이 영광스러운 부르심의 실천 가운데 트라우마 생존자들은 회복과 성장을 경험합니다. 트라우마 치유 전문가 주디스 허만(Judith Herman)은 트라우마의 비극을 적절하게 보상하는 길은 없다고 말합니다. 그러나 그녀는 그 비극을 타인을 위한 치유의 선물로 사용하는 것은 가능하다고 주장하며, 트라우마가 초월적인 사명의 원천이 될 때 비로소 피해자는 치유될 수 있다고 강조합니다.[9] 즉, 트라우마의 무게를 넘어 하나님의 특별한 부르심에 믿음으로 반응함은 타인들을 향한 돌봄을 제공할 뿐만 아니라 스스로를 치유하는 결과도 낳는다는 것입니다.

실제로 돌봄의 실천은 타인과의 연대감을 줍니다. 이는 트라우마 경험 가운데 두려움과 불안 등으로 잃어버렸던 사회적 소통을 다시 회복하는 방편이 됩니다. 또한 섬김의 실천 가운데 트라우마로 잃어버렸다고 느꼈던 인간으로서의 존엄성과 가치가 회복됩니다. 상처받은 영혼을 돌보고 섬기는 특별한 부르심에 쓰임 받고, 하나님 나라의 사역에 참여한다는 새로운 영적 의미와 가치를 얻는 것입니다. 더 나아가 타인을 위로하고 도와주는 과정은 트라우마로 움츠러들었던 마음을 깨뜨리고, 두려움과 수치를 극복하는 용기를 주고, 누군가의 삶에 선한 영향을 주고, 불의하고 왜곡된 상황과 질서에 대해 함께 목소리를 내는 더 큰 삶의 의미와 목적을 발견하게 합니다.

섬김의 실천 가운데 경험하는 사회적 소통 및 연대의 회복, 존재와 가치의 재발견, 삶의 영적 의미, 돌봄을 통한 감사와 기쁨 등은 자연스럽게 정체성의 변화를 가져옵니다. 섬김을 통해 트라우마의 피해자였던 이들은 더 이상 트라우마의 피해자에 머물러 있지 않습니다. 이제 그들은 트라우마 피해자에서 타인을 적극적으로 섬기고 돌보는 치유자로 성장하게 됩니다. 섬김 가운데 자연스럽게 트라우마의 굴레에서 벗어나 새로운 삶의 태도와 방식, 새로운 정체성을 얻게 되는 것입니다.

성찰 및 나눔 질문

1. 자기 파괴적인 희생과 그리스도 안에서 건강한 자기 사랑이 포함된 자기 희생적 사랑의 차이는 무엇입니까? 나의 경험에 적용해 볼 수 있을까요?

2. 트라우마의 고통 가운데 누군가의 섬김으로 회복되었던 경험이 있습니까? 그 섬김 가운데 들린 하나님의 음성은 무엇입니까?

3. 누군가를 향한 자기 희생적 사랑의 실천을 해본 적이 있습니까? 그 경험은 어떤 감사와 기쁨의 열매를 낳았습니까?

4. 긍휼의 실천 가운데 트라우마의 피해자는 그리스도의 사랑을 전하는 돌봄자로 정체성의 변화를 경험합니다. 지금 하나님이 보여 주시는 돌봄의 대상이 있습니까? 그를 향한 하나님의 마음을 어떻게 보여 줄 수 있을지 구체적인 실천을 생각해 봅시다.

요약

1. 긍휼은 그리스도를 따라가는 성도들의 마땅한 삶의 원리입니다. 우리는 하나님이 우리를 긍휼히 여기심같이 서로를 긍휼히 여겨야 합니다.

2. 자기 희생적 사랑은 트라우마를 초월하는 긍휼의 실천입니다.

3. 자기 희생적 사랑은 그리스도 안에서의 건강한 자기 사랑에 기초합니다.

4. 긍휼을 실천하는 또 다른 모습은 고통받는 이들을 향한 돌봄입니다.

5. 그리스도의 이름으로 행하는 섬김은 하나님 나라의 왕직에 참여하는 영광스러운 직분이며 하나님 자녀의 특권입니다.

6. 우리의 섬김은 하나님의 임재와 영광을 현장 가운데 드러내는 하나님 나라의 사역입니다.

7. 긍휼의 실천 가운데 트라우마 경험자의 정체성은 누군가의 돌봄과 섬김을 필요로 했던 피해자에서 누군가를 섬기는 돌봄자로 변화됩니다.

10장

교회
교회를 통해서 하나님은 일하신다

"만일 한 지체가 고통을 받으면 모든 지체가 함께 고통을 받고 한 지체가 영광을 얻으면 모든 지체가 함께 즐거워하느니라 너희는 그리스도의 몸이요 지체의 각 부분이라"(고전 12:26–27).

앞 장에서 섬김의 주제에 대해 살펴보았습니다. 그러나 섬김의 주제를 다룰 때 반드시 기억해야 할 점이 있습니다. 상처받은 영혼을 향한 섬김의 실천은 공동체와 함께 이루어져야 한다는 것입니다. 만일 섬김의 부르심을 한 사람이 혼자 감당한다면, 얼마 가지 못해 그 사람은 탈진하고 또 다른 형태의 상처를 경험하게 될 수 있습니다. 헌신적 사랑과 돌봄의 실천은 혼자 할 수 없습니다. 헌신적 사랑과 돌봄이 함께 나누어지는 공동체, 곧 그리스도의 몸 된 교회가 필요합니다.

성도의 공동체는 그리스도의 몸이다

"그는 몸인 교회의 머리시라 그가 근본이시요 죽은 자들 가운데서 먼저 나신 이시니 이는 친히 만물의 으뜸이 되려 하심이요 아버지께서는

모든 충만으로 예수 안에 거하게 하시고 그의 십자가의 피로 화평을
이루사 만물 곧 땅에 있는 것들이나 하늘에 있는 것들이 그로 말미암
아 자기와 화목하게 되기를 기뻐하심이라"(골 1:18-20).

그리스도는 교회의 기초가 되십니다. 그분은 하나님의 택정하심 가운데 우리를 그분의 피로 사셨고(엡 1:3-6; 행 20:28), 우리 안에 성령으로 거하시며(고전 3:16; 엡 2:18-22), 우리를 '교회'라 이름 지으셨습니다(마 16:18). 우리는 그리스도 안에서 교회 된 자들입니다. 교회는 그리스도인의 정체성입니다.

우리는 교회입니다. '교회'(church)라는 단어는 헬라어 '에클레시아'(ecclesia), 히브리어 '카할'(qahal)에 해당하는데, 그 의미는 '부르심을 받은 사람들'입니다.[1] 즉, 우리는 하나님의 부르심을 받아 그리스도 안에서 믿음으로 한 몸을 이루는 사람들입니다. 따라서 교회 된 우리는 그리스도의 한 몸으로서 서로 연합하여 하나님을 예배하고, 서로를 돌보고 책임지며, 모든 나라와 민족 가운데 복음을 전함으로써 하나님의 영광을 드러내는 부르심 아래 있습니다.[2]

또한 교회 된 우리는 교회의 머리 되신 그리스도를 중심으로 서로 연결되고 사랑 안에서 함께 자라고 세워져 가는 부르심 아래 있습니다.

"그러므로 이제부터 너희는 외인도 아니요 나그네도 아니요 오직 성
도들과 동일한 시민이요 하나님의 권속이라 너희는 사도들과 선지자

들의 터 위에 세우심을 입은 자라 그리스도 예수께서 친히 모퉁잇돌이 되셨느니라 그의 안에서 건물마다 서로 연결하여 주 안에서 성전이 되어 가고 너희도 성령 안에서 하나님이 거하실 처소가 되기 위하여 그리스도 예수 안에서 함께 지어져 가느니라"(엡 2:19-22).

"오직 사랑 안에서 참된 것을 하여 범사에 그에게까지 자랄지라 그는 머리니 곧 그리스도라 그에게서 온몸이 각 마디를 통하여 도움을 받음으로 연결되고 결합되어 각 지체의 분량대로 역사하여 그 몸을 자라게 하며 사랑 안에서 스스로 세우느니라"(엡 4:15-16).

이런 맥락에서 그리스도 닮음은 교회의 한 몸이 되는 것입니다. 교회가 그리스도의 몸이니 우리가 그리스도의 형상을 입는 것은 우리가 그분의 몸 된 교회가 되는 것입니다. 교회 된 우리가 그분의 몸입니다. 그분의 뜻과 의지, 섭리는 그분의 몸 된 교회인 우리를 통해서 이 땅 가운데 펼쳐집니다. 물론 하나님의 역사는 피조물 된 우리의 실천을 넘어섭니다. 그러나 하나님은 교회 된 우리를 통해 이 땅에 많은 역사를 이루십니다. 교회가 그분의 몸이기 때문입니다. 따라서 교회 된 우리는 그분의 손과 발이 되어 하늘에서 뜻이 이루어진 것같이 머리 되신 그분의 뜻과 의지, 섭리가 이 땅 가운데 이루어질 수 있도록 헌신할 수 있어야 합니다.

트라우마 생존자들에게 그리스도의 한 몸 된 교회가 된다는 것은 특별한 의미가 있습니다. 그리스도의 몸이 됨으로써 그들은 언약 공동체와 함께 회복과 성장을 경험하고, 교회의 공적 사명을 촉구하는 통로가 될 수 있기 때문입니다.

언약 공동체: 언약 관계와 언약적 돌봄

교회가 된다는 것은 수직적으로는 하나님과, 수평적으로는 다른 성도들과 언약 관계를 맺는다는 의미입니다.[3] 새 언약 안에서 우리는 믿음으로 하나님의 자녀가 되고, 하나님은 우리의 아버지가 되십니다. 우리가 교회라는 사실은 우리가 영원한 언약 안에 하나님의 자녀가 되었다는 것입니다. 그리스도가 율법의 모든 요구를 다 이루셨고 언약의 피로 화해를 이루셨기 때문에, 그리스도 안에서 얻는 새 언약 관계는 변함없는 우리 정체성의 영원한 보증입니다(마 5:17, 26:28).

동시에 우리는 새 언약 안에서 한 성령으로 한 부르심을 받은 형제자매와 그리스도의 한 몸이 됩니다. 그리스도를 믿는 사람은 그리스도의 한 지체 된 형제자매와 영원한 언약 관계를 맺습니다. 따라서 교회 된 우리는 두 가지 분리될 수 없는 관계를 갖습니다. 첫째는 영원한 아버지 되시는 하나님과의 언약 관계이며, 둘째는 그리스도의 한 몸 된 형제자매와의 언약 관계입니다. 하나님과 이웃과 맺는 언약 관계는 영원한 우리의 관계성이며 변하지 않는 우리의 정체성입니다.

새 언약 관계는 우리에게 새로운 정체성뿐만 아니라 새로운 삶의 방식을 제공합니다. 첫째, 새 언약의 자녀들은 하나님과의 영원한 관계 속에서 믿음으로 삽니다. 하나님과의 수직적인 관계에서 신자들은 하나님의 말씀을 듣고 순종함으로 삽니다. 이 순종은 십자가에서 죽기까지 보이셨던 그리스도의 사랑과 은혜에 대한 믿음의 반응입니다.

"기록된 바 오직 의인은 믿음으로 말미암아 살리라"(롬 1:17).

"믿음은 들음에서 나며 들음은 그리스도의 말씀으로 말미암았느니라"(롬 10:17).

둘째, 영원한 이웃과의 언약 관계 속에서 성도는 서로를 향한 돌봄을 제공합니다. 언약의 자손들은 한 몸 된 형제자매들과 "언약적 돌봄"의 방식으로 살아갑니다.[4] 언약적 돌봄이란 한 언약의 지체로서 함께 예배하고, 상호 신뢰와 사랑, 존경으로 서로를 지지하고, 서로를 죄로부터 지켜 줌으로써 상호 책임을 다하고, 서로를 격려하고 위로하며 필요를 채워 주는 것입니다. 이 언약 공동체 안에서 신자들은 하나님 앞에서 함께 성장하고 그리스도의 온전한 분량까지 거룩해져 갑니다.

한 작은 지역 교회에서 어느 주말 저녁 4-5명의 청년들이 모였습니다. 청년들은 울며 간절히 기도하기 시작했습니다. 갑자기 청년들이 함께 모여 울부짖고 있으니 영문을 모르는 담임목사가 무슨 일인지 물었습니다. 한 청년의 동생이 몸이 아파서 병원에 갔는데 희귀 질환 진단을 받았다는 것입니다. 그 지역 종합 병원에서는 수술할 수 있는 의사도 없고, 비용도 너무 많이 들어 어쩌면 곧 죽음을 준비해야 할지도 모른다고 했습니다. 온 가족이 너무 놀라 어찌할 바를 모르고 절망하고 있다고 했습니다. 청년은 이 사실을 소그룹에서 나누었고, 이를 듣고 교회의 청년들이 모여 함께 울며 하나님의 도우심을 구하고 있었던 것입니다.

자초지종을 들은 담임목사는 교회 전체에 소식을 전달했고, 그 지역 한인 공동체에도 도움을 요청했습니다. 이에 온 교회와 한인 공동체가 반응하기 시작했습니다. 함께 모일 때마다 아이를 위해 기도하기 시작했고, 조금씩 수술비를 모았습니다. 촬영과 편집에 은사가 있는 친구가 도움을 요청하는 영상을 제작했고, 이를 대도시의 한인 교회에도 전달했습니다. 이 소식에 반응하는 교회들이 하나둘 생겨나기 시작했습니다. 더 많은 모금이 모였습니다.

그러던 어느 날, 대도시의 큰 종합 병원에서 일하고 있는 한 의사가 교회로 메일을 보내왔습니다. 자기가 같은 수술을 여러 번 한 경험이 있으니 믿고 수술을 받으러 와도 좋다, 수술 비용도 걱정하지 말라는 내용의 메일이었습니다. 은혜 가운데 청년의 어린 동생은 어려운 수술을 아무런 비용도 없이 잘 받게 되었고 건강하게 성장하게 되었습니다.

이런 역사를 보면서 하나님의 존재를 인정하지 않고 교회의 역사를 부정하던 아버지도 하나님의 살아 계심과 역사하심을 보게 되었고, 조금씩 신앙생활을 하기 시작했습니다. 교회를 통한 하나님의 역사를 함께 지켜본 많은 사람이 교회를 찾아와 하나님의 은혜를 예배하고 찬양하게 되었습니다. 교회는 모금액의 일부를 아이의 이후 병원 치료비로 제공했고, 남은 비용은 동일한 어려움에 처한 지역 이웃을 위해 사용하며 교회를 통한 하나님의 은혜를 전할 수 있었습니다.

교회는 하나님의 은혜를 함께 누리고 경험하는 공동체입니다. 하나님을 사랑함으로 그리스도의 이름으로 모인 교회 공동체 안에서 우리의 상처는 치유되고, 우리의 연약함은 서로의 은사와 섬김으로 채워집니다. 우리가 교회 되었다는 사실은, 우리는 고통과 아픔 중에 결코 혼자가 아니며 공동체가 함께 그 짐을 나눠 진다는 의미를 담고 있습니다.

"새 계명을 너희에게 주노니 서로 사랑하라 내가 너희를 사랑한 것같이 너희도 서로 사랑하라 너희가 서로 사랑하면 이로써 모든 사람이 너희가 내 제자인 줄 알리라"(요 13:34-35).

"각각 은사를 받은 대로 하나님의 여러 가지 은혜를 맡은 선한 청지기 같이 서로 봉사하라"(벧전 4:10).

언약 공동체 안에서 함께 누리는 회복과 성장

트라우마 경험자가 언약 관계를 맺는 것은 매우 치료적입니다. 트라우마를 경험한 사람들은 신뢰, 안전, 사랑이 깨진 과거의 경험으로 관계에 대한 불안과 두려움을 갖고 있습니다. 따라서 그들이 관계를 회피하거나 방어적인 모습을 보이는 것은 자연스러운 현상입니다.[5]

이런 현실 가운데 있는 그들에게 언약 공동체로서 교회는 하나님의 변하지 않는 사랑이 무엇인지를 알게 할 뿐 아니라 서로 사랑하고 섬기는 성도들과의 교제를 통해 새로운 관계를 시작하는 기회를 제공해 줄 수 있습니다.

성경은 "사랑 안에 두려움이 없고 온전한 사랑이 두려움을 내쫓나니"(요일 4:18)라고 기록하고 있습니다. 이 말씀처럼 트라우마 생존자들이 새 언약 공동체 안에서 사랑을 경험할 때, 그들은 안전한 관계 안에서 신뢰감을 다시 회복할 수 있고, 결과적으로 관계의 두려움을 극복할 수 있습니다. 교회가 하나님과 이웃과의 사랑의 관계를 다시 경험하고 시작할 수 있는 치료적 장이 되는 것입니다.

그러나 우리가 기억해야 할 것은 현실의 지역 교회가 항상 언약적 돌봄을 적절하게 제공해 주는 건강한 공동체는 아니라는 것입니다. 어떤 공동체는 서로의 아픔과 상처를 솔직하게 표현하거나 다른 생각과 감정을 공유하는 것이 안전하게 받아들여지지 않기도 합니다. 또 어떤 공동체는 특정 대상, 혹은 집단의 이익과 권력을 위한 왜곡된 신념과 문화가 만들어지기도 합니다. 직접적인 억압과 착취가 일어나는 공동체도 있습니다.

사실 연약한 죄인들이 모인 교회에서 다양한 갈등과 부족함이 나타나는 것은 당연합니다. 실제로 현실의 많은 교회 공동체가 불완전합니다. 그런 연약함과 부족함에도 불구하고 믿음 안에서 서로 용납하고, 그리스도를 함께 닮아 가려고 노력하며, 함께 회개하고 점진적으로 성화되어 가는 무리가 교회 된 공동체입니다. 그리스도를 향한 믿음과 회개, 성화의 과정 없이 이생의 자랑과 정욕, 유익을 추구하는 공동체는 스스로 교회라 부른다 할지라도 교회는 아닙니다.

후자는 교회라는 거룩한 이름을 빙자한 "거짓 공동체(pseudo community)"입니다.[6] 이런 현실은 공동체의 성숙함 정도에 따라 지역 교회는 각 지체들이 언약적 돌봄을 경험하는 치료적 환경이 될 수도 있고, 오히려 상처를 주는 왜곡된 환경이 될 수도 있다는 것을 보게 합니다.

교회는 진리를 바탕으로 사랑, 신뢰, 진실함, 안전, 돌봄, 은사를 서로 함께 나눔으로써 궁극적으로 하나님의 영광이 나타나기까지 그리스도를 중심으로 연합하고, 하나님이 지역 사회 가운데 교회로서 주신 사명에 능동적으로 참여하는 공동체입니다.[7] 따라서 교회로 부르심을 받은 우리는 그리스도를 머리로 삼고 그리스도 중심의 공동체를 만들고 있는지 스스로 점검하며 말씀의 인도하심을 따라 끊임없이 성장해 가야 합니다.

교회 공동체가 그리스도의 한 몸으로서 그분을 더 닮아 갈수록 한 지체 된 트라우마 생존자들은 그들의 상처를 더 진솔하게 공동체 가운데 내려놓을 수 있고, 그 가운데 위로와 회복을 경험하여 성장해 갈 수 있을 것입니다. 그렇게 진리 안에서 사랑이 나누어지는 언약의 공동체 가운데 하나님은 임재하시고 치유와 회복의 능력을 보이실 것입니다.

개인의 트라우마는 공동체, 사회, 문화와 맞닿아 있다

트라우마 생존자들은 한 몸 된 교회 공동체가 됨으로써 트라우마의 문제를 더 넓은 문맥으로 가져갑니다. 개인의 트라우마 경험은 공동체, 사회, 문화와 맞닿아 있습니다. 한 지체의 트라우마 경험 속에서 우리는 폭력, 편견, 불공정한 사회 질서, 억압과 소외의 문화 역동 등 다양한 형태의 죄로 왜곡된 현실을 목격하게 됩니다. 따라서 트라우마는 개인의 문제가 아닙니다. 한 지체의 트라우마는 공동체 전체의 문제이며, 더 나아가 사회 전체의 문제입니다.

그리스도의 몸 된 교회에 비유해 보면, 공동체 구성원 한 사람이 경험한 트라우마의 현실은 한 몸 된 공동체의 찢긴 상처와 같습니다. 십자가 위에서 못과 창에 그리스도의 몸이 찢긴 것처럼, 그들은 그리스도의 몸 된 공동체의 찢긴 몸입니다. 그들은 우리 몸에 남겨진 못 자국과 창 자국입니다. 그들의 상처를 보면서 한 몸 된 공동체는 우리의 삶을 둘러싼 타락의 문화와 죄악 된 질서, 왜곡된 공동체와 사회의 현실에 직면할 수 있습니다.

보육원에서 자란 한 친구가 있습니다. 이 친구는 어머니를 본 기억이 없습니다. 어린 시절 어머니는 도망쳤고, 아버지와 둘이 지냈다고 합니다. 아버지는 몸이 너무 안 좋아 잦은 병치레를 하셨습니다. 결국 아버지도 돌아가시고, 아이는 혼자 남았습니다. 아이는 초등학생 때부터 보육 시설에서 생활하게 되었습니다.

이제 고등학생이 된 이 아이는 곧 보호 종료가 되어 보육원을 나가야 한다는 사실에 막막함과 불안함을 느끼고 있습니다. 어머니로부터의 버려짐, 아버지의 상실로 마음에 아픔이 있던 이 학생은 보육 시설로부터도 버려지는 것 같다는 거절감에 어려운 마음을 호소합니다.

이 아이의 아픔은 부모의 건강하지 않은 관계와 선택, 질병 등의 사적인 영역과도 연관되어 있지만, 보육 시설과 관련된 불충분한 사회 제도, 보육원 출신에 대한 사회적 편견 등 공적인 영역과도 분리되지 않습니다. 실제로 이런 현실 속에서 범죄의 길로 빠지거나 극단적인 선택을 하는 경우도 종종 있습니다.

가출한 한 십 대 여학생은 남자 친구와 교제하면서 계획하지 않은 임신을 하게 되었습니다. 두려움과 불안에 고민하다가 여학생은 남자 친구에게 어떻게 하면 좋을지 물었습니다. 그러자 남자 친구는 화를 내며 아이를 지우라고 했고, 결국 헤어지게 되었습니다. 슬픔과 괴로움 속에서 고민하던 그녀는 낙태도 생각해 보았지만 도저히 지울 수 없었다고 합니다. 그래서 아이를 낳게 되었습니다. 그러나 현실적으로 십 대 여학생 혼자서 아이를 키우는 것은 거의 불가능한 일이었습니다. 미혼모에 대한 부정적인 낙인도, 불안한 미래도 두려웠습니다. 결국 그녀는 아이 양육을 포기하고 보육원에 갓난아기를 놓고 떠나게 되었습니다.

  너무 안타까운 이야기입니다. 만약 교회 공동체가 이들을 품을 수 있었다면, 조금은 다른 결과를 기대할 수 있지 않았을까요? 5-10명씩 모이는 교회의 소그룹 공동체가 함께 마음을 모아 이처럼 현실적인 어려움을 겪고 있는 영혼 한 사람씩만 책임지고 기도하며 돌볼 수 있다면, 어쩌면 그들은 좀 더 나은 선택을 하고, 좀 더 다양한 기회를 얻고, 좀 더 좋은 삶을 누리며, 좀 더 밝은 미래를 소망할 수 있지 않았을까요? 그런 교회의 돌봄 가운데 그들은 하나님의 사랑과 은혜를 경험할 수 있지 않겠습니까?

  교회는 이렇게 어려움과 아픔 속에 있는 영혼들을 향한 하나님의 마음을 다양한 실천으로 담아낼 수 있는 살아 있는 하나님 나라의 공동체입니다. 교회 공동체는 경제 사회적으로 생계를 유지할 수 없는 가정을 돌볼 수 있고, 가정이 깨어지지 않을 수 있도록 다양한 섬김과 회복의 실천을 제공할 수 있습니다. 더 나아가 사회 제도의 변화와 개혁을 위해 목소리를 낼 수 있고, 복지 제도가 감당하지 못하는 부분을 채워 줄 수 있습니다. 교회 공동체는 지체의 아픔과 상처를 공유하면서 소외된 계층의 현실, 그들과 관련된 사회 문화적 왜곡과 죄들을 살펴보고 회복과 변화를 야기할 수 있습니다.

그들의 이야기는 현대 사회에서 충분히 관심받지 못하고, 때로는 불편하게 여겨지기도 합니다. 그러나 교회는 그들의 고통에 누구보다 관심을 가져야 하고, 이런 현실 가운데 목소리를 낼 수 있어야 합니다. 교회는 이런 현실에 대해 함께 아파하며 그 가운데 어떻게 하나님의 마음을 풀어 내고 하나님의 역사를 나타낼 수 있을지 함께 고민해야 합니다.

공동체와 함께 공유된 직면은 세상의 변화와 성장을 가져옵니다. 교회는 이 세상을 하나님의 통치와 섭리가 나타나는 세상으로 개혁해 갈 사명이 있습니다. 성경학자 월터 브루그만(Walter Breuggemann)이 바르게 지적했듯이, 교회는 무질서한 사회 문화 시스템에 대해 성경에 기초한 "대체 문화(counterculture)"를 제시하는 공동체입니다.[8] 태초부터 하나님은 당신의 백성들이 하나님이 제정하신 창조 질서를 유지하고 선하게 발전시키는 방향으로 세상 문화를 건설하고 통치하도록 명령하셨습니다(창 1:27-28). 이 문화 명령은 구원 드라마의 완성이 이르기까지 교회의 공적 사명입니다.

트라우마의 문맥에서도 마찬가지입니다. 트라우마를 야기하는 왜곡된 사회 문화적 구조와 질서를 민감하게 분별해 내고 성경적 대안으로 개혁해 내는 것은 마지막 날까지 지속해야 할 교회의 사명입니다. 교회는 지체의 아픔에 공감하며 사랑으로 품는 '들음의 공동체'(listening community)이고, 지체의 고통스러운 삶의 현장을 직시하며 하나님의 뜻과 마음을 함께 분별하는 '증인 공동체'(witnessing community)인 동시에, 하나님이 주신 사명을 함께 이 땅 가운데 성취해 가는 '개혁 공동체'(reformative community)입니다.

교회를 통해서 하나님은 일하신다

성도 된 우리는 그리스도의 한 몸 된 교회입니다. 교회의 한 지체가 경험하는 트라우마는 공동체의 경험과 분리되지 않습니다. 한 지체의 트라우마 문제는 공동체 전체의 문제입니다. 이런 맥락에서 트라우마 생존자들은 그리스도의 몸 된 교회를 이룸으로써 서로를 향한 사랑과 돌봄을 실천하는 공동체의 선한 의식을 깨우고, 오늘날 사회에 만연한 악한 구조와 문화에 직면하여 개혁하는 하나님 나라를 향한 교회의 선지자적 사명을 일깨워 줍니다.

따라서 교회는 한 지체의 트라우마 문제에 직면하면서 공동체의 역할과 사명을 돌아보고 구체적인 돌봄과 섬김, 개혁을 실천해야 합니다. 교회는 한 지체의 고통과 아픔을 함께 지고, 서로 돌보며, 하나님의 은혜와 사랑을 실천할 수 있어야 합니다.

그러므로 교회의 한 지체로서 우리는 어떤 트라우마의 아픔이 있다 할지라도 결코 혼자가 아닙니다. 그리스도의 한 몸 된 공동체 안에서 어떤 사람도 소외된 채 홀로 괴로워할 필요가 없습니다. 하나님이 함께하시고, 그리스도를 머리로 둔 한 몸 된 공동체가 하나님의 임재와 사랑과 은혜로 함께합니다. 따라서 우리는 더 이상 홀로 떨어져 버림받고, 트라우마에 사로잡혀 고통받는 피해자가 아닙니다. 우리는 트라우마의 현장 가운데 펼쳐지기 원하시는 하나님의 목소리이며, 그분의 마음과 뜻을 공동체에 일깨우고, 세상의 빛과 소금으로서 공동체와 함께 새로운 변화를 촉구하는 복음의 담대한 개혁자입니다.

> "나는 여호와 너희의 거룩한 이요 이스라엘의 창조자요 너희의 왕이니라…보라 내가 새 일을 행하리니 이제 나타낼 것이라"(사 43:15, 19상).

성찰 및 나눔 질문

1. 공동체의 섬김과 돌봄으로 회복을 경험한 적이 있습니까?

2. 섬김을 실천하면서 탈진을 경험한 적이 있습니까? 무엇이 가장 힘들었나요? 어떤 변화가 필요할까요?

3. 좀 더 나은 공동체의 섬김 방법은 어떤 모습일까요? 이제부터 우리가 만들어야 할 그리스도의 몸 된 공동체는 어떤 구체적인 돌봄의 실천을 할 수 있을지 함께 나누고 실천해 봅시다.

요약

1. 긍휼의 실천은 혼자 할 수 없습니다. 하나님 나라의 섬김은 언제나 공동체적입니다.

2. 성도의 공동체는 그리스도의 몸입니다.

3. 그리스도의 몸 된 교회는 언약의 공동체입니다. 언약 안에서 우리는 하나님의 영원한 자녀가 되고 하나님은 우리의 영원한 아버지가 되십니다. 또한 언약 안에서 우리는 한 성령으로 한 부르심을 받은 지체가 됩니다.

4. 그리스도의 몸 된 교회를 이룸으로써 트라우마 경험자들은 사회적으로 스스로 방어했던 모습을 내려놓고 그리스도 안에서 믿음과 사랑의 교제 가운데 위로와 회복을 경험할 수 있습니다.

5. 그리스도의 몸 된 교회를 이룸으로써 트라우마 경험자들은 트라우마의 문제를 공적 현장으로 가져갈 수 있습니다.

6. 교회는 트라우마 문제와 연관된 사회, 제도, 문화 등을 개혁하는 공적 사명이 있습니다. 교회를 통해서 하나님은 일하십니다.

3부

◆

트라우마를 하나님께 묻다

11장

트라우마와 하나님
하나님의 선하심과 전능하심을 드러내는 확실한 증거

"주여 이제 내가 무엇을 바라리요 나의 소망은 주께 있나이다"(시 39:7).

우리의 인생은 트라우마가 지배하지 않습니다. 우리 인생의 주인 되신 분은 오직 하나님이십니다. 우리의 삶은 궁극적으로 하나님이 주관하시는 구원 드라마입니다. 그러므로 우리의 인생은 트라우마나 고통스러운 사건들로 나열되는 이야기가 아닙니다. 우리의 인생은 십자가 희생을 감당하시기까지 당신의 자녀를 사랑하시는 하나님의 사랑 이야기이며, 우리를 새 언약의 자녀 삼으시고 그리스도를 닮아가도록 인도하는 하나님의 언약 이야기이고, 타락한 현실 속에서도 하나님의 살아 계심과 일하심을 삶으로 증거하는 하나님의 영광 이야기입니다.

따라서 트라우마는 결코 구원 드라마의 끝이 아닙니다. 하나님이 운행하시는 구원 드라마의 플롯은 타락 이후에 반드시 구속과 완성이 있습니다. 그러므로 오늘의 아픔과 괴로움 속에서도 우리는 그리스도 안에서 소망을 잃지 않고 믿음으로 살아갈 수 있습니다.

그러나 트라우마의 현실 가운데 여전히 풀리지 않는 의문이 하나 있습니다. "분명히 하나님은 선하고 전능하신 분인데 왜 트라우마 같은 악(evil)을 이 땅에 두시는가?"에 대한 질문입니다. 이는 오랫동안 '신정론'(theodicy)이라는 이름으로 논의되어 온 신학적 질문입니다.

신정론적 질문: 하나님은 선하시고 전능하신데 왜 악이 존재하는가?

신정론은 악의 현실 속에서 하나님의 정당함을 주장하는 이론입니다. 신정론 방정식은 다음과 같습니다.

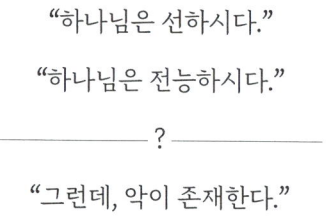

"하나님은 선하시다."
"하나님은 전능하시다."
―――――― ? ――――――
"그런데, 악이 존재한다."

선하고 전능하신 하나님이 세상을 운행하고 계시는데 어떻게 우리 삶 가운데 악이 존재할까요? 이런 질문에 대해 어떤 이들은 하나님은 선하지 않으시다고 이야기합니다. 또 다른 이들은 하나님은 악을 제거할 능력이 없으신 분, 혹은 적어도 이 세상에서는 그 능력을 행하지 않으시는 분, 혹은 악을 지켜만 보시는 분으로 이야기합니다. 또 어떤 이들은 악의 실재를 부정하면서 악을 단순한 선의 부재로 보기도 합니다. 어떤 이들은 악은 영혼 성장을 위한 하나님의 필수적인 도구라고 보기도 하고, 어떤 이들은 타락한 자유 의지로 인해 악이 세상에 만연하게 되었음을 주장합니다.

 이런 주장들은 신정론의 문제에 대해 다양한 관점을 제공해 주지만, 어떤 주장도 성경적 관점에서 온전한 이해를 제공하지는 못합니다.

 하나님의 선하심이나 전능하심을 부정하는 견해들은 성경이 제시하는 그분의 속성과 전혀 다른 주장이기에 옳지 않습니다. 악의 실재를 부정하는 관점은 악의 존재를 간과할 뿐 아니라 악에 대한 하나님의 공의로운 심판도 부정하게 되기 때문에 역시 성경적이지 않습니다. 영혼 성장을 위해 악은 필수적이라는 주장은 악의 실재를 영적으로 환원시켜 선한 것으로 왜곡해 버리는 위험이 있습니다. 하나님은 악한 현실 가운데서도 선을 이루시고, 선으로 악을 이기시는 분이지, 선한 목적을 위해 악을 도구로 사용하시는 분이 아닙니다.

 타락한 자유 의지를 악의 근원으로 보는 관점은 하나님의 선하심과 전능하심을 부정하지 않는다는 측면에서 성경적입니다. 그러나 자유 의지에 대한 논의로 신정론 문제를 해결하는 접근은 악의 근원이 되는 자유 의지와 그 악한 자유 의지를 허용하시는 하나님의 주권적 섭리의 역설적 관계를 설명하는 데 한계가 있습니다.

 사실 이 역설적 진리는 유한한 인간의 이성적 사고로 온전히 이해할 수 없는 하나님의 비밀스러운 경륜일 것입니다. 더 나아가 이 관점은 모든 인류의 전적으로 타락한 자유 의지가 어떤 이에게는 트라우마 같은 악한 일로, 어떤 이에게는 그렇지 않은 모습으로 나타나는 현실의 문제에도 답하기 어렵습니다. 인간의 타락한 자유 의지만으로는 "왜 악의 결과가 트라우마의 희생자들에게 트라우마 경험이 없는 이들보다 더 극단적으로 표출되는가?"에 대한 문제에 여전히 답을 내리지 못한다는 것입니다.

신정론에 대한 어떤 이성적 논증도 우리에게 명쾌한 해답을 제공하지 못하는 것 같습니다. 욥기 40-41장에서 살펴볼 수 있듯이, 하나님이 운행하시는 지혜를 우리는 온전히 알지 못합니다. 하나님이 계시해 주지 않으시는 부분에 대해 피조물 된 인간은 결코 알 수 없습니다. 그러나 그럼에도 우리는 욥의 고백처럼 너무나 쉽게 무지한 말로 이치를 따지고, 깨닫지 못할 일을 말하고, 스스로 알 수도 없고 헤아리기 어려운 일을 말하곤 합니다(욥 42:3). 우리 마음속에는 이성적으로 이해할 수 있어야 믿을 수 있다는 전제가 숨겨져 있는 것 같습니다.

특히 트라우마 문제는 상식적으로 이해되지 않고, 이해하고 싶지 않은 부분이 많습니다. 설령 트라우마 상황에 대해 이성적으로 이해할 수 있다고 해도 삶은 여전히 너무나 고통스럽고 아프기에 도무지 정서적으로 오늘의 삶을 받아들일 수가 없습니다. 트라우마 문제에 있어서 신정론 질문은 이성적으로 해결할 수 없는 질문인 것 같습니다. 트라우마와 같은 문제에 대해 하나님은 "왜?"라는 질문에 명쾌한 정답을 주지 않으시는 것 같습니다. 어쩌면 그것은 이 땅을 살아가는 인간에게 허락하지 않으신 하나님의 신비한 지식일지도 모릅니다.

따라서 우리는 "왜?"라는 질문이 던져지는 순간, 이성적 해법이 아니라 하나님을 보아야 하고, 그분의 마음이 어디에 있는지를 주목할 필요가 있습니다. 그러면 하나님은 하나님께 답변을 요구하는 우리의 시선을 우리의 믿음과 실천을 향한 하나님의 시선으로 변화시켜 주십니다. 그리고 우리가 그런 현장 속에서 어떻게 믿음으로 살아가야 할지를 돌이켜 보게 하십니다.

신정론 문제의 본질은 지식적이 아니라 실천적이다

우리는 너무 오랫동안 실천이 있어야 할 자리에 이성적 논쟁을 놓아 둔 것 같습니다. 신정론 문제는 사변적인 지적 유희가 아니라, 현실의 고난 가운데 대두된 실존적 질문입니다. 죄악 가운데 고통당하는 현실 속에서 하나님의 공의를 찾는 질문은 논리적인 해결을 구함이 아니라, 실제적인 도움을 구하는 지극히 실존적인 외침입니다. 트라우마 상황 가운데 던지는 신정론 질문의 본질은 이성적인 해법을 찾기 위함이 아닙니다. 오히려 그 질문은 트라우마의 고통 속에서 하나님의 도우심을 구하는 절규의 표현입니다.

철학적인 신정론 논쟁은 자칫 고통이라는 삶의 실존적 문제를 지식적 차원으로 환원시킬 위험이 있습니다. 영혼 돌봄의 관점에서 볼 때,

이런 지식적 접근은 오히려 파괴적일 수 있습니다. 지식적 신정론 논쟁은 악의 존재에 대한 합리적 이유를 제공함으로써 악의 현실로 고통받는 이들에게 충분한 공감과 돌봄을 제공해 주지 못할 위험이 있습니다. 뿐만 아니라 이성적으로 정교하게 짜인 신정론 해설은 트라우마의 악에 대한 하나님의 정당하심을 변증함으로써 오히려 고통당하는 이들의 죄를 묻고, 수치와 죄책 가운데 진솔한 마음을 드러내지 못하게 하여, 그들을 지식적 신정론의 덫에 가두어 버릴 위험도 있습니다. 혹은 신정론 역설을 설명하기 위한 노력으로 실천하지 않음을 합리화할 수도 있습니다.

고통당하는 이들에게 필요한 것은 신정론에 대한 지식적 논쟁이 아닙니다. 그들에게 진정으로 필요한 것은 어떤 해석이 아니라, 위로와 공감이며 애통할 수 있는 안전한 공간과 진실한 관계, 실제적인 돌봄입니다. 트라우마의 현실 앞에서 벌어지는 지식적 신정론 논쟁은 고난당하는 욥에게 그의 친구들이 범했던 동일한 오류를 범하는 것과도 같습니다.

신정론 문제의 본질은 지식적이라기보다 실천적입니다. 그렇다면 신정론 문제는 이성적 논쟁으로 접근하기보다 악의 현실 가운데서도 하나님의 선하심과 전능하심을 드러내는 실천으로 접근해야 합니다. 이런 접근을 '실천적 신정론'(practical theodicy)이라고 합니다.[1]

성경이 우리에게 가르쳐 주는 실천은 악의 현실 속에서 하나님의 선하심과 전능하심을 논리적 합리성을 근거로 해설하거나 변증하는 것이 아닙니다. 오히려 성경이 선포하는 바를 믿음으로 실천함으로써 악의 현실 가운데 하나님의 선하심과 전능하심을 우리의 실제적 삶으로 증거하는 것입니다.

실천적 신정론의 4가지 전제

실천적 신정론은 4가지 성경적 진리에 대한 믿음을 요구합니다.

첫째, 선하신 하나님에 대한 믿음입니다. 성경은 하나님의 선하심을 명백하게 증거합니다(시 119:68). 그분의 창조 사역은 선(good)하였고(창 1:4, 10, 12, 18, 21, 25), 하나님은 선하신 뜻(good purpose)에 따라 우리 안에서 행하시며(빌 2:13), 그 뜻대로 부르심을 입은 자들에게 모든 것이 합력하여 선을 이루게 하십니다(롬 8:28).

그러나 하나님의 '선하신 뜻'과 타락한 인간이 상상하는 선은 전혀 다를 수 있습니다. 죄인 된 인간은 선함을 고통이 없는 세상의 유익과 안녕으로 생각하지만, 하나님의 선하심은 구원 드라마 안에서 계획하신 그분의 뜻이 온전하게 드러나는 것입니다. 그분의 일하심이 드러나는 과정 가운데 때로는 고난에 대한 인내가 요구되기도 합니다(약 5:7-8; 갈 6:9; 히 10:36). 고통이 하나님의 선하심을 부정할 수 없습니다. 성경은 창조의 시작부터 재창조의 완성까지, 하나님은 선하신 목적으로 선하게 일하고 계심을 분명하게 계시합니다.

"여호와께 감사하라 그는 선하시며 그의 인자하심이 영원함이로다"(대상 16:34).

"주는 선하사 선을 행하시오니 주의 율례들로 나를 가르치소서"(시 119:68).

둘째, 전능하신 하나님에 대한 믿음입니다. 하나님은 그분 스스로를 '전능한 하나님'(El Shadai)으로 계시하십니다(창 17:1). 그분은 하늘과 땅, 모든 만물의 창조주이시며(창 1:1), 하늘의 왕(단 4:37)이시고, 모든 육체의 하나님이시며(렘 32:27), 지존자이자 전능자시요(시 91:1), 참 하나님이시요 살아 계신 영원한 왕이십니다(렘 10:10).

하나님은 원하시는 모든 것을 행하시며(시 115:3), 우리가 구하거나 생각하는 모든 것에 넘치도록 능히 하실 분이십니다(엡 3:20). 하나님은 태초부터 종말을 아시며, 아직 이루지 아니한 일을 보이시고, 그분의 뜻을 세우시고, 기뻐하시는 모든 것을 이루십니다(사 46:10). 성경은 하나님은 온 우주의 통치자이시며 전능하신 하나님이시라는 것을 명확하게 제시합니다.

"나는 전능한 하나님이라 너는 내 앞에서 행하여 완전하라"(창 17:1).

셋째, 악의 실재에 대한 이해입니다. 성경은 악의 실존과 파괴성을 부인하지 않습니다. 오히려 악과 대적하여 싸울 것을 권고합니다. 성경은 악을 미워하는 것이 여호와를 경외하는 것(잠 8:13)이라 말하며, 악한 날에 능히 대적하고 서기 위해서 하나님의 전신갑주를 입으라고 기록하고 있습니다(엡 6:13). 하나님은 악을 대적하시고 미워하십니다(시 5:4-6; 롬 1:18; 계 22:11-12). 사람이 악을 행하여도 하나님은 그것을 선으로 바꾸십니다(창 50:20). 이사야 선지자는 악을 선하다 하며, 선을 악하다 하는 이들에게 화가 있을 것이라고까지 선포했습니다(사 5:20). 성경은 악 위에 하나님의 진노가 있음을 분명하게 선포하고 있습니다(롬 1:18).

성경은 결코 악을 미화하거나 영화롭게 만들지 않습니다. 구원 드라마를 살아가는 신자에게 있어서 바른 성경적 관점은 하나님이 악을 당신의 목적을 위해 일부러 사용하시는 것이 아니라, 악의 현실 속에서도 하나님은 오히려 선으로 악을 이기시는 분이라는 믿음입니다.

> "당신들은 나를 해하려 하였으나 하나님은 그것을 선으로 바꾸사 오늘과 같이 많은 백성의 생명을 구원하게 하시려 하셨나니"(창 50:20).

넷째, 하나님이 결국 악에 대해 최후의 승리를 이루실 것에 대한 믿음입니다. 마지막 날 새 하늘과 새 땅은 완성될 것이며, 그날에 모든 눈물은 사라지고, 사망도 애통도 곡하는 것이나 아픈 것이 다시 있지 않게 될 것입니다(계 21:1-4). 그날에는 생명수의 강이 그분의 보좌로부터 흘러나오고 생명나무가 있어 모든 나라를 치료하고 저주가 다시는 없을 것입니다(계 22:1-3). 정의와 공의가 마르지 않는 강같이 흐를 것이며(암 5:24), 하나님을 경외하는 자들이 모여 전능하신 하나님의 통치를 영원히 찬양할 것입니다(계 19:5-8). 즉, 모든 악과 고통은 영원토록 사라지게 될 것입니다.

말씀을 식언치 않고 행하시는 하나님이 선포하신 이 최후의 승리는 확정된 약속이며, 예수 그리스도 안에서 이미 성취된 승리입니다. 따라서 누구든지 그리스도 안에 있는 자들은 이 승리에 이미 참여하였으며, 마지막 날 승리의 완성을 충만하게 경험할 것입니다.

"세상에서는 너희가 환난을 당하나 담대하라 내가 세상을 이기었노라"(요 16:33).

하나님은 우리가 이와 같은 성경의 진리를 믿음으로 수납하여 삶으로 실천하기를 원하십니다. 악과 고통의 현장에서 필요한 것은 논리적 변증이 아니라, 하나님의 사랑과 돌봄을 나타내는 충성된 믿음입니다. 그러면 그런 우리의 삶이 하나님의 선하심과 전능하심을 나타내는 확실한 증거가 됩니다.

하나님의 선하심과 전능하심을 드러내는 확실한 증거

　악과 고난의 현장에서 하나님이 성도 된 우리에게 기대하시는 것이 무엇일까요? 악과 고난의 현장에서 하나님이 우리에게 기대하시는 것은 선하신 하나님을 믿고, 하나님의 선하심이 나타나지 않는 그 현장에 우리가 하나님의 선하심을 들고 가는 것이 아니겠습니까? 전능하신 하나님의 능력을 믿고, 하나님의 능력이 나타나고 있지 않은 그 현장에 우리가 하나님의 마음을 들고 나아가는 것이 아닐까요?

　어린아이가 학대당할 때, 비방과 비난, 폭행을 당할 때, 사회적 억압으로 부당하게 삶의 위협을 당할 때, 가난으로 인해 돌봄의 혜택을 받지 못할 때, 다양한 악과 고통의 현장을 보면서 하나님의 정당하심을 변증하기 위한 지성적 논쟁은 적절하지 않은 것 같습니다. 오히려 그런 상황들이 요구하는 것은 하나님의 선하심과 전능하심이 그 현실 가운데 실제적 사랑과 돌봄으로 나타나게 하는 믿음의 실천입니다. 선으로 악을 이기고, 진리로 거짓을 거두며, 세상의 두려움을 하나님을 두려워함으로 이기는 우리의 실천이 필요합니다.

　악의 실존 가운데 하나님이 원하시는 것은 가난한 자에게 복음을 전하고, 포로 된 자에게 자유를, 눈먼 자에게 다시 보게 함을 전파하며, 눌린 자를 자유롭게 하고, 주의 은혜의 해를 전파하는 우리의 실천입니다(눅 4:18-19). 따라서 우리는 하나님이 최후 승리를 이루실 것을 소망함으로 악한 현실 가운데 하나님의 선하심과 전능하심을 삶으로 증거할 수 있어야 합니다. 그러면 우리의 삶이 하나님의 선하심과 전능하심을 나타내는 증거가 됩니다. 이성적 논리나 합리적 설명이 아니라, 그분의 임재와 사랑과 능력을 나타내는 우리의 존재와 실천이 악과 고통의 현실 속에서 하나님의 살아 계심과 역사를 증거하는 참된 변증입니다.

따라서 성도의 고난과 아픔, 이해할 수 없는 악과 고통의 현장 가운데 우리가 정말 질문해야 할 것은 "왜 선하고 전능하신 하나님이 악을 이 땅 가운데 두시는가?"가 아닙니다. 우리는 질문의 방향을 하나님이 아니라 우리 스스로에게 돌려야 합니다.

"왜 우리는 하나님이 악을 미워하시고 공평과 정의를 사랑하신다는 성경의 말씀을 듣고도 그 말씀에 신실하게 반응하지 못하고 있는가? 그리스도가 다 이기셨다고 말씀하신 죄악들에 왜 우리는 여전히 넘어지고 있으며, 내 안에 성령님이 살아 계시다고 하는데, 왜 성령님의 은혜와 사랑을 흘려보내기보다 죄와 악함을 더 많이 드러내고 있는가? 우리는 정말 하나님의 선하심을 믿고 사는가? 그래서 하나님의 사랑이 나타나지 않는 그곳에 하나님의 사랑을 들고 나아가는가? 우리는 정말 하나님의 전능하심을 믿고 살아가는가? 그래서 하나님의 정의가 나타나지 않는 그곳에 하나님의 정의를 들고 가는가? 우리는 죄의 삶을 떠나, 하나님과 이웃을 사랑하며, 하나님 나라를 이루는 일에 적극적으로 참여하며, 매일의 삶 가운데 복음을 실천하고 있는가?"

트라우마 문제에 직면하면서 우리는 궁극적으로 우리 스스로를 돌아볼 수 있어야 합니다. 다시 말하면, "하나님, 왜 트라우마를 허락하십니까?"라는 질문에서 "하나님, 우리가 이런 현실 속에서 어떻게 성도로서 살아야 합니까?"라는 질문으로의 변화가 필요하다는 것입니다.

우리의 현실 가운데 여전히 트라우마가 만연하고 있다는 사실은 우리가 구원 드라마를 섭리하신 하나님의 말씀에 여전히 신실하게 반응해야 할 책임을 다하지 못하고 있음을 보여 줍니다. 하나님의 주권적 섭리는 인간의 책임을 간과하지 않습니다. 구원 드라마에서 하나님의 섭리는 그분이 내주하시는 성도들의 삶을 통하여 이루어집니다. 그러므로 우리는 어떤 현실 속에서도 가장 온전한 하나님의 형상 되신 그리스도를 바라보고, 그분을 닮기 위한 실천을 멈추지 않아야 합니다.

하나님은 그분의 자녀 된 우리에게 그리스도를 주셨고, 그리스도의 다 이루신 성령을 주셨습니다. 그래서 그분은 우리가 우리 안에 살아 계신 성령의 인도하심을 따라 하나님 나라가 완성되기까지 고난과 악을 견디고 이기면서 세상의 빛과 소금이 되어 하나님 나라에 적극적으로 참여하기를 바라십니다.

우리가 하나님의 선하심을 진정으로 믿고 말씀 안에서 충성되게 산다면, 그런 우리를 통해 그분의 선하심이 우리 삶과 주변에 흘러가게 될 것입니다. 정말 우리가 하나님의 전능하심을 믿고 그분의 말씀에 충성되게 산다면, 그런 우리를 통해 우리 삶과 주변에서 하나님의 전능하심이 나타나는 놀라운 역사가 이루어질 것입니다. 그 가운데 하나님은 영광 받으시고 우리에게는 회복과 기쁨, 감사와 변화가 있을 것입니다.

> "너희는 세상의 빛이라…이같이 너희 빛이 사람 앞에 비치게 하여 그들로 너희 착한 행실을 보고 하늘에 계신 너희 아버지께 영광을 돌리게 하라"(마 5:14-16).

그리스도 닮음, 성도의 삶의 방식이자 존재 양식

지나간 트라우마의 과거는 바꿀 수 없습니다. 그러나 오늘과 내일은 바꿀 수 있습니다. 그리스도 안에서 우리는 새로운 피조물입니다. 따라서 우리는 더 이상 트라우마에 지배되지 않을 수 있고, 그리스도 중심으로 그분 안에서 새로운 삶을 살아갈 수 있습니다. 그리스도 안에서 우리는 하나님의 선하심이 드러나지 않는 것처럼 보이는 트라우마 상황 가운데 하나님의 선하심을 확신하며, 서로를 향한 위로와 사랑을 실천할 수 있습니다. 또한 그리스도 안에서 우리는 하나님의 전능하심이 나타나지 않는 것처럼 보이는 트라우마 상황 가운데 그분의 전능하심을 의지하며 섬김과 돌봄으로 복음의 능력을 나타낼 수 있습니다.

곧 그리스도 닮음은 마지막 완성에 이르기까지 구원 드라마 가운데 하나님의 임재와 성품, 뜻을 나타내는 그리스도인의 삶의 방식이며,

트라우마 같은 비극적 상황 속에서도 하나님의 형상 됨을 이루는 성도의 존재 양식입니다. 그리스도를 닮아 가는 과정 속에서 우리는 하나님이 섭리하신 치유와 성장을 경험하고, 궁극적으로 우리의 전 존재로 하나님의 영광을 담아내게 될 것입니다.

> "또 어떤 이들은 조롱과 채찍질뿐 아니라 결박과 옥에 갇히는 시련도 받았으며 돌로 치는 것과 톱으로 켜는 것과 시험과 칼로 죽임을 당하고 양과 염소의 가죽을 입고 유리하여 궁핍과 환난과 학대를 받았으니 (이런 사람은 세상이 감당하지 못하느니라) 그들이 광야와 산과 동굴과 토굴에 유리하였느니라 이 사람들은 다 믿음으로 말미암아 증거를 받았으나 약속된 것을 받지 못하였으니 이는 하나님이 우리를 위하여 더 좋은 것을 예비하셨은즉 우리가 아니면 그들로 온전함을 이루지 못하게 하려 하심이라"(히 11:36-40).

고난 중에 하나님의 영광을 담아내는 그리스도 닮음의 실천은 어떤 위대한 종교적 업적을 내거나 화려한 칭송을 받는 일이 아닙니다. 고난 중에 믿음을 지키고 그리스도를 닮기 위해 노력하는 우리의 삶은 아무도 알지 못할 수 있고, 아무도 인정하지 않는 것처럼 보일 수도 있습니다. 때로는 미련해 보일 때도 있을 것입니다.

그러나 우리의 그 신실한 한 걸음을 하늘의 천군 천사가 지켜보고 있고, 인류 역사 가운데 아픔과 고난 속에서도 신실한 믿음을 지켰던

구름같이 허다한 하나님 나라의 증인들이 함께 지켜보고 있습니다. 그리고 궁극적으로 우리를 결코 포기하지 않고 사랑하시는 하나님이 지켜보고 계십니다.

우리가 하나님의 말씀 앞에 신실한 삶을 살아갈 때, 그런 우리의 삶을 이 땅의 어느 누구도 칭송하지 않고 인정하지 않는다 할지라도, 그 삶의 행보를 바라보며 하늘의 천군 천사와 허다한 증인들은 승리의 개가를 부르며 하나님께 영광을 돌릴 것입니다. 따라서 아무도 보는 이 없고 아무도 칭찬하지 않을지라도 말씀 앞에 신실하게 살아가는 그 삶 자체로 우리는 하나님을 영화롭게 하는 삶을 사는 것입니다.

트라우마 가운데 겸허하게 하나님을 의지하며 믿음으로 사는 삶은 그 자체로 하나님의 영광입니다. 그런 우리를 하나님은 긍휼히 여기시고, 우리의 모든 눈물을 결국 닦아 주실 것입니다.

"너희 안에서 착한 일을 시작하신 이가 그리스도 예수의 날까지 이루실 줄을 우리는 확신하노라"(빌 1:6).

트라우마 문제에 직면하면서
우리는 궁극적으로 우리 스스로를
돌아볼 수 있어야 합니다. "하나님, 왜
트라우마를 허락하십니까?"라는 질문에서
"하나님, 우리가 이런 현실 속에서
어떻게 성도로서 살아야 합니까?"라는
질문으로의 변화가 필요합니다.

성찰 및 나눔 질문

1. 트라우마 가운데 선하고 전능하신 하나님에 대한 의심이 들었던 경험이 있었습니까? 어떤 생각을 하고 있었나요?

2. 하나님의 형상으로 창조된 우리는 그리스도 닮음의 실천을 통해서 선하신 하나님을 우리 삶의 현장 가운데서 증거할 수 있습니다. 선하신 하나님을 증거하기 위해 실천해야 할 일은 무엇입니까? 공동체와 함께 그 실천을 어떻게 시작할 수 있을까요?

3. 우리 삶의 정황에서 하나님의 능력이 나타나야 할 영역은 어디입니까? 그 영역에서 하나님의 형상 된 우리가 할 수 있는 구체적인 실천은 무엇입니까? 공동체와 함께 그 실천을 어떻게 시작할 수 있을까요?

요약

1. 트라우마 상황 가운데 던지는 신정론 질문의 본질은 이성적인 해법을 찾기 위함이라기보다, 트라우마의 고통 속에서 하나님의 도우심을 구하는 절규의 표현입니다.

2. 신정론 문제의 본질은 지식적이라기보다 실천적입니다. 따라서 신정론 문제에 접근하는 마땅한 태도는 이성적 논쟁이 아니라, 악의 현실 가운데서도 하나님의 선하심과 전능하심을 드러내는 실천적 신정론이어야 합니다.

3. 실천적 신정론은 선하신 하나님, 전능하신 하나님, 악의 실재, 악에 대한 최후 승리를 약속하신 하나님의 말씀에 대한 믿음을 전제로 합니다.

4. 트라우마의 현장에서 필요한 것은 논리적 변증이 아니라, 하나님의 사랑과 돌봄을 나타내는 충성된 믿음입니다. 그리스도 안에서 행하는 우리의 실천이 트라우마의 현장 가운데 하나님의 선하심과 전능하심을 나타내는 확실한 증거입니다.

5. 그리스도 닮음은 마지막 완성에 이르기까지 구원 드라마 가운데 하나님의 임재와 성품, 뜻을 삶으로 나타내는 그리스도인의 삶의 방식이며, 트라우마 같은 비극적 상황 속에서도 하나님의 형상 됨을 이루는 성도의 존재 양식입니다.

> 부록

트라우마와 기독교 병리학[1]

"나는 주의 힘을 노래하며 아침에 주의 인자하심을 높이 부르오리니 주는 나의 요새이시며 나의 환난 날에 피난처심이니이다 나의 힘이시여 내가 주께 찬송하오리니 하나님은 나의 요새이시며 나를 긍휼히 여기시는 하나님이심이니이다"(시 59:16-17).

우울증은 죄인가, 질병인가?

질문을 한 가지 던져 보겠습니다. 지금 당신 앞에 트라우마로 우울증을 호소하는 내담자가 앉아 있습니다. 당신은 그를 어떻게 진단하겠습니까? 우울증은 죄입니까, 질병입니까?

우울증에 빠진 한 여대생이 담당 목회자를 찾아왔습니다. 목사님으로부터 위로와 격려를 받고, 앞으로의 나아갈 방향에 대한 조언을 구하기 위해서였습니다. 그런데 그녀의 상황을 다 듣고 난 후에 목사님은 진심 어린 눈빛과 따뜻한 음성으로 다음과 같이 말했습니다.

"우울증도 죄야. 하나님만 바라보아야 하는데 세상의 것에 마음을 빼앗기고, 하나님만 의지해야 하는데 자기 자신의 내면만 바라보고 있기 때문에 점점 우울해지는 거지. 하나님을 제대로 믿으면 우울증에 걸릴 수 없어. 하나님을 바라보면 어떤 상황 속에서도 기쁨이 넘칠 수 있어. 회개하자. 기도하고 하나님만 바라보도록 하자. 함께 기도해 줄게."

이 메시지를 듣고 그 자매는 다시는 우울증 문제를 들고 그 목사님을 찾지 않았습니다. 자매는 목사님께 공감을 기대했지만, 돌아온 메시지는 자신의 신앙이 바르지 않기 때문에 우울증에 걸렸다는 질책이었기 때문입니다. 사실 그녀는 오랜 기간 지속된 가정 내의 불화로 만성화된 우울증을 안고 있었습니다. 그러나 담당 목회자는 우울증 이면에 숨겨진 왜곡된 상황과 그녀의 고통을 충분히 이해하고 공감하는 데 실패했습니다. 분명 목회자는 안타까운 마음에 따뜻한 진심을 표현했습니다. 그러나 그 따뜻함이 품고 있던 것은 고통에 대한 자신의 신학적 해석에 기초한 날카로운 정죄함이었던 것입니다.

이 대화 이후, 그녀는 담당 목회자 앞에서 다시는 자기의 진짜 아픔을 내놓을 수 없었습니다. 그녀는 목사님을 만날 때마다 "덕분에 은혜로 살고 있어요"라고 하며 괜찮은 척 스스로 포장했습니다. 그러나 그 말 뒤편에 그녀는 여전히 우울한 마음을 숨기고 있었습니다.

당신은 어떻게 생각하십니까? 우울증은 죄입니까? 앞서와 같은 현장을 목격한 한 사역자는 우울증은 죄가 아니라 질병이라고 강력하게 주장합니다. 암이나 결핵처럼 우울증은 치료받아야 할 마음의 질병이라는 것입니다. 그렇다면 다시 질문해 봅시다. 마음의 질병은 죄와 상관이 없는 것입니까? 우울증은 정말 죄와 아무 상관이 없는 것인가요?

오늘날 많은 사람이 이원론적 사고에 익숙해져 있는 것 같습니다. 특히 기독교적 관점의 선과 악의 개념을 수용하고 있는 그리스도인들 중에 많은 수는 특별히 의식하지 못한 채 이분법적 판단을 하는 경향을 보입니다. 그러나 세상은 이분법적 사고로 단순화하기에는 복잡하고 모호한 영역이 많습니다. 우울증은 질병이거나, 질병이 아니면 죄여야만 합니까? 우울증을 이해하는 데 죄 혹은 질병 중 하나를 선택해야만 하는 것일까요?

사실 우울증은 두 범주 모두와 관련이 있습니다. 우울증을 고백하자마자 죄라고 지적하는 것은 우울증에 미치는 신체적, 심리적, 관계적, 사회 문화적 질서를 고려하지 않은 것이기 때문에 지혜로운 반응이 아닙니다. 또한 우울증은 그 영적 근원을 고려할 때 하나님과 건강하지 않은 관계가 존재하기 때문에 죄의 영역을 간과하는 것도 지혜로운 실천이 아닙니다.

이원론적 사고는 '휴리스틱'(Huristic, 간편법)이라고 불리는 인간의 심리적 기제 중 하나입니다. 다시 말하면, 사람은 복잡하고 미묘한 것을 간편하게 이해하려는 경향이 있다는 것입니다. 그러나 복잡하고 미묘한 인간의 마음을 이해하고 치유하기 위해서는 단순화된 이분법을 벗어날 필요가 있습니다. 하나님의 형상으로 창조된 인간은 하나의 관점으로 온전히 이해될 수 없는 다차원적인 존재이기 때문입니다.

창조 질서

하나님은 인간을 신경 생리, 심리 관계, 가족 체계, 사회 문화, 윤리 영적 질서를 포함하는 다차원적인 존재로 창조하셨습니다. 성경이 언급하는 하나님의 형상은 넓은 의미에서 인간의 몸과 마음, 관계, 문화를 포함하는 전체성(the whole person)을 의미합니다.

개혁주의 신학자 헤르만 바빙크(Herman Bavinck)는 전 존재로서의 인간은 개인적 수준을 넘어 공동체, 문화적 수준에 하나님의 형상 됨을 나타낸다고 말합니다.[2] 다시 말하면, 하나님의 형상으로서 인간은 각 객체로서 하나님의 영광을 드러내는 동시에, 하나님과 타인과의 관계 속에서 하나님의 영광을 드러내는 공동체적 존재이며, 사회 문화 가운데서도 하나님의 다스리심을 실현하는 다면적 존재라는 것입니다.

같은 맥락에서 기독교 심리학자 에릭 존슨(Eric L. Johnson)도 인간을 다차원적 존재로 이해합니다. 그는 인간의 다차원적인 요소가 하나님의 창조 질서에 따라 온전히 기능한다면, 그 자체가 하나님의 영광이 될 수 있다고 강조합니다.[3] 만약 생물학적 질서나 심리적 질서가 하나님의 창조 계획에 따라 제대로 작동한다면, 창조 질서 가운데 포함된 하나님의 뜻을 드러내기 때문에 그 자체가 하나님의 영광이 될 수 있다는 것입니다. 윤리 영적 질서는 더 직접적으로 하나님과의 관계성을 드러내기 때문에 보다 분명하게 하나님의 영광을 드러냅니다.

따라서 신앙적인 차원뿐만 아니라 인간의 모든 창조 영역 가운데 하나님의 질서를 발견하고 실현하는 것은 하나님의 형상 됨을 드러내는 중요한 방편입니다. 우리의 신경 생리, 심리 관계, 가족 체계, 사회 문화, 윤리 영적 질서가 하나님이 창조하신 대로 기능할 때 우리의 몸과 마음, 삶 자체가 하나님의 영광이 됩니다.

기독교 병리학

기독교 병리학(Christian pathology)은 트라우마가 깨뜨리는 다차원적인 인간의 창조 질서를 이해하고 진단하는 데 도움을 줍니다. 기독교 병리학은 성경을 중심으로 기독교 전통의 유산을 진지하게 탐구하고, 현대 심리학의 합리적인 발견들을 창조 은혜 안에서 비평적으로, 또한 건설적으로 활용하는 인간 병리에 대한 전인적 진단 체계입니다.

기독교 병리학은 하나님이 보시기에 좋도록 창조하셨으나 타락으로 왜곡된 인간의 현실, 그러나 여전히 섭리 안에서 하나님이 운행하고 계신 이 세상에 대한 성경적 이해를 바탕으로 합니다. 이 접근은 영적 현실을 고려하지 않는 자연주의적 관점이나 모든 세속적 관점을 거부하는 극단적인 영적 환원주의를 피합니다. 다시 말하면, 기독교 병리학적 접근은 성경의 계시를 중심으로 자연과학적 인간 이해를 일반은총의 범주 아래 비평적으로, 건설적으로 활용하는 관점을 갖고 있다는 것입니다.

또한 기독교 병리학은 '정신 병리'가 아닌 '병리'라는 용어를 사용하는데, 두 가지 이유가 있습니다. 첫째, 인간의 타락이 단순히 정신적인 부분에 국한되지 않기 때문입니다. 둘째, 고통의 문제는 때때로 심리적 문제를 넘어 뇌신경계를 비롯한 신체의 손상 및 장애 등에 기인하기 때문입니다.

사실 '병리학'이라는 용어는 현대 사회에서 인간 질병에 대한 원인과 성질을 탐구하는 학문으로 통용됩니다. 그러나 병리학의 어원적 의미는 몸의 질병에 대한 연구에 국한되지 않습니다. 어원을 살펴보면, 병리학은 고통, 감정 등의 의미를 지닌 'πάθος'와 이성, 논리 등의 의미를 가진 'λόγος'의 결합으로, 넓은 의미에서 '고통에 대해 탐구하는 학문'으로 이해할 수 있습니다.

이에 기독교 병리학은 질병(disease)의 관점에서 인간의 문제를 바라보는 좁은 의미의 관점을 극복하고, 기독교 실재로서 인간의 모든 고통의 문제는 궁극적으로 타락, 곧 죄로부터 비롯되었다는 성경적 관점에 기초하여 하나님의 형상으로 창조된 질서의 왜곡(dis-order)이라는 측면에서 다양한 삶의 문제를 탐구합니다. 따라서 기독교 병리학은 성경 계시를 중심으로 죄와 고통의 범주는 물론 하나님의 형상으로 창조된 인간의 신경 생리적 질서, 심리 관계적 질서, 가족 체계적 질서, 사회 문화적 질서, 윤리 영적 질서의 왜곡, 곧 인간 타락의 양상을 총체적으로 탐색함으로써 인간 병리를 이해합니다.

기독교 병리학 체계

기독교 병리학 체계는 죄, 장애 및 질병, 고통의 범주로 구성됩니다. 죄는 원죄, 자범죄, 사회 문화적 죄를 포함하는 윤리 영적 문제를 탐색합니다. 장애 및 질병은 신경 생리, 심리 관계, 가족 체계, 사회 문화적 왜곡을 진단하고, 고통은 신체적, 정서적 고통의 실제와 함께 고통 너머 하나님의 섭리, 신앙적 의미를 탐구하는 구조입니다.

궁극적으로 이 접근은 하나님의 섭리 안에서 하나님의 형상 됨의 각 영역이 어떤 질서로 창조되었고, 죄로 깨어진 그 질서가 어떻게 고통, 질병 및 장애 등의 문제를 야기하는지, 그 깨어진 질서가 그리스도 안에서 어떻게 회복될 수 있는지를 성경 계시를 중심으로 일반은총으로서 다양한 이론들을 비평적으로 활용하여 각 사람이 하나님 앞에 그리스도를 닮은 존재로서 살아가게 함을 목표로 합니다.

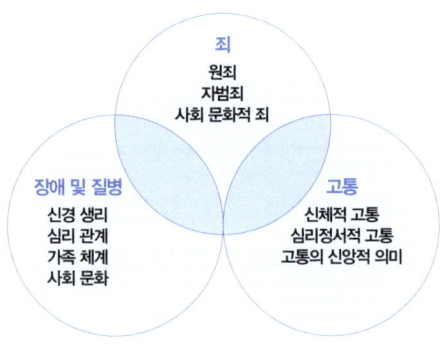

〈기독교 병리학 체계〉

　기독교 병리학 접근은 트라우마를 이해하는 데 있어서 사탄의 역사를 하나의 범주로 구분하지는 않습니다. 물론 사탄의 역사는 우리를 고통스럽게 하는 영적 실재 중 하나입니다. 성경은 악한 영이 우리를 미혹하고, 죄에 빠지게 하기도 하며, 고통의 원인이 될 수 있음을 증거합니다. 성경은 하나님이 선하게 창조하셨던 천사들의 일부가 죄 가운데 타락함으로 하나님 나라와 주권을 떠나 인간의 타락을 종용하고 있음을 가르쳐 줍니다. 사탄은 거짓의 아비이며, 인간을 유혹하고, 심지어 하나님의 말씀을 인용하면서까지 우리를 죄에 빠뜨리려 합니다(창 3:1-7; 마 4:1-11; 요 8:44).

　그러나 기독교 병리학에서 사탄의 역사를 죄 진단의 한 범주로 고려하지는 않는데, 그 이유는 첫째, 사탄의 역사는 우리의 생각, 감정, 동기, 행동 등 다양한 영역 가운데 죄를 범하게 만든다는 점에서 죄의 범주에 포함될 수 있기 때문입니다. 둘째, 사탄이 죄로 타락한 피조물이라는 측면에서도 사탄의 역사는 죄의 영역에 포함될 수 있기 때문입니다. 셋째, 우리 안에 살아 계신 성령의 지배가 사탄의 역사보다 더욱 강력하기 때문입니다.

  조직신학자 존 프레임(John Frame)에 의하면, 사탄의 역사, 혹은 귀신 들림은 분명 사람에 대한 죄의 지배의 한 형태이고, 우리는 종종 사탄에 의해 죄짓도록 유혹을 받지만, 하나님의 은혜로 그 유혹을 거절할 능력을 가진다고 논증합니다.[41] 즉, 우리 안에 내주하시는 성령의 역사하심으로 말미암아 우리는 사탄의 지배를 받지 않고, 그리스도 안에서 사탄의 역사를 이겨 낼 능력이 있다는 것입니다.

  사탄의 역사는 분명 우리의 삶에 영향을 주는 실재입니다. 그러나 그리스도 안에 있는 자들은 이미 그리스도의 십자가 공로로 사탄에게 승리했습니다. 따라서 성도 된 우리는 더 이상 사탄의 지배를 받지 않습니다. 우리 안에 살아 계신 성령 하나님이 우리로 하여금 사탄을 이기게 하시고, 생명의 성령의 법을 따라 살도록 인도하십니다. 따라서 성경은 다음과 같이 말합니다.

"그런즉 너희는 하나님께 복종할지어다 마귀를 대적하라 그리하면 너희를 피하리라"(약 4:7).

"근신하라 깨어라 너희 대적 마귀가 우는 사자같이 두루 다니며 삼킬 자를 찾나니 너희는 믿음을 굳건하게 하여 그를 대적하라 이는 세상에 있는 너희 형제들도 동일한 고난을 당하는 줄을 앎이라 모든 은혜의 하나님 곧 그리스도 안에서 너희를 부르사 자기의 영원한 영광에 들어가게 하신 이가 잠깐 고난을 당한 너희를 친히 온전하게 하시며 굳건하게 하시며 강하게 하시며 터를 견고하게 하시리라"(벧전 5:8-10).

트라우마와 죄

"너는 이것을 알라 말세에 고통하는 때가 이르러 사람들이 자기를 사랑하며 돈을 사랑하며 자랑하며 교만하며 비방하며 부모를 거역하며 감사하지 아니하며 거룩하지 아니하며 무정하며 원통함을 풀지 아니하며 모함하며 절제하지 못하며 사나우며 선한 것을 좋아하지 아니하며 배신하며 조급하며 자만하며 쾌락을 사랑하기를 하나님 사랑하는 것보다 더하며 경건의 모양은 있으나 경건의 능력은 부인하니 이 같은 자들에게서 네가 돌아서라"(딤후 3:1-5).

죄에 대한 이해는 기독교 병리학이 세속 심리학적 진단과 가장 분명하게 구분되는 차이점입니다. 일반 심리학적 접근은 죄의 용어를 고려하지 않습니다. 목회심리학자 브라이언 그랜트(Brian W. Grant)는 현대 심리학이 인간 병리에 숨겨진 죄를 질병으로 탈바꿈시켜 죄의 "심리학화"를 야기했다고 지적합니다.[5] 기독교 심리학자 마크 맥민(Mark R. McMinn)도 죄의 언어가 질병으로, 은혜의 언어가 무조건적 수용으로 변화되어 가는 치료적 문화의 현실에 대해 우려를 표합니다.[6]

죄인 된 인간의 본질을 고려할 때, 죄 문제에 대한 진단이 없다면 성경적 관점에서 인간을 이해하는 중요한 요소를 잃게 됩니다. 이런 현실을 직시하며 기독교 심리학자들은 죄에 대한 이해가 하나님이 창조하신 인간의 병리성을 탐구하는 데 필수적인 동시에 "새롭고 대안적인 포괄적 이해 모델(a new, alternative, comprehensive explanatory model)"이 될 수 있음을 강조합니다.[7]

이런 맥락에서 기독교 병리학은 궁극적으로 죄가 트라우마, 더 나아가 고통의 근원임을 강조합니다. 성경은 한 사람으로 말미암아 죄가 세상에 들어왔고(롬 5:12), 모든 사람이 죄를 지어 하나님의 영광에 이르지 못하며(롬 3:23), 그 가운데 모든 피조물은 허무한 데 굴복하며 고통받고 있다고 기록하고 있습니다(롬 8:20-22). 원죄 사건으로부터 죄가 세상에 들어왔고, 그로부터 수많은 자범죄가 직간접적으로 얽히고설켜 부패한 사회 문화적 시스템을 만들고, 그 가운데 많은 트라우마의 문제가 생기게 됩니다. 따라서 죄는 트라우마를 이해할 때 반드시 고려해야 할 문제입니다.

이에 기독교 병리학은 죄를 원죄, 죄 행위, 사회 문화적 죄로 구분해 트라우마 문제를 탐색합니다.

1) 원죄와 죄성

온 인류가 원죄 아래 타락했다는 성경의 교리는 트라우마의 근원이 원죄라는 사실을 말해 줍니다. 종종 트라우마와 죄를 별개로 생각하려는 경향이 있습니다. 사실 '외상'이라는 단어가 함의하듯, 트라우마 경험은 타인의 죄 된 행동으로 인한 상처인 경우가 많습니다. 따라서 트라우마 경험 속에 있는 자에게 직접적으로 죄를 지적하고 책임을 묻는 행동은 치료적 행위가 아닐 것입니다. 그러나 그렇다고 해서 그가 죄 아래 거하지 않는 것은 아닙니다. 성경은 온 인류가 원죄의 영향력 아래 있고, 그 결과 죄 된 행동과 오염, 트라우마 사건이 일어남을 증거합니다.

원죄는 모든 인간 병리의 시작입니다. 인류의 모든 죄, 장애 및 질병, 고통의 근원은 원죄입니다. 아담과 하와가 역사 속에 보였던 원죄의 본질은 여전히 죄인 된 인간 모두의 내면에 죄성으로 자리 잡고 있습니다.[8] 하나님의 말씀보다 세상을 더 따르고, 하나님의 말씀보다 자기 정욕과 욕심을 따르는 오늘 우리의 모습은 선악과를 따 먹었던 아담과 하와의 모습과 전혀 다르지 않습니다. 하나님을 전적으로 신뢰하고 그분의 말씀에 순종하기보다, 자기 소견으로 판단하고 자기가 원하는 대로 삶의 방향을 선택하는 것이 오늘날 타락한 인류의 보편적인 죄성입니다. 원죄로부터 시작된 인류의 죄성은 우리 마음속에 하나님이 기뻐하지 않으시는 생각과 동기, 태도, 반응을 만들고, 죄 행위들의 끊임없는 역동 가운데 트라우마 사건, 트라우마 관계, 트라우마 사회를 만듭니다.

따라서 기독교 병리학은 원죄의 영향 아래 왜곡된 기준, 목적, 동기, 믿음, 사랑 안에 숨겨진 죄성을 탐색합니다. "삶의 목적은 무엇인가? 어떤 선택, 태도, 말, 행동 이면에 숨겨진 나의 동기와 신념은 무엇인가? 그것들을 하나님이 기뻐하시는가? 궁극적으로 진정 사랑하는 것은 무엇인가?" 등 이런 질문들은 우리 내면에 숨겨진 죄의 본성을 보게 합니다.

2) 죄 행위

타락한 인간의 죄성은 결국 죄 행위를 만들어 냅니다. 성경은 마음에 하나님을 두지 않음으로 합당하지 않은 일, 곧 모든 불의, 추악, 살인, 간음, 사기, 비방, 음란 등의 죄 된 행동을 하게 된다고 말합니다 (롬 1:28-32; 골 3:5).

죄 행위로 구분되는 기독교 병리학의 진단은 교회 역사에서 자범죄로 이해되어 온 개념과 유사합니다. 원죄가 인류 전체의 상태, 곧 모든 병리의 궁극적 근원과 죄의 속성에 대한 고려였다면, 죄 행위 혹은 자범죄는 구체적인 삶의 정황에서 죄 문제에 대한 정직한 성찰입니다.

트라우마와 관련된 죄 행위에 대해 우리는 주체와 객체를 구분할 필요가 있습니다. 많은 경우 트라우마는 타인의 죄 행위가 직접적인 원인이 되곤 합니다. 타인의 지나친 욕심, 부정의, 비난과 비방, 조롱, 폭언, 폭행 등으로 무고하게 피해를 입는 사람들이 많습니다. 이런 경우 많은 피해자가 만성적인 죄책감과 수치심을 경험합니다. 그들에게는 위로가 필요합니다. "너의 잘못이 아니야. 괜찮아"라는 위로의 말이 필요하고, 그들은 그 말을 내면으로 받아들일 수 있어야 합니다.

가해자의 죄와 자기의 죄를 구분하는 것은 불필요한 거짓 죄책감과 수치심으로부터 벗어나 자기 주체성을 회복하는 치료적 과정의 한 부분입니다.

그러나 종종 삶의 어떤 고통과 아픔은 자기의 죄 행위에서 비롯되기도 합니다. 또한 과거 트라우마로 인한 고통에 대한 회피, 보복, 혹은 부인 등으로 죄 행위를 합리화하는 경우도 있습니다. 이처럼 죄 행위에 대해 스스로가 주체인 경우는 그리스도 앞에서 자기 죄에 대한 정직한 직면과 죄 고백, 죄 죽임의 과정이 필요합니다.

또한 죄 행위는 행함의 죄(sin of commission)와 행함이 없는 죄(sin of omission)로 구분될 수 있습니다. 행함의 죄는 하나님 말씀을 기준으로 하지 않아야 할 행동을 하는 죄인 반면, 행함이 없는 죄는 마땅히 해야 할 행동을 하지 않는 죄입니다.[9] 예를 들면, 이웃에 대해 거짓을 말하고 비방하는 것, 혹은 부정이나 절도, 살인 등의 범죄를 저질렀다면, 그것은 행함의 죄를 범한 것입니다. 그러나 아이를 사랑으로 양육해야 할 부모가 아이에게 기본적인 돌봄의 의무를 다하지 않고 유기 및 방임을 했다면, 그것은 하나님이 자녀를 허락하시면서 부모에게 주신 마땅한 사명을 행하지 않은 죄입니다.

이러한 죄 행위는 관계적 속성이 있습니다. 본질상 죄는 하나님의 주권을 떠나 그분의 말씀을 거역하는 수직적 관계의 문제이고, 이웃과 공동체에게 거짓과 속임, 조롱과 조종, 폭력과 악을 행하는 수평적 관계의 문제입니다.[10] 따라서 한 사람의 죄는 반드시 죄의 결과로 인해 다른 누군가에게 어떤 형식으로든 부정적인 영향을 주게 됩니다. 그렇다면 누군가의 죄 행동은 다른 누군가에게 트라우마의 고통을 주는 직접적인, 혹은 간접적인 원인이 될 수 있습니다.

알코올중독자인 아버지의 폭력은 자녀가 성장하는 동안 평생 지울 수 없는 상처를 남기고, 그 결과 그가 건강한 인간관계를 맺는 것에 어려움을 겪게 하는 원인이 될 수 있습니다. 약한 친구를 괴롭히거나 집단 따돌림을 행할 때, 피해 청소년은 죽음을 생각할 만큼 어려움을 겪습니다. 테러리스트의 정치적, 혹은 종교적 행동은 수많은 사람의 목숨을 빼앗아 가고 그들의 가족들에게 큰 고통을 남깁니다.

실제로 트라우마 사건의 대부분은 누군가의 죄 된 행동과 연관되어 있습니다. 이런 현실 가운데 죄 행위에 대한 주체(가해자)와 객체(피해자)를 구분하고, 그에 따라 행함의 죄와 행함이 없는 죄를 구분하는 것은 자기 죄에 대한 솔직한 직면과 회개의 과정이 되는 동시에 타인의 죄에 대한 불필요한 죄책, 곧 거짓 죄책감으로부터 자유를 얻게 하는 치유의 한 국면입니다.

3) 사회 문화적 죄

죄는 전염성이 있습니다. 죄의 전염성은 인간관계를 넘어서 공동체와 사회에 부정적인 영향을 줍니다. 죄 된 선택과 행동 패턴은 점진적으로 그 주체가 되는 집단의 이데올로기와 사회 질서, 행동 양식에 영향을 주어 죄 된 사회 문화적 시스템을 형성합니다.

예를 들면, 소돔 사람들은 "노소를 막론하고 원근에서 다 모여" 그 땅을 방문한 두 천사를 "상관"하려 했습니다(창 19:4-9). 이는 어린아이부터 어른에 이르기까지 도시 전체가 죄의 문화에 물들어 있었던 상황을 보여 줍니다. 또한 바리새인들은 자기의 유익을 위해 유대법을 이용하여 예수를 죽이려는 죄 된 집단 사고를 보였습니다(요 11:45-53).

이처럼 죄 된 시스템과 문화가 형성될 때, 구성원들 가운데 누군가는 부당하게 상처받고 억압당하며 고통 속에 거하게 됩니다. 사회적 계층주의, 경쟁 및 결과 중심주의, 성에 대한 상품화, 탈북민 혹은 다문화, 장애인, 결손 가정에 대한 편견과 차별, 왜곡된 가족 질서 등 오늘날 다양한 사회 문화 영역에 죄 된 구조가 형성되어 있습니다. 그 가운데 많은 사람이 상처와 아픔을 경험하고 있습니다.

정리해 보면, 트라우마는 원죄로부터 비롯된 인간의 죄성, 특정한 죄 행동들, 그리고 타락한 사회 문화적 요인이 복합적으로 작용한 결과 중 하나입니다.

가정 폭력을 예로 들어 보겠습니다. 원죄의 교리는 모든 사람이 하나님의 말씀을 떠나 육체의 정욕을 따르는 죄 된 본성이 있음을 나타냅니다(원죄의 상태). 이런 죄의 상태에서 한 가해 아버지는 손과 발, 야구 방망이로 몸에 피멍이 들도록 자녀들을 때렸고 아이들에게 "쓸모없는 자식들", "태어나지 말았어야 할 놈들", "그렇게 살 거면 나가 죽어" 등 입에 담지 않아야 할 말들을 쏟아부었습니다. 자신의 죄 된 생각과 감정, 판단과 습관에 따라 아이들에게 폭행과 폭언이라는 죄를 범하고 있는 것입니다(행함의 죄). 동시에 그는 자녀들을 사랑으로 돌보고 그들에게 하나님의 형상을 아름답고 건강하게 비춰 주어야 할 부모로서의 책임을 저버렸습니다(행하지 않는 죄). 그 결과 상처받은 이 아이는 낮아질 대로 낮아진 자존감과 죄책감, 억압된 분노를 비행과 학교 폭력의 형태로 표출하게 됩니다(죄의 파괴적 영향력).

그러나 학교 폭력의 양상이 극단적인 수준에 이르기까지 학교나 사회는 아무것도 해주지 못했습니다. 가족 구성원은 수치스러운 마음에 아버지의 학대를 드러내지 못했습니다. 게다가 아버지가 가족의 경제의 유일한 수입원이었기 때문에 학대는 마치 돈 벌어 오는 것에 대한 권리 행사처럼 여겨졌습니다. 어머니는 "그래도 아빠가 있으니까 우리가 이렇게 살 수 있는 거야" 하며 아이들을 달랬습니다. 아이들도 독립해서 나갈 때까지만 참자는 마음으로 버텼습니다. 가정 폭력의 죄를 중심으로 병리적인 가족 체계가 만들어진 것입니다.

한번은 아이가 폭력을 견디다 못해 경찰서에 가서 도움을 요청했습니다. 그러나 경찰관은 아이를 데리고 집으로 찾아와 아버지에게 주의만 주며 어떤 안전 조치도 하지 않고 돌아갔습니다. 그날 아이는 더 많이 아버지로부터 폭행을 당했고 폭언을 들었습니다. 그 후 이 아이는 어른(사회)은 믿을 수 없다며 더 이상 신고하거나 도움을 요청하지 않았다고 고백했습니다(가족 체계 및 사회 문화적 죄).

좀 더 거시적인 역동의 사례를 살펴보겠습니다. 사라 바트만(Sarah Baartman, 1789-1815)의 삶은 인간의 고통과 연결된 잔인한 죄의 양상을 잘 보여 줍니다.[11] 1884년 베를린 회담에서 공식적으로 선언된 제국주의 유럽의 아프리카 쟁탈전은 나미비아의 독립에 이르기까지 약 100년 넘게 지속된 폭력적인 사회 문화 시스템이었습니다. 바트만은 이 시기에 희생되었던 남아프리카 코이코이족 여성입니다.

기록에 따르면, 당시 코이코이족의 여성들은 백인 여성들에 비해 엉덩이의 지방층이 두꺼운 체형을 지니고 있었다고 합니다. 이를 본 영국인 윌리엄 던롭(William Dunlop)은 코이코이족 여성의 체형이 유럽인들에게 큰 볼거리가 될 것이라 생각했습니다. 그래서 그는 10대에 불과했던 바트만에게 돈을 벌게 해주겠다며 노예 계약에 사인하게 했습니다.

바트만은 고향을 떠나 유럽으로 팔려오게 되었고, 1810년 영국 런던 피카디리에서 열린 "이상한 쇼"(Freak Show)에 서게 되었습니다. 그녀는 '호텐토트의 비너스'라는 이름으로 자신의 나체를 전시해야 했습니다. 당시 유럽인들은 코이코이족을 사람으로 생각하기보다 우수한 유인원 정도로 생각했다고 합니다. 그래서 바트만은 '사람'을 의미하는 '코이코이'가 아니라 '열등하다'는 의미를 지닌 네덜란드어 '호텐토트'의 비너스로 불렸던 것입니다.

그녀는 극장, 유흥가 등 유럽 전역에서 엉덩이와 큰 가슴을 드러내는 인종 전시를 해야 했고, 프랑스의 자연사 박물관에서는 3일 동안 벌거벗은 상태로 엉덩이와 성기를 보여 주어야 했습니다. 이를 보며 비교해부학자 및 동물학자들은 논문의 주제로 삼기도 했으며, 코이코이족의 체형이 진화한 백인과 다른 이유를 성욕 과잉으로 해석하기도 했습니다.

그녀는 수년 동안 제대로 된 돌봄을 받지 못했고 마치 야생 동물처럼 다루어졌습니다. 충분한 휴식도, 음식도 제공받지 못했고, 하루에 10시간이 넘도록 자기 몸을 관객들에게 전시해야 했습니다. 그녀의 건강은 급격하게 나빠졌습니다. 시간이 지나면서 점점 그녀의 몸 관람에 대한 관객들의 흥미가 떨어지기 시작했습니다. 결국 그녀는 성매매까지 강요당하게 된 끝에 1815년 20대의 젊은 나이에 프랑스 파리에서 숨을 거두게 됩니다.

그 후 그녀의 시신은 뇌와 성기가 분리된 채 프랑스 해부학자에게 양도되어 "인간이 멈추고 동물이 시작되는 지점"을 찾아내는 연구에 사용되었고, 연구 후 그녀의 유해는 유리병에 담겨 분리된 채 186년 동안 프랑스 인류학 박물관에 소장 및 전시되었습니다. 이런 역사에 대해 책임을 느낀 남아공 정부는 1993년 프랑스 정부와의 7년간 협상 끝에 2002년 5월, 그녀의 유해를 고국으로 가져와 묻고 그녀의 영혼을 위로했습니다.

바트만의 사례는 다양한 죄의 역동이 한 사람이 인생을 어떻게 망가트려 가는지를 적나라하게 보여 줍니다. 그녀는 인간 욕심의 거대 담론으로서 제국주의 패권 논리에 희생당한 식민지의 여성이었습니다. 또한 그녀는 피부색을 중심으로 한 인종차별의 피해자였습니다. '호텐토트', '인간이 멈추고 동물이 시작되는 지점' 등의 표현은 그녀가 당시 유럽인들에게 인간으로조차 여겨지지 않았음을 시사합니다. 또한 그녀는 사람을 돈 버는 수단으로 사용하는 맘모니즘의 극단과 성을 사고파는 음란 문화의 피해자였습니다. 결국 그녀는 죄에 물든 인간의 생각과 문화가 만들어 낸 죄의 피해자였던 것입니다.

그러나 안타깝게도 그 당시 문화에 익숙한 많은 사람은 그녀를 전시하고 관람하고 매매하면서 죄를 범하고 있는지조차 알지 못했습니다. 바트만의 사례는 오늘날 인권을 고려하면 있을 수 없는 폭력 행위입니다. 그러나 당시 사회 문화에서는 전혀 문제가 되지 않는 것이었습니다. 당시 사회 문화는 남아공에서 온 흑인 여성 바트만을 사람으로 여기지 않았기 때문입니다. 그녀의 삶은 당시의 문화가 인종주의, 백인우월주의, 인신매매, 성의 상품화, 맘모니즘 등 다양한 죄의 영향력 아래 있었음을 보게 합니다.

무서운 사실은 오늘날 고통 가운데 있는 우리의 삶도 형태는 달라졌으나 죄의 본질이라는 측면에서 볼 때 크게 다르지 않은 상황 속에 직면하고 있다는 것입니다. 여전히 죄가 죄인 줄도 모르고 만들어지는 죄 된 사회 문화 속에서 많은 이가 죄의 파괴적 영향력으로 상처받고 고통받고 있습니다. 많은 경우 우리의 아픔은 계급, 지역, 권력, 돈, 인종, 민족, 성 등과 관련된 다양한 죄의 역동이 복잡하게 얽혀 있습니다.

이처럼 죄는 트라우마와 분리될 수 없는 부분입니다. 따라서 우리는 트라우마를 이해할 때 죄의 범주를 반드시 고려해야 합니다. 이에 기독교 병리학은 인간의 고통과 문제를 둘러싼 다양한 죄의 양상을 진단함으로써 하나님 나라를 향한 성경적 개혁과 변화를 향한 현장의 목소리를 담아내는 실천을 촉구하는 진단의 방향성을 갖습니다. 죄에 대한 직면이 있고 난 뒤에야 비로소 우리는 하나님의 은혜를 바라볼 수 있기 때문입니다.

죄 진단의 궁극적 목적 : 그리스도께 나아감

죄 문제를 다룰 때 반드시 기억해야 할 것이 있습니다. 트라우마와 관련된 죄에 대한 고려는 누군가를 정죄하는 것을 목적으로 하지 않는다는 것입니다. 죄에 대한 고려는 오히려 죄 된 현실을 직시하면서 함께 애통하고, 함께 그리스도께 나아가 그리스도 안에서 죄로부터 자유를 얻는 데 목적이 있습니다.

죄는 하나님이 창조하신 인간 본연의 질서가 아닙니다. 온전한 하나님의 형상의 회복을 위해서 죄는 반드시 제거되어야 합니다. 죄 문제의 근본적인 해결은 예수 그리스도밖에 없습니다. 따라서 죄에 대한 이해는 우리 모두의 시선을 겸손하게 그리스도께 향하게 합니다.

트라우마가 원죄로부터 시작되었고, 다양한 죄 행위와 죄에 물든 사회 문화의 역동을 고려함은 결국 예수 그리스도가 트라우마 문제의 궁극적인 소망이시라는 사실을 고백하는 것입니다. 그러므로 죄의 언어는 궁극적으로 은혜의 언어입니다. 이는 우리 모두의 죄와 죄로 오염된 세상 가운데 고통받을 수밖에 없는 인간의 실존에 함께 애통하며 겸손하게 하나님의 은혜를 구하는 진실한 신앙 고백입니다.

> "여호와여 주의 긍휼을 내게서 거두지 마시고 주의 인자와 진리로 나를 항상 보호하소서 수많은 재앙이 나를 둘러싸고 나의 죄악이 나를 덮치므로 우러러볼 수도 없으며 죄가 나의 머리털보다 많으므로 내가 낙심하였음이니이다 여호와여 은총을 베푸사 나를 구원하소서 여호와여 속히 나를 도우소서"(시 40:11-13).

트라우마와 장애 및 질병

장애 및 질병은 하나님이 세우신 창조 질서의 깨어짐(dis-order)으로, 다양한 형태의 기능적 손상, 제한 및 왜곡을 의미합니다. 예를 들어, 하나님에 대한 불신이나 타인을 자기 이익을 위해서 이용하는 이기적인 마음은 죄이지만, 어린 시절 트라우마의 경험으로 생긴 만성적인 관계 불안, 혹은 사회적 회피는 심리 관계적 장애로 이해할 수 있습니다. 예수님도 나면서 맹인 된 자를 보시며 그 장애는 그의 부모의 죄도, 그의 죄도 아니라고 말씀하셨습니다(요 9:3). 따라서 장애 및 질병은 죄와 다르게 이해할 필요가 있습니다.

이에 기독교 병리학은 신경 생리적 질서, 심리 관계적 질서, 가족 체계적 질서, 사회 문화적 질서로 구분해 트라우마가 야기하는 장애 및 질병의 범주를 이해합니다. 각 질서에 대한 구체적인 내용은 책의 목적을 벗어나기 때문에 이 장에서는 간략하게 소개만 하도록 하겠습니다.

1) 신경 생리적 질서

하나님은 사람을 육신을 입은 존재로 창조하셨습니다. 바빙크(Bavinck)는 다음과 같이 말합니다.

"육체도 하나님의 형상에서 제외되지 않는다. …하나님은 육체도 창조하셨고, 감각적인 세계 전체도 창조하신 분이시다. 물질적인 것들을 포함해서 만물이 하나님과 함께 계셨던 그 말씀 속에 그 기원과 존재를 두고 있다(요 1:3; 골 1:15)."[12]

따라서 우리 몸의 질서가 어떠하고, 그 질서가 어떻게 왜곡되어 다양한 장애 및 질병을 야기하는지 확인하는 것은 하나님의 형상 된 인간의 병리적 상태를 이해하는 데 도움이 됩니다.

이런 맥락에서 현대 신경 과학의 발달은 인간의 뇌 구조와 신경계의 발달 및 변화 등에 대해 많은 정보를 줍니다. 오늘날 많은 연구가 트라우마로 나타나는 증상이 뇌신경계의 역동과 연결되어 있다는 것을 보여 주고 있습니다. 예를 들면, 트라우마 피해자들은 지나친 정서적 각성이나 플래시백, 언어 상실, 기억의 파편화, 망각, 해리, 비현실화, 비사회화 등의 증상을 나타내는데, 다양한 신경 생리학적 관점의 연구들이 트라우마 증상들의 원인과 발달 과정을 뇌신경계를 중심으로 설명해 주고 있습니다. 최근 이 접근은 폭력이나 약물 중독 등 다양한 사회적 이슈들과 트라우마성 신경계의 상관관계를 연구하며 그 범위와 적용을 점차 확장시키고 있습니다.

신경 생리적 질서에 대한 이해는 트라우마로 인한 신체화 증상이 나타날 때 적절하게 대응할 수 있게 한다는 점에서 트라우마 증상을 다루는 데 도움을 줍니다. 그러나 이 질서만을 강조할 경우, 자칫 의학적 접근 혹은 약물 치료 등에 의존적이 될 수 있다는 점과 몸의 질서를 넘어서는 인간관계 및 문화적 경험 등에 대한 복합적인 상관관계에 대한 고려를 충분히 하지 못한다는 점에서 한계가 있습니다.

2) 심리 관계적 질서

인간은 관계적 존재입니다. 하나님은 우리를 가족 공동체 안에 두셨고, 그리스도 안에서 한 몸 된 교회 공동체를 만드셨습니다. 하나님과 타인과의 관계 속에서 우리는 자신의 정체성과 역할, 관계 패턴을 발견하고 건강한 사회적 자아로 성장해 갑니다.

우리가 어떤 관계를 경험하는가에 따라 우리의 생각과 신념, 감정, 태도, 행동은 달라집니다. 특히 부모나 교사, 연인처럼 성장 과정에서 중요한 역할을 하는 타인과의 긍정적 혹은 부정적 관계 경험은 개인의 자기 구조와 이미지를 형성하는 데 큰 영향을 줍니다. 그래서 많은 학자가 대상 관계 혹은 애착 관계 등에 대해 연구하며 타인과의 관계가 자기의 생존과 발달에 필수적인 요소임을 강조합니다.[13]

그러나 인간관계가 항상 건강한 것이 아닙니다. 그래서 많은 사람이 관계 속에서 큰 상처를 경험합니다. 대인 관계 혹은 애착 대상으로부터 경험하는 트라우마는 건강한 자아 정체성과 자기 구조의 형성을 저해할 뿐만 아니라 이후의 관계에도 영향을 주어 타인과 건강하고 안정적인 관계를 맺고 유지하는 것도 어렵게 합니다. 따라서 이 관점은 과거와 현재의 인간관계 역동을 중심으로 트라우마를 이해합니다.

이 관점에 의하면, 트라우마는 비극적인 사건에 대한 반응 및 신체화 증상을 넘어 자아 형성과 관계 패턴의 건강한 발달에 영향을 주는 관계적 상처입니다. 이런 관점에서의 트라우마 연구는 왜곡된 관계 경험이 특히 생애 초기에 발생하는 경우 자기 구조와 심리 역동, 인지 도식, 애착 관계 및 패턴에 어떤 영향을 주는지에 초점을 둡니다.

심리 관계적 질서에 초점을 두는 이 접근은 우리의 관계 경험이 트라우마의 원인이 될 수도 있고, 트라우마의 치료적 자원이 될 수도 있음을 보여 줍니다. 그 가운데 하나님과의 관계 경험은 가장 근원적인 관계입니다. 하나님과의 관계에서 경험하는 은혜는 과거의 관계적 상처를 넘어 새로운 자아와 새로운 관계를 만드는 강력한 치료 자원이 됩니다. 하나님과의 관계를 통한 회복과 성장은 인간의 치료적 개입을 초월하는 하나님의 은혜입니다.[14]

3) 가족 체계적 질서

가족은 하나님 앞에서 사람이 경험하는 최초의 인간관계입니다. 태초에 하나님은 하나님의 형상 된 인간을 남자와 여자로 창조하시고, 둘이 한 몸이 되게 하심으로 가족을 이루셨습니다(창 1:17, 2:24). 성경적 관점에서 가족은 하나님의 주권과 섭리 아래 남편과 아내가 연합하고, 하나님의 뜻과 사랑과 성품을 서로에게 흘려보내며 자녀를 낳고, 그들을 거룩하게 양육함으로써 번성하고, 하나님 나라를 이 땅 가운데 펼쳐 가는 거룩한 기관입니다.

이에 개혁주의 목회자 존 파이퍼(John Piper)는 가족은 하나님의 영광을 드러내고, 특별히 남편과 아내는 "그리스도와 교회의 모형"이 되어 궁극적으로 신자들의 참 신랑 되신 그리스도를 갈망하며 거룩한 신부로서 살아가게 한다고 가르칩니다.[15] 또한 조직신학자 존 프레임(John Frame)은 가족은 "통치와 구원 모두에 있어서 하나님의 수단"이며, 사람들은 "가족으로서 땅을 채우고", "가족으로서 그리스도의 대사로 봉사"한다고 말합니다.[16] 같은 맥락에서 기독교 철학자 제임스 스미스(James Smith)는 가족을 "작은 하나님 나라(little kingdoms)"라 지칭하며 가족을 통하여 일하시는 하나님의 구속사적 섭리를 강조합니다.[17]

그러나 현실적으로 우리는 가정에서 하나님의 영광을 드러내고, 작은 하나님 나라의 모습을 나타내지 못하는 경우가 많습니다. 타락 이후 인류는 끔찍한 트라우마 사건들을 가족 관계 안에서 만들어 왔습니다. 인류 최초의 부부 아담과 하와는 하나님 앞에 죄를 범한 후 서로를 비난하며 왜곡된 힘의 투쟁을 시작했습니다.

성경학자 안드레아스 쾨스텐버거(Andreas J. Kostenberger)와 데이비드 존스(David W. Jones)는 "너는 남편을 원하고 남편은 너를 다스릴 것이니라"라는 창세기 3장 16절의 말씀을 타락 이후 자기중심적 죄에서 비롯된 조종과 통제의 욕망으로 깨어진 남편과 아내의 창조 질서로 이해합니다. 타락 이후 남편과 아내 사이의 끝없는 갈등이 사랑의 조화를 대신하고, 건강하지 않은 방식으로 서로 통제하고 지배하고 권위를 내세우기 시작했다는 것입니다.[18]

아담과 하와의 아들 가인은 동생 아벨을 죽이고 도망쳤고, 이삭은 아버지로부터 죽음의 위협을 당했습니다. 다말은 배다른 형제로부터 성폭행을 당했으며, 욥은 하루아침에 가족과 재산과 건강을 모두 잃고 자기가 태어난 날을 저주하기까지 이르렀습니다. 타락 이후부터 오늘에 이르기까지 수많은 트라우마 사건이 가족 안에 존재한다는 사실은 참 안타까운 현실입니다.

트라우마는 결코 그가 속한 가족과 분리될 수 없습니다. 가족은 구성원들이 함께 소통하며 함께 만들어 가는 하나의 체계이기 때문입니다. 만약 가족 역동이 건강하고 바르다면, 가족은 한 구성원의 트라우마에 함께 아파하고, 함께 직면하여 문제를 극복하고자 협력할 것입니다. 이런 경우 가족은 트라우마를 견디고 이겨 낼 수 있도록 도와주는 지지와 회복, 성장의 발판이 됩니다. 그러나 만약 가족 역동이 건강하지 않고 바르지 않다면, 안정감과 평안함, 성장의 근원이 되어야 할 가족 자체가 오히려 트라우마의 원천이 되기도 합니다.

　실제로 부모의 별거, 부부 갈등, 가족 구성원의 중독 및 질병, 학업 및 일과 관련된 스트레스, 직업 상실, 경제적 어려움, 관계 갈등, 외도, 유산, 낙태, 가정 폭력의 경험 및 목격 등 다양한 가족 생활의 정황 가운데 트라우마의 증상을 보이는 경우가 많습니다. 특히 양육 환경이 학대적이거나 방임적인 경우 아동들은 발달성 트라우마 장애를 보이곤 합니다. 역기능적 가족 관계에서 자발적 혹은 비자발적으로 병리적인 역할을 하게 되는 가족 희생양의 경우도 상당히 트라우마적 경험을 합니다. 서로의 아픔과 문제에 대해 가족들이 무관심하거나 오히려 비난하고 책임을 전가하는 가족 문화는 트라우마를 촉진하는 가족 환경 중 하나입니다. 무서운 것은 가족 안에 형성된 트라우마는 세대 간 전이되는 경우가 많다는 것입니다. 트라우마적 요소가 포함된 가족 질서가 가족 항상성을 형성하는 경우, 부모 세대의 어려움은 자녀 세대에게 전수되기도 합니다.

　따라서 가족 체계 가운데 트라우마를 촉진하는 맥락적 요소나 관계가 없는지 분별하고, 트라우마에 대한 가족 구성원의 부적절한 반응 등에 대해 탐색하면서 궁극적으로 우리가 속한 가족의 질서를 그리스도 중심적인 가족 질서로 변화시켜야 할 필요가 있습니다. 그리스도가 가족의 제사장, 선지자, 왕 되시는 질서를 통해 하나님의 뜻과 성품을 가족 체계 가운데 담아낼 수 있다면, 그 가정은 트라우마 문제를

넘어서 하나님의 은혜와 복을 양산하는 하나님 나라의 질서를 세워 갈 수 있을 것입니다.[19]

4) 사회 문화적 질서

트라우마를 이해하는 또 다른 접근은 사회 문화적 질서에 초점을 두는 것입니다. 최근 많은 학자가 신경 생리 및 심리 관계 중심의 트라우마 접근의 한계를 인식하면서 사회 문화적 요인을 함께 고려하고 있습니다.[20] 이 접근은 트라우마가 미시적인 개인 관계의 문제가 아니라, 사회 문화 역동과 관련된 거시적 문제라는 것을 강조합니다.

이 관점에 의하면, 어린 시절부터 경험되는 배타적 사회와 대중문화는 집단적 '타자화'(othering) 경향을 야기하고 '우리'와 다른 '너희' 집단에 대해 부정적인 특성을 투사함으로 타 집단에 대한 편견과 차별, 심지어 폭력 행동까지 정당화한다고 합니다. 그래서 그런 사회 속에서 구성원들은 집단적 트라우마를 경험할 수 있다는 것입니다.

실제로 인류의 역사는 전혀 합리적이지 않은 근거로 특정 집단을 잔인하게 억압해 온 긴 역사를 갖고 있습니다. 노예 제도를 비롯한 다양한 인종 차별, 성차별의 문화, 계급 갈등, 수많은 사람의 목숨을 빼앗은 홀로코스트 등은 지극히 평범한 사람들이 왜곡된 사회 문화 속에서 타 집단에 대해 얼마나 쉽게 편견을 형성하고 악한 행동에 동조할 수 있는지를 보여 주는 예입니다.

이런 사회 문화적 왜곡은 하나님이 태초에 좋아하신 창조 질서와는 거리가 있어 보입니다. 하나님이 권고하신 세상은 하나님의 사람들이 하나님을 사랑하고 이웃을 자기처럼 사랑하는 사회입니다. 그런 사회의 회복을 위해서는 트라우마를 야기하는 사회 문화의 진단과 개혁이 필요합니다.

트라우마와 고통

고통은 죄도 아니고, 장애나 질병도 아니지만, 트라우마 피해자 모두가 경험하는 문제입니다. 예를 들면, 갑작스러운 사고로 가족을 잃은 유가족들의 슬픔이나 어린 시절 부모의 부적절한 양육 태도로 인한 만성적인 수치와 거절감, 데이트 폭력 경험으로 인한 관계에 대한 두려움 등은 죄나 장애로 구분되지는 않지만, 당사자들에게 감당하기 어려운 고통을 야기합니다.

우리는 고통의 문제를 다룰 때 고통을 영적인 의미로 환원시키지 않도록 주의해야 합니다. 그럴 경우 고통의 실제에 대한 충분한 탐색과 이해를 할 수 없게 되고, 그 결과 적절한 치료적 개입도 하지 못할 위험이 있습니다. 너무나 아프고 힘들고 괴로운 상황 속에서 영적인 의미로 고통의 현실을 부인하고 덮어 버리는 일이 생길 수 있다는 것입니다.

가족을 잃고 장례식에서 주체할 수 없이 슬퍼하는 한 성도가 있었습니다. 교회 공동체가 위문을 왔는데도 계속 슬피 울며 마음을 주체할 수 없었습니다. 그러자 한 장로가 다가와 귓속말로 성도들 앞에서 그렇게 울면 덕이 안 된다고, 마음은 이해하지만 그만 울라고 조용히 전해 주었습니다. 이에 그 성도는 깜짝 놀라며 어쩔 줄 몰라 했습니다. 그 순간 장로에게 "죄송합니다"라고 사과까지 했습니다. 위로를 받아야 하는 순간이 사과를 해야 하는 순간이 되어 버렸습니다.

물론 성도의 죽음은 소망이 있는 죽음이기 때문에 하나님을 알지 못하는 사람이 죽음을 대하는 것과 달라야 합니다. 그러나 여전히 가족의 죽음은 주체하기 힘든 고통입니다. 그런 고통의 현장에서 신앙적 윤리 혹은 신앙적 체면을 고려하는 것은 적절한 위로가 될 수 없습니다.

또 한 사역자는 자녀의 수술을 앞두고 있었습니다. 어려운 수술이고 결과를 알 수 없는 수술에 그 사역자는 어두운 표정으로 두려움과 불안함을 표현하고 있었습니다. 그러자 선임 사역자가 조용히 다가와 우울한 표정을 성도들 앞에서 짓지 말라고, 성도들에게 기도 부탁을 하며 수술에 대한 자세한 상황을 말하지 말라고, 그러면 오히려 믿음이 없어 보인다고 조언해 주었습니다.

또 어떤 집사님은 고통스러워도 고난 중에 기뻐하라 말씀하셨기 때문에 슬퍼하지 못하고, 괜찮다고 억지로 미소를 짓기도 합니다. 그러나 그 후에 괴로움을 온전히 표현하지 못하고 억압하면서 우울과 분노로 의도하지 않은 상황 속에서 부적응적인 태도와 행동을 나타내기도 합니다.

이런 모습은 어떤 상황 속에서도 그리스도와 함께하기에 감사와 기쁨을 고백하는 그리스도와의 연합 상태와는 전혀 다른 것입니다. 이는 내주하시는 성령의 역사로 우리 내면에 근본적인 변화가 있는 것이 아니라, 영적인 측면에서 타인의 이목이나 자기체면 때문에 슬픈데 슬퍼하지 못하고, 아픈데 아파하지 못하고, 울고 싶은데 울지 못하는 것입니다. 이런 경우를 '영적 승리주의', 혹은 '영적 환원주의'라고 부릅니다. 이런 실천은 고통이 낳는 자연스럽고 당연한 정서적 반응들을 억압하여 오히려 건강하지 못한 생각과 태도, 행동들을 만들어 내고, 고통의 현실에 직면하지 못하게 함으로써 건설적인 변화와 성장을 방해합니다.

하나님은 우리 고통의 현실을 부정하지 않으십니다. 하나님은 우리의 애통과 탄식 소리를 들으시고 작은 신음에도 응답하시며, 우는 자와 함께 울고 위로하시는 분입니다. 따라서 고통에 대한 바른 기독교 관점의 이해는 고통을 영화하는 것에 있지 않습니다. 고통의 현실을 있는 그대로 직면하고 그와 함께 고통 너머 일하고 계신 하나님의 섭리와 통치를 신뢰하는 것이 고통을 바라보는 성도의 모습입니다.

따라서 기독교 병리학은 고통을 신체적 고통, 심리정서적 고통을 진실하게 탐색한 후에 그 고통에 대한 신앙적 의미 혹은 하나님의 섭리를 고려합니다. 신체적 혹은 정서적 고통은 있는 그대로 공감 가운데 수용되어야 합니다. 안전하고 안정적인 관계 속에서 고통이 수용된 후에야 비로소 우리는 그 고통이 무엇인지 알게 되고, 그 고통을 충분히 자기 삶의 현실로 경험하여 그 고통을 소유하고 다룰 수 있게 되며, 그 너머에 계신 하나님의 섭리를 볼 수 있습니다.

고통의 실제에 대한 정직한 직면 없이 영적 의미만 입히게 되면 분리될 수 없는 몸과 영적 질서가 분열됩니다. 그 결과 고통의 현실, 곧 몸의 질서를 부인하고 억압하여 전인적인 회복 및 성장을 경험하지 못하게 되고, 시간이 지나면 영적인 공허함에 빠질 수 있습니다. 실제로는 그렇지 않은데 겉으로만 "괜찮다", "감사하다"라고 말하면서 고통의 현실을 부인하는 것입니다. 그러나 그 이면에 억압된 슬픔과 분노를 해결할 방법이 없어 점점 사고와 감정의 단절이 일어나고, 신앙생활 속에서도 공허함을 느끼게 되는 것입니다. 그러면 공허함 가운데 중독이나 무기력, 우울감에 더 취약해지게 됩니다.

사실 우리가 느끼고 생각하고 반응하고 행동하는 모든 것은 영적인 질서와 분리되지 않습니다. 이를 분리하는 것은 과거 영지주의 이단의 왜곡된 모습입니다. 우리의 전인, 곧 신체 반응, 정서적 경험, 인지 체계, 의지적 선택, 태도 및 행동, 가족 문화 등 모든 질서는 영적입니다. 따라서 우리는 하나님 형상 됨의 모든 창조 질서가 하나님이 기뻐하시는 질서대로 기능하고 그분의 온전하심처럼 온전해지기까지 가장 온전한 하나님의 형상이신 그리스도를 바라볼 수 있어야 합니다. 그렇게 우리의 전인이 하나님의 뜻과 섭리대로 기능할 때, 우리는 하나님의 영광을 삶으로 담아낼 수 있을 것입니다.

기독교 병리학의 치료적 함의

1) 죄

첫째, 모든 인류가 전적으로 타락했다는 죄의 교리는 가장 근본적인 공감의 기초가 됩니다.[21] 트라우마 사건은 궁극적으로 모든 사람이 죄로 타락한 결과 중 하나입니다. 죄의 보편성에 대한 공유된 인식은 인간의 타락에 대해 함께 애통하고, 함께 그 아픔에 공감하게 합니다. 이는 타락한 세상 가운데 혼자가 아님을 기억하게 하며, 서로를 향한 돌봄의 문화를 형성합니다.

둘째, 죄 진단은 죄 행위의 주체와 객체 구분을 통해 불필요한 거짓 죄책으로부터 벗어날 수 있는 기회를 제공합니다. 많은 경우 트라우마의 피해자들은 본인의 잘못이 아님에도 불구하고 트라우마 사건으로 인해 죄책감을 갖곤 합니다. 따라서 가해자의 죄를 구분하는 것은 거짓 죄책으로 짓눌린 자기 주체성을 회복하기 위한 중요한 치료 과정입니다.

셋째, 죄에 대한 논의는 마음의 우상을 발견하게 하고, 죄 고백과 회개, 변화를 위한 결단을 촉구합니다. 트라우마 사건을 정직하게 돌아볼 때 우리는 힘, 사회적 명성, 학벌, 물질, 성, 관계 등 하나님보다 더 사랑하는 다양한 마음의 우상을 보게 됩니다. 그리고 우상의 형태와 상관없이 그 마음의 중심에는 하나님보다 자기를 사랑함이 숨겨져 있습니다(딤후 3:1-5).

성경적 상담학자 히스 램버트(Health Lambert)는 인류 역사상 모든 죄의 뿌리는 공통적으로 하나님 사랑과 이웃 사랑의 실패에 있다고 지적하며, 성경은 그 근원에 다른 모든 것보다 자기를 사랑함, 곧 스스로 하나님이 되고자 하는 욕망이 자리 잡고 있음을 가르친다고 강조합니다.[22] 따라서 기독교 병리학은 궁극적으로 삶의 기준과 목적, 동기, 신념 이면의 가장 근본적인 마음의 역동으로서 내담자가 사랑하는 것, 곧 마음의 우상이 무엇인지 탐색하고, 자기 죄에 대한 고백과 회개를 통해 우리의 왜곡된 사랑의 방향과 질서를 다시 그리스도 안에서 회복하게 합니다.

넷째, 트라우마 이야기는 그가 속한 공동체, 사회와 문화의 왜곡된 질서를 보여 줍니다. 트라우마 사건을 통해 우리는 일상을 둘러싼 사회 문화적 죄를 보게 됩니다. 한 공동체 된 우리는 한 지체의 트라우마 사건을 통해 드러나는 사회 문화적 죄를 진단하고, 하나님의 말씀에 따라 개혁과 변화의 목소리를 외쳐야 할 선지자적 사명을 얻습니다.

다섯째, 모든 인간이 죄의 상태에 있다는 사실은 우리의 시선을 그리스도께 돌리게 합니다. 모든 사람이 스스로 자신을 구원하거나, 자기 의지로 거룩, 의에 이를 수 없는 죄인입니다. 인간은 스스로, 혹은 서로의 죄 문제를 해결할 수 없습니다. 죄에 대한 기독교 병리학은 인간에게서 궁극적인 회복의 길을 찾지 않습니다. 인류의 죄 된 상태를 변화시킬 수 있는 분은 오직 그리스도뿐이십니다. 따라서 죄에 대한 트라우마 병리학으로부터 얻을 수 있는 궁극적인 치유의 원리는 그리스도와의 연합입니다.

2) 장애 및 질병

첫째, 다양한 창조 질서의 왜곡을 살펴보는 장애 및 질병의 범주는 트라우마가 인간의 일상적 기능에 미치는 영향이 얼마나 파괴적인지를 보여 주며, 각 영역의 손상에 대한 다양한 현대 치료적 접근을 비평적으로, 또한 건설적으로 활용할 자유를 줍니다.

그리스도인이라고 해서 창조 은혜 가운데 주어지는 다양한 의학적 혹은 심리 치료적 개입을 무조건적으로 거부하는 것은 극단적인 사고입니다. 우리는 성경 계시를 중심으로 다양한 접근을 창조 은혜 가운데 비평적으로, 건설적으로 활용할 수 있습니다. 트라우마 치유에 있어서 몸의 안정감을 다루는 신경 생리적 개입, 인지 왜곡이나 양육 관계의 역동을 이해하는 적용, 가족 체계 및 상호작용에 대한 치료적 개입, 사회 문화적 억압과 편견에 대한 접근 등 다양한 관점은 트라우마가 야기하는 기능적 손상에 대한 효과적인 전략들을 세우는 데 도움을 줍니다. 트라우마에 대한 이해는 한 가지 접근만으로는 충분하지 않으며, 신경 생리, 심리 관계, 가족 체계, 사회 문화에 이르기까지 다양한 관점을 고려할 때 더 적절하게 도움을 줄 수 있습니다.

둘째, 그러나 장애 및 질병의 범주를 강조하는 접근들은 하나님의 형상에 대한 전인적 이해를 제공하는 것에는 한계가 있기 때문에 기독교 병리학은 반드시 죄와 고통의 범주를 함께 고려해야 합니다. 오직 하나님의 계시된 말씀만이 하나님의 형상으로 창조된 인간에 대한 본질적 이해와 다양한 질서들에 대한 체계를 제시할 수 있습니다.

셋째, 때때로 장애 및 질병은 하나님의 뜻 안에서 받아들여야만 합니다. 트라우마가 남긴 어떤 장애는 때때로 한평생 우리의 몸과 마음에 남아 있는 경우가 있습니다. 어떤 종류의 장애는 부인하고 싶고 제거하고 싶지만 사라지지 않습니다. 이런 경우 우리는 그 아픔을 선하신 하나님의 섭리에 대한 믿음으로 수용할 수 있어야 합니다.

이 부분에 있어서 부활하신 예수 그리스도의 십자가 흔적은 중요한 치료적 의미를 제공합니다. 예수님의 십자가 상처는 부활하신 예수님의 몸 자체가 되었고, 그 자체가 그분의 메시지의 일부가 되었습니다. 이 사실은 한평생 몸에 지니고 있을 수도 있는 트라우마의 상처에 대한 치유는 때때로 상처를 완전히 제거하는 것이 아니라, 오히려 상처를 자신의 일부로 포용함을 통해서 가능하다는 사실을 알려 줍니다. 만약 트라우마 희생자가 자신의 상처를 자신의 일부로 받아들일 수 있고, 그 상처를 타인의 회복과 변화를 위한 의미 있는 일의 도구로 사용할 수 있다면, 트라우마는 개인적 회복을 넘어서 성숙을 야기하고, 더 나아가 하나님의 영광을 나타낼 수 있을 것입니다.

3) 고통

첫째, 고통은 위로해야 합니다. 트라우마를 질병 및 장애, 혹은 죄의 범주로만 다루게 되면 트라우마가 야기하는 고통에 대해 충분한 돌봄을 제공할 수 없습니다. 예수님은 우리의 고통을 묵인하지 않으시고 위로하셨습니다.

분명한 예로, 나사로를 부활시키신 예수님을 들 수 있습니다. 이 사건을 보면, 예수님은 직접 나사로를 부활시키실 것이었고, 이미 그 사실을 알고 계셨습니다. 그렇다면 주님은 굳이 슬피 우실 필요가 없었습니다. 그러나 예수님은 나사로의 죽음에 함께 눈물을 흘리시며, 슬퍼하는 자들을 위로하셨습니다.

"예수께서 그가 우는 것과 또 함께 온 유대인들이 우는 것을 보시고 심령에 비통히 여기시고 불쌍히 여기사…예수께서 눈물을 흘리시더라"(요 11:33-35).

이를 보며 유대인들은 "보라 그를 얼마나 사랑하셨는가"(요 11:36)라고 말했습니다. 이는 그리스도가 우리의 고통에 얼마나 깊이 공감하시며 위로하시는 분인지를 보여 줍니다.

하나님의 아들 예수 그리스도가 육신을 입고 이 땅에 오심과 십자가 지심은 그분이 인간의 고통에 실제적으로 참여하신 사건입니다. 또한 그분이 인간의 고통을 직접적으로 경험하셨다는 것은 우리에게 말로 표현할 수 없는 위로입니다. 따라서 그리스도인으로서 우리는 서로의 고통에 대해 무엇보다 먼저 공감하고 위로할 필요가 있습니다.

둘째, 그리스도 안에서 서로의 고통을 이해하고 위로할 때, 우리는 정죄함이나 비난에 대한 두려움 없이 자기 내면의 부정적인 감정을 온전히 표출할 수 있습니다. 공감과 위로의 관계 안에서 상처받은 정서 기억을 표출하는 것은 새로운 감정을 경험하게 합니다. 현재의 안정적 관계 경험 가운데 과거의 상처를 내려놓고 그 가운데 공감과 위로, 격려와 지지를 받게 되면 현재의 치료적 관계가 제공하는 긍정적 정서가 과거의 감정을 재구조화시킵니다.[23] 따라서 안전한 관계에서 상처받은 정서적 고통을 돌아보는 것은 단순한 정서적 환기가 아니라, 고통스러운 정서를 새롭게 하는 적극적인 치유의 한 과정입니다. 그리스도 안에서 서로를 하나님의 형상으로 바라보며 서로의 고통을 이해하고, 함께 애통하며, 하나님의 은혜를 구할 때 우리는 과거의 정서적 고통에서 벗어나 성도의 연합 가운데 하나님이 주시는 평안을 경험할 수 있습니다.

셋째, 고통의 관점은 삶의 문제 너머에 계신 하나님의 섭리를 볼 수 있게 합니다. 만약 장애 및 질병의 관점에서만 정신 건강의 문제를 다루게 되면, 그 문제는 의학이나 약물, 혹은 다양한 심리적 기술의 발전으로 제거해야만 하는 문제, 싸워서 이겨 내야만 하는 문제, 아무 의미도 없이 삶에서 지워 내야만 하는 문제가 됩니다. 그렇게 될 경우, 고통을 포함하는 우리의 삶 전체를 운행하시는 하나님의 섭리를 보지 못합니다.

그러나 우리 삶의 모든 순간에 하나님이 존재하지 않으신 적이 없고, 하나님이 주인 되지 않으신 적이 없습니다. 고난의 순간에도 하나님은 우리와 함께하시고, 고난 너머 하나님의 비밀스럽고 놀라운 섭리를 갖고 계십니다. 하나님의 섭리 안에서 고통을 바라볼 때, 우리는 고통 중에도 일하시는 하나님의 크심을 보게 되고, 고통 속에서도 말씀하시는 하나님의 음성을 듣게 되고, 고통 가운데 우리를 위로하시고 보호하시고 치유하시는 하나님의 사랑을 경험할 수 있습니다. 그리스도인의 풍성한 삶은 고통이 없고 문제가 없는 삶이 아닙니다. 성도의 풍성한 삶은 그런 삶의 정황 속에서도 하나님의 사랑과 돌보심을 경험하며 말씀과 성령 안에서 하나님과 동행하는 삶입니다.

넷째, 고통 너머 하나님의 섭리에 대한 믿음은 우리가 고통을 견뎌 내고 이겨 낼 수 있는 동력이 됩니다. 트라우마의 고통은 한순간에 사라지지 않습니다. 긴 고통의 시간을 인내해야 합니다. 그것은 현실적으로 지치고 어려운 일입니다. 이런 현실 가운데 고난의 영적 의미를 다루는 기독교 병리학의 접근은 고통 뒤에 선하고 전능하신 하나님의 섭리가 있음을 깨닫게 합니다. 모든 것을 합력하여 선을 이루시는 하나님의 선하심과 최후 승리를 약속하신 전능하신 하나님에 대한 믿음은 고난의 무게를 견뎌 낼 힘을 제공해 줍니다. 성경은 다음과 같은 약속으로 우리에게 믿음의 용기와 힘을 더해 줍니다.

"생각하건대 현재의 고난은 장차 우리에게 나타날 영광과 비교할 수 없도다"(롬 8:18).

하나님의 섭리 안에서 고통을 바라볼 때,
우리는 고통 중에도 일하시는
하나님의 크심을 보게 되고,
고통 속에서도 말씀하시는
하나님의 음성을 듣게 되고,
고통 가운데 우리를 위로하시고
보호하시고 치유하시는
하나님의 사랑을 경험할 수 있습니다.

성찰 및 나눔 질문

1. 천천히 심호흡을 하며 몸에 집중해 보십시오. 혹시 불편함이 느껴지는 부분이 있습니까? 만약 있다면, 당신의 몸이 기억하고 있는 상처는 무엇인지 살펴보기 바랍니다.

2. 고통의 현실을 신앙이라는 이름으로 부인하거나 억압하지는 않았습니까? 만약 그런 부분이 있다면 그 고통이 무엇인지, 어떤 아픔을 주고 있는지 정직하게 들여다보기 바랍니다.

3. 기독교 병리학적 관점에서 트라우마를 한번 진단해 봅시다. 죄, 장애 및 질병, 고통의 범주에서 드러나는 나의 모습을 생각해 봅시다. 만약 혼자 진행하기 두렵거나 어려움이 있다면 돌봄 혹은 성경적 상담 전문가의 도움을 받는 것도 좋습니다.

요약

1. 하나님은 인간을 다차원적인 존재로 창조하셨습니다.

2. 기독교 병리학은 성경을 중심으로 기독교 전통의 유산을 진지하게 탐구하고 현대 심리학의 합리적인 발견들을 창조 은혜 안에서 비평적으로, 또한 건설적으로 활용하는 인간 병리에 대한 전인적 진단 체계입니다.

3. 트라우마와 관련하여 죄의 범주는 원죄와 죄성, 죄 행위, 사회 문화적 죄를 고려합니다. 곧 트라우마는 원죄로부터 비롯된 인간의 죄성, 특정한 죄 행동들, 그리고 타락한 사회 문화적 요인이 복합적으로 작용한 결과 중 하나입니다.

4. 죄 진단의 목적은 정죄함이 아니라 그리스도께로 나아감입니다.

5. 장애 및 질병의 범주는 신경 생리, 심리 관계, 가족 체계, 사회 문화의 영역 가운데 하나님이 세우신 창조 질서의 깨어짐(dis-order), 곧 다양한 형태의 기능적 손상, 제한 및 왜곡을 진단합니다.

6. 고통은 죄도 아니고 장애나 질병도 아니지만, 트라우마 피해자 모두가 경험하는 문제입니다. 고통의 문제를 다룰 때, 우리는 고통의 실제를 간과하거나 고통을 영적인 의미로만 환원시키지 않도록 주의할 필요가 있습니다.

주

1부 트라우마란 무엇인가?

1장 트라우마 치유로의 부르심

1) 외상 후 성장에 대한 연구는 적게는 40%에서 많게는 80%가량의 대상이 긍정적 성장을 나타낸다고 보고한다. R. Tedeshi, & L. Calhoun, "Posttraumatic Growth: Conceptual Foundations and Empirical Evidence," *Psychological Inquiry* 15 (2004): 1-18; Stephen Joseph, *What Doens't Kill Us: The New Psychology of Posttraumatic Growth* (New York, NY: Basic books, 2012), 6.

2장 트라우마 이해하기

1) 김규보, "트라우마에 대한 현대심리학적 접근의 평가와 기독교 병리학적 제안" 「성경과 신학」 81(2017): 171-205. 더 구체적인 트라우마의 정의에 대해서는 다음의 자료들을 참고하라. American Psychiatric Association, *Diagnostic and Statistic Manual of Mental Disorders 5th ed.* (Arlington, VA, 2013); Bessel A. Van der Kolk, *The Body Keeps the Score: Brain, Mind, and Body in the Healing of Trauma* (New York: Viking, 2014), 1; Cathy Caruth, ed., *Trauma: Explorations in Memory* (Baltimore: Johns Hopkins University Press, 1995), 153; David M. Carr, *Holy Resilience: The Bible's Traumatic Origins* (New Haven, CT: Yale University Press, 2014), 7.

2) F. Shapiro, *Eye Movement Desensitization and Reprocessing* (New York, NY: Gulford Press, 2001); John N. Briere & Catherine Scott, *Prienciples of Trauma Therapy* (Thousand Oaks, CA: Sage Punlications, 2015), 9-23; Kathleen Wheeler, "Psychotherapeutic Strategies for Healing Trauma Perspectives" Psychiatric Care; Madison Vol. 43, Iss. 3, (Jul 2007): 132-41.

3) 트라우마의 유형에 대한 분류는 권석만, 『이상심리학 2판』 (서울: 학지사, 2013), 227-28을 참고했다.

4) 트라우마의 주요 증상에 대한 자료는 다음을 참고했다. APA, DSM-5 (2013); Kyu Bo Kim, *Embracing Trauma in Theodrama: Embodying Christiformity* (Ph.d Diss. SBTS, 2016).

5) Bessel A. van der Kolk, Alexander C. McFarlane, and Lars Weisaeth, eds., *Traumatic Stress: The Effects of Overwelming Experience on Mind, Body, and Society* (New York: Guilford Press), 286.

6) Van der Kolk, *The Body Keeps the Score*, 132.

7) Carrie Doehring, *Internal Desecration: Traumatization and Representations of God* (Lanham, MD: University Press of America, 1993), 109; Carroll Saussy, *God Images and Self Esteem* (Louisville, KY: Westminster/John Knox Press, 1991); Eileen Marie McElroy, "The Effect of God Image and Religious Coping on Depression, Well-Being and Alcohol Use in College Students," *ETD Collection for Fordham University* (1999): 1-221; Hanneke Eurelings-Bontekoe et al., "Image of God and Personality Pathology: An Exploratory Study Among Psychiatric Patients," *Mental Health, Religion & Culture* 5, no.1 (March 2002): 55-71; Linda M. Abdelsayed et al., "The Impact of Personality on God Image, Religious Coping, and Religious Motivation Among Coptic Orthodox Priests," *Mental Health, Religion & Culture* 16, no. 2 (2013): 155-72.

8) Julie J. Exline, Ann M. Yali & William C. Sanderson, "Guilt, Discord, and Alienation: The Role of Religious Strain in Depression and Suicidality," *Journal of Clinical Psychology* 56 (2000): 1481-96.

3장 트라우마에 대한 성경적 관점 – 고난, 구원 역사, 하나님 나라

1) 티모시 켈러(Timothy Keller), 『고통에 답하다』 (서울: 두란노, 2018), 182.

2) Michael S. Horton, *Covenant and Salvation: Union with Christ* (Louisville, KY: Westminster John Knox Press, 2007), 11-36.

2부 트라우마는 어떻게 치유되는가?

4장 그리스도 닮음이란? – 트라우마를 치유하는 하나님의 방법

1) 구원 드라마와 그리스도 닮음에 대한 내용은 다음의 논문을 보완 및 발전시킨 것이다. 김규보, "트라우마 치유를 위한 그리스도 닮음의 실천적 함의"「성경과 신학」 90 (2019): 99-139.

2) Hans von Balthasar, *Theo-Drama: Theological Dramatic Theory* (San Francisco, CA: Ignatius Press, 1998), 18.

3) Kevin J. Vanhoozer, *Remythologizing Theology: Divine Action, Passion, and Authorship* (Cambridge: Cambridge University Press, 2010), 274.

4) John Calvin, *Institutes of the Christian Religion* (Peabody, MA: Hendrickson Publishers, 2007), 1.5.8; 1.6.2.

5) Vanhoozer, *The Drama of Doctrine*, 393.

6) David C. Alexander, *Augustine's Early Theology of the Church* (New York, NY: Peter Lang Publishing, 2008), 218.

7) 존 칼빈(John Calvin), 『에베소서 설교 (하)』, 김동현 역 (서울: 솔로몬, 1995), 109-10, 127. 조직신학자 문병호는 그리스도인의 삶을 다룬 『기독교 강요』의 부분이 "성경 말씀으로 삶을 형성하는 방법(ratio viae formandae)"을 제시하고 있다고 말한다. 문병호, 『30주제로 풀어 쓴 기독교 강요』 (서울: 생명의말씀사, 2013), 203.

8) C. S. Lewis, *Mere Christianity: Comprising The Case for Christianity, Christian Behaviour, and Beyond Personality* (New York: Touchstone, 1996), 171.

9) Johnson, *God and Soul Care*, 93-97.

10) Johnson, *God and Soul Care*, 347-49.

5장 침묵과 애통 – 슬픔을 하나님 앞에 들고 나아가기

1) Kathleen D. Billman & Daniel L. Migliore, *Rachel's Cry: Prayer of Lament and Rebirth of Hope* (Eugene, OR: Wipf and Stock Publishers, 2007), 106; John Preston Wilson and Terence Martin Keane, *Assessing Psychological Trauma and PTSD* (New York: Guilford Press, 2004), 25-26.

2) Diane Langberg, *Suffering and the Heart of God: How Trauma Destroys and Christ Restores* (Greensboro, NC: New Growth Press, 2015), 6.

3) John Swinton, *Raging with Compassion: Pastoral Response to the Problem of Evil* (Grand Rapids, MI: Eerdmans Publishing Co., 2007), 95.

4) John Stott, *The Cross of Christ* (Downers Grove, IL: InterVarsity Press, 2006), 329.

5) Denise D. Hopkins & Michael S. Koppel, *Grounded in the Living Word: The Old Testament and Pastoral Care Practices* (Grand Rapids, MI: Eerdmans Publishing Co., 2010), 29.

6) David W. Augsburger, *Hate-Work: Working through the Pain and Pleasures of Hate* (Louisville, KY: Westminster John Knox Press, 2004), 37, 86-87.

7) Ronald J. Nydam, "Facing Cancer: The Spiritual Dangers of a Docetic Engagement of Acute Leukemia," *Calvin Theological Journal* 45, no. 2 (November 2010): 335-44.

8) Allen Verhey, "The Practice of Prayer and Care for the Dying," in *Living Well and Dying Faithfully: Christian Practices for End-of-Life Care*, ed. John Swinton, Richard Payne, and Stanley Hauerwas (Grand Rapids: Wm. B. Eerdmans Publishing, 2009), 98.

9) Judith L. Herman, *Trauma and Recovery: The Aftermath of Violence-From Domestic Abuse to Political Terror* (New York: Basic Books, 2015), 52.

10) Swinton, *Raging with Compassion*, 109.

11) Swinton, *Raging with Compassion*, 105.

12) Verhey, "The Practice of Prayer and Care for the Dying," 99-100.

6장 연약함 인정하기 – 상처를 받아들이고 십자가의 흔적을 묵상하다

1) Willem VanGemeren, *Progress of Redemption: The Story of Salvation from Creation to the New Jerusalem* (Grand Rapids: Baker Academic, 1996), 46, 64.

2) Brene Brown, *Daring Greatly: How the Courage to Be Vulnerable Transforms the Way We Live, Love, Parent, and Lead* (New York: Gotham Books, 2012), 132.

3) Bessel van der Kolk, *The Body Keeps the Score* (New York: Viking, 2014).

4) 국민일보 Mytwelve, 2020년 1월 14일 기사, https://www.mytwelve.co.kr/news/articleView.html?idxno=4302

5) Kyu Bo Kim, "Martin Bucer's Pastoral Theology and Its Implications for Contemporary Soul Care" *Korea Reforemed Journal* 47 (2018): 165-191.

7장 죄 사함과 죄 죽임 – 더 이상 아픔과 상처가 다른 죄를 낳지 않도록

1) Peter Fonagy, "Early-Life Trauma and Psychogenesis and Pervention of Violence" *Annals of the New York Academy of Sciences* 1036, no 1 (2004): 181-200; Pells and Treisman, "Genocide, Ethnic, Conflict, and Political Violence," 389-411; Rajita Sinha, "Chronic Stress, Drug Use, and Vulnerability to Addiction" *Annals of the New York Academy of Sciences* 1141, no. 1 (2008): 105-30; David Lester, "The Role of Shame in Suicide," *Suicide and Life-Threatening Behavior* 27, no. 4 (December 1, 1997): 352-61.

2) Jonathan Edwards, *The Religious Affections* (Mineola, NY: Dover Publications, 2013), 35-37.

3) 랜디 알콘(Randy Alcorn), 『행복: 그리스도인의 억압된 열망, 행복의 추구』(서울: 디모데, 2017), 521에서 재인용. Stephen Charnock, "The Necessity of Regeneration," *The Complete Works of Stephen Charnock* Volume 3.

4) Peter J. Leithart, "Calvin's Doctrine of the Christian Life, Part II. Mortification," *The Westminster Theological Journal* 56, no 2 (1993), 195.

5) John Owen, "Of Mortification of Sin in Believers," in *The Works of John Owen*, vol. 6, ed. William H. Goold (Edinburgh: The Banner of Truth Trust, 1991), 7.

6) 존 오웬은 성도의 죄 죽임에 역사하시는 성령에 대해 다음과 같이 말한다. "He doth no so work our mortification in us as not keep it still an act of our obedience. The Holy Ghost works in us and upon us, as we are fit to be wrought in and upon; that is, so as to preserve our own liberty and free obedience." Owen, "Of the Mortification of Sin," 20.

8장 용서 – 자신의 의지가 아닌 성령의 도우심으로만 가능하다

1) Edwards, *Religious Affections*, 172.

2) Desmond Tutu, *No Future without Forgiveness* (New York: Crown Publishing Group, 2009), 320-22.

3) Steven R. Tracy, *Mending the Soul: Understanding and Healing Abuse* (Grand Rapids: Zondervan, 2009), 180-94.

4) Paul J. Wadell, *Becoming Friends: Worship, Justice, and the Practice of Christian Friendship* (Grand Rapids: Brazos Press, 2002), 166.

9장 긍휼 – 돌봄이 필요한 자에서 돌보는 자로

1) 개역한글 성경은 본문의 "긍휼"을 "자비"로 번역하고 있다.

2) Brennan Manning, *Abba's Child: The Cry of the Heart for Intimate Belonging* (Colorado Springs, CO: Navpress, 2002), 71.

3) Calvin, *Institutes of Christian Religion*, 3.7.4.

4) Augustine, 『기독교 교양』, 김종흡 역 (서울: 크리스찬다이제스트, 2017), 52; 정홍렬, "아우구스티누스 신학에서 본 '믿음과 사랑의 관계' 재조명", 「한국조직신학논총」 41 (2015): 121-157.

5) Johnson, *Foundations for Soul Care*, 559.

6) John Piper, *Desiring God: Meditations of a Christian Hedonist* (Sisters, OR: Multnomah Publishers, 2003), 242-47.

7) Andrew Purves, *The Search for Compassion: Spirituality and Ministry* (Louisville, KY: Westminster John Knox Press, 1989), 15-16.

8) Joanna McGrath & Alister E. McGrath, *Self-Esteem: The Cross and Christian Confidence* (Wheaton, IL: Crossway Books, 2002), 131.

9) Herman, *Trauma and Recovery*, 207-11.

10장 교회 – 교회를 통해서 하나님은 일하신다

1) Louis Berkhof, *Systematic Theology* (Grand Rapids: Eerdmans Publishing, 1996), 614-15; Daniel L. Akin, *A Theology for the Church* (Nashville, TN: B & H Publishing Group, 2014), 606-7.

2) Akin, *A Theology for the Church*, 634.

3) Gregg R. Allison, *Sojourners and Strangers: The Doctrine of the Church* (Wheaton, IL: Crossway, 2012), 123-25.

4) Hopkins and Koppel, *Grounded in the Living World*, 210-18.

5) Herman, *Trauma and Recovery*, 51-73.

6) Margaret Kornfeld, *Cultivating Wholeness: A Guide to Care and Counseling in Faith Communities* (New York: Continuum Publishing, 2008), 18-19.

7) Robert W. Kellemen, *Gospel-Centered Counseling: How Christ Changes Lives* (Grand Rapids, MI: Zondervan, 2014), 226-28.

8) Walter Brueggemann, *Truth Speaks to Power: The Countercultural Nature of Scripture* (Grand Rapids, MI: Westminster John Knox Press, 2013).

3부 트라우마를 하나님께 묻다

11장 트라우마와 하나님 – 하나님의 선하심과 전능하심을 드러내는 확실한 증거

1) Swinton, *Raging with Compassion*, 84-85.

부록

트라우마와 기독교 병리학

1) "트라우마와 기독교 병리학"과 관련한 내용은 이 책의 목적에 따라 다음의 논문들을 바탕으로 수정 및 보완한 것이다. Kyu Bo Kim, *Embracing Trauma in Theodrama*, 115-149; 김규보, "트라우마에 대한 현대심리학적 접근의 평가와 기독교 병리학적 제안"「성경과 신학」81 (2017): 171-205; 김규보, "죄 진단을 위한 기독교 병리학 체계와 치료적 함의"「신학과 실천」76 (2021): 339-366.

2) Herman Bavinck, *Reformed Dogmatics*, 318-128; 334-35.

3) Eric L. Johnson, *Foundations for Soul Care* (Downers Grove, IL: Intervarsity Press, 2007), 371-378.

4) 존 프레임(John M. Frame), 『조직신학』(서울: 부흥과개혁사, 2017), 795.

5) B. Grant, "Sin and Sickness," in Rodney J. Hunter, ed., *Dictionary of Pastoral Care and Counseling* (Nashville, TN: Abingdon Press, 1990), 1176-78.

6) Mark R. McMinn, *Sin and Grace in Christian Counseling* (Downers Grove, IL: Intervarsity Press, 2008), 15-32.

7) Mark A. Yarhouse, Richard E. Butman & Barrett W. McRay, *Modern Psychopathologies: A Comprehensive Christian Appraisal*, 2nd ed. (Downers Grove, IL: Intervarsity Press, 2016), 97-98.

8) 아담의 죄로 인한 죄성을 "유전된 부패(inherited corruption)"라고 한다. 웨인 그루뎀(Wayne Grudem), 『조직신학 (상)』(서울: 은성, 1997), 749.

9) McMinn, *Sin and Grace in Christian Counseling*, 41-42.

10) Eric L. Johnson, *God and Soul Care: the Therapeutic Resources of the Christian Faith* (Downers Grove, IL: Intervarsity Press, 2017), 218-220.

11) EBS "지식채널e 이상한 쇼", 2006년 3월 20일 방영. 접속 2021.8.28. https://jisike.ebs.co.kr /jisike/replayListNewtxtSrchStr=%EC%9D%B4%EC%83%81%ED%95%9C+%EC%87%BC&searchType=all

12) 헤르만 바빙크(Herman Bavinck), 『개혁교의학 1』 (서울: 부흥과개혁사, 2011), 256.

13) Ernest S. Wolf, *Treating the Self: Elements of Clinical Self Psychology* (New York: Guilford Press, 2002); Donald W. Winnicott, *The Maturational Processes and the Facilitating Environment* (New York: International Universities Press, 1965); W. R. D. Fairbairn, "Endopsychic Structure Considered in Terms of Object-Relationships (1944)," in *Psychoanalytic Studies of the Personality* (New York: Routledge, 2013); Harry Guntrip, *Personality Structure and Human Interaction: The Developing Synthesis of Psychodynamic Theory* (London: Karnac Books, 1995); Patricia A. DeYoung, *Relational Psychotherapy: A Primer* (New York: Routledge, 2003).

14) 하나님과의 관계 경험이 주는 치료의 은혜에 대해서는 다음을 참고하라. 김규보, "자기 형성과 트라우마, 은혜의 치료적 기능"「복음과 상담」 28/1 (2020): 5-50.

15) 존 파이퍼(John Piper), 『결혼신학』 (서울: 부흥과개혁사, 2013), 53.

16) 존 프레임(John M. Frame), 『기독교 윤리학: 그리스도인의 삶에 대한 교리』 (서울: 개혁주의신학사, 2015), 785.

17) James K. A. Smith, *You are What You Love: The Spiritual Power of Habit* (Grand Rapids, MI: Brazos Press, 2016), 125.

18) 안드레아스 쾨스텐버거(Andreas J. Kostenberger), 데이비드 존스(David W. Jones), 『성경의 눈으로 본 결혼과 가정』 (서울: 아바서원, 2020), 34.

19) 제사장, 선지자, 왕적 가족 질서에 대해서는 다음을 참고하라. 김규보, "트라우마 가족 역동에 대한 그리스도 닮음의 실천: 그리스도의 삼중직을 중심으로" 『복음과 상담』 28/2 (2020): 33-76.

20) Jeffrey C. Alexander et al., *Cultural Trauma and Collective Identity* (Berkeley, CA: University of California Press, 2004); *Trauma and Recovery: The Aftermath of Violence-From Domestic Abuse to Political Terror* (New York: Basic Books, 2015); Kirrily Pells and Karen Treisman, "Genocide, Ethnic, Conflict, and Political Violence," in *Trauma Counseling: Theories and Interventions*, ed. Lisa Lopez Levers (New York: Springer Publishing Company, 2012), 389-411; Boris Drozdek and John P. Wilson, eds., *Voices of Trauma: Treating Psychological Trauma across Cultures* (New York: Springer Science & Business Media, 2007).

21) Mark McMinn, *Sin and Grace in Christian Counseling*, 34-35.

22) 히스 램버트(Heath Lambert), 『성경적 상담의 핵심 개념』 (서울: 국제제자훈련원, 2012), 229-30.

23) Karim Nader et al. 2000a, E. Bruce Goldstein, *Cognitive Psychology: Connecting Mind, Research, and Everyday Experience*, 2015 (『인지심리학』, 238).

사명선언문

너희가 흠이 없고 순전하여……세상에서 그들 가운데 빛들로
나타내며 생명의 말씀을 밝혀 _ 빌 2:15-16

1. 생명을 담겠습니다
만드는 책에 주님 주신 생명을 담겠습니다.
그 책으로 복음을 선포하겠습니다.

2. 말씀을 밝히겠습니다
생명의 근본은 말씀입니다.
말씀을 밝혀 성도와 교회의 성장을 돕겠습니다.

3. 빛이 되겠습니다
시대와 영혼의 어두움을 밝혀 주님 앞으로 이끄는
빛이 되는 책을 만들겠습니다.

4. 순전히 행하겠습니다
책을 만들고 전하는 일과 경영하는 일에 부끄러움이 없는
정직함으로 행하겠습니다.

5. 끝까지 전파하겠습니다
모든 사람에게, 땅 끝까지, 주님 오시는 그날까지
복음을 전하는 사명을 다하겠습니다.

서점 안내

광화문점	서울시 종로구 새문안로 69 구세군회관 1층 02)737-2288 / 02)737-4623(F)
강남점	서울시 서초구 신반포로 177 반포쇼핑타운 3동 2층 02)595-1211 / 02)595-3549(F)
구로점	서울시 동작구 시흥대로 602, 3층 302호 02)858-8744 / 02)838-0653(F)
노원점	서울시 노원구 동일로 1366 삼봉빌딩 지하 1층 02)938-7979 / 02)3391-6169(F)
일산점	경기도 고양시 일산서구 중앙로 1391 레이크타운 지하 1층 031)916-8787 / 031)916-8788(F)
의정부점	경기도 의정부시 청사로47번길 12 성산타워 3층 031)845-0600 / 031)852-6930(F)
인터넷서점	www.lifebook.co.kr